의암 류인석의
애국사상

정춘후

박영사

서문

　의암(毅菴) 류인석(柳麟錫, 1842-1915)은 일제 침략이 본격화된 시기에 국내·외에서 의병 활동을 선도하고, 유림 의병과 십삼도의군(十三道義軍)을 결성하여 도총재(都總裁)에 추대되었다. 그는 일제에 선전포고하며, 성명회(聲明會)를 통해 '대한일반인민총대'의 자격으로 세계 각국에 병탄 무효와 독립선언을 한 우리나라의 대표적인 애국 지도자이다. 의암은 일제의 병탄을 경험하면서도 유학적 신념으로 위정척사사상을 끝까지 관철하였다. 의암은 선비에게 주어진 책임에 대해 "도(道)를 실천하는 행도(行道)와 학문적으로 밝히는 명도(明道)가 있는데 행도는 시사(時事)이고 명도는 후사(後事)이다"라고 하였다. 그는 자신의 신념대로 20년간 의병운동을 선도하며 도를 실천하는 행도를 하였고 세상을 떠나기 전 4년간 「병상기어(病床記語)」·「한등만필(寒燈漫筆)」·「우주문답(宇宙問答)」·「도모편(道冒編)」 등을 저술함으로써 학문적으로 밝히는 명도를 실천하였다.

　혹자는 의암이 일제에 맞서 의병운동을 하였으니 유학의 인(仁)에 반하는 것이라고 말한다. 그러나 인인지 인이 아닌지는 분별할 수 있다. 인은 반드시 의(義)에 맞아야지만 그것을 인이라고 할 수 있다. 예컨대 사람을 사랑하는 것을 인이라고 할 때 그 마음가짐과 표현이 의에 맞아야만 올바른 사랑이라고 할 수 있다. 사람을 사랑하되 의에 맞지 않으면 결국 사랑하는 사람을 해치고 자신을 해치는 결과를 가져올 수 있다. 『論語』「憲問」에서 누군가 공자에게 원한을 덕으로 갚는 것이 어떤가(以德報怨, 何如?)를 물었을 때 공자는 "그렇다면 어떻게 덕을 갚겠는가? 정직한 마음으로 원수를 갚고, 덕으로서 덕을 갚아야 한다(何以報德? 以直報怨, 以德報德)"라고 하였다. 『孟子』「告子 上」에서도 "인은 사람의 본심이고, 의는 사람의 바른길이다(仁人心也 義人路也)"라고 하였으니 인은 인간에게 있어서 주(主)가 되고, 의는 인간이 반드시 가야 하는 길(路程)이 된다. 의암의 의병운동은 우리나라를 수호하고자 일제에 맞서 투쟁하였으니 공자가 말한 '以直報怨, 以德報德'와 맹자가 말한 '仁人心也 義人路也'를 행한 것이므로 그의 의병운동은 인이면서 동시에 의이다.

목차

표 목차

제1장

의암 애국사상의
권두(卷頭)

*제1장 사진: 성명서 취지문 발표 – 류인석은 1910년 8월 23일 성명회를
조직하고 8,624명이 서명한 선언서를 발표하였다.

의암(毅菴) 류인석(柳麟錫, 1842－1915)은 화서학파(華西學派)[1]의 문하로서 일제의 침략이 있자 국내외에서 의병운동을 선도한 '유림종장(儒林宗匠)'[2]이었다.[3] 그는 을미의병(乙未義兵)에서 유림과 동학 세력을 결집하였고 1910년 유림 의병과 애국 계몽 세력의 연합체인 십삼도의군(十三道義軍)을 결성하여 도총재(都總裁)에 추대되었다. 또한, 병탄이 되자 일본에 선전포고하였으며, 성명회(聲明會)에서 '대한일반인민총대(大韓一般人民總代)'의 자격으로 세계 각국에 병탄무효 선언을 한 전민족적 지도자였다.[4] 그는 일관되게 화서(華西) 이항로(李恒老, 1792－1868)의 위정척사(衛正斥邪)사상[5]을 실현하였

1) 吳瑛燮, 「위정척사 사상가들의 사유 구조와 서양 인식」, 숭실사학 30, 숭실사학회, 2013, 138－139쪽 참조. 화서학파는 국제관계와 인간사회의 역학관계를 설명할 때 주리론에 기초한 正・邪의 이분법적 개념들을 동원했다. 리와 기의 우열관계를 불변의 법칙으로 간주한 화서학파는 중화와 이적, 인류와 금수, 양과 음, 근본과 말단, 정과 사, 체와 용, 인심과 도심, 천리와 인욕, 왕도와 패도, 군자와 소인 등의 개념들을 리와 기로 대치가 가능한 것으로 인식했다. 나아가 그들은 동양과 서양의 지리・인성・문화・학술・종교 및 국제관계를 비교하거나 비판할 때도 이러한 인식 틀을 사용했다. 따라서 그들은 철저하게 주리론적・중국 중심적・유교 문화 중심적 사관에 근거하여 중화 문화의 전통 가치와 사회구조를 파괴하는 서양적인 가치나 수단들을 배척하기 위해 상소 운동・의병운동과 같은 다채로운 방식으로 위정척사운동을 벌였다.
2) 桂奉瑀, ＜義兵傳＞ 二, 상해「獨立新聞」, 1920년 4월 29일 자; 한국민족 운동사 연구회 편, 『義兵戰爭硏究(上)』, 지식산업사, 1990, 44쪽.
3) 李鍾尚 「毅菴 柳麟錫의 哲學思想 硏究」, 成均館大學校 大學院 博士學位論文 2002, 1쪽.
4) 1920년 上海 臨時政府 기관지인 상해판「獨立新聞」에 1920년 4월 27일부터 5월 27일까지 10회 연재된 桂奉瑀 ＜義兵傳＞의 기록 중에서 독립운동의 시작, 현대 의병연구물에 毅菴이 언급된다.
5) 李鍾尚, 毅庵 柳麟錫의 哲學思想硏究, 成大 博士學位論文, 2002, 76쪽; 권오영, 「이항로의 위정척사이념과 그 전승 양상」, 『화서학논총』, 화서학회, 2012, 209－210쪽 참조. 衛正斥邪思想은 17세기 尤菴 宋時烈(1607－1689)을 위시한 小中華사상에 대해서는 청나라의 무력 침략에 대한 민족 자존의식으로, 18세기 서구의 민족문화 전통 위협에 대해서는 위정척사로, 19세기 제국주의의 통상 압

다. 이항로는 국가 위기 상황에서 위정척사의 실천에서는 홍선대원군
(興宣大院君, 1820－1898)과 정책 노선은 같지만, 경복궁 중건의 등
의 토목공사나 만동묘 철폐 등에 대해서는 홍선대원군의 경계에도
불구하고 반대하는 소신을 굽히지 않았다. "위정척사사상은 효종 때
북벌론 이후 기조 사상으로 정착되어 구한말까지 조선조 사상의 주
류로 계승되었다."[6]

이 글에서는 의암의 애국사상을 파악하기 위하여[7] 『우주문답(宇
宙問答)』, 『의암집(毅菴集)』[8], 『소의신편(昭義新編)』[9]전편, 의암학회

박과 洋物의 침투에 따른 민족 경제의 위기에서는 禦洋과 洋物禁斷으로, 일제의
노골적 침략에 의한 국권 상실기에는 의병 전쟁으로 이어졌다.
6) 趙東杰, 『한말의 의병전쟁』, 독립기념관 한국독립운동사연구소, 1989, 20쪽.
7) 이 도서는 정춘후, 「毅菴 柳麟錫의 儒學 思想과 實踐 硏究」, 강원대학교 일반대
학원 박사학위논문, 2021을 편집·교열하는 데 참고한 것이다. 그리고 李鍾尙「毅
菴 柳麟錫의 哲學思想 硏究」, 成均館大學校 大學院 博士學位論文 2002, 심옥주,
「尹熙順의 民族運動에 관한 硏究」, 부산대학교 대학원 국민윤리학과 박사논문,
2011, 장공우, 「의암 유인석의 항일운동연구」, 단국대학교 교육대학원 역사교육
전공, 1990, 유인석, 『나라사랑』, 106집, 외솔회, 2003, 유인석, 『우주문답』, 나라
사랑, 106집, 2003, 구완회, 「연해주 시기 유인석의 의병 노선과 '관일약(貫一
約)」, 『대구사학』 제126집, 대구사학회, 2017, 柳漢喆, 「柳麟錫의 義兵 根據地
論」, 毅菴學會 『毅菴柳麟錫硏究論文選集 IV』, 2016; 『의암 유인석: 백절불굴의
항일투쟁』, 2009, 『용연김정규일기(龍淵金鼎奎日記)』, 『호서의병사적(湖西義兵事
蹟)』 등 의암의 의병 활동을 기록한 문헌 및 『황성신문(皇城新聞)』, 『대동신보
(大東新報)』 등의 신문, 독립운동사편찬위원회의 『독립운동사자료집(獨立運動史
資料集)』, 국사편찬위원회 편 『한국독립운동사자료집(韓國獨立運動史資料集)』,
하윤서, 「신사임당의 가족복지관(家族福祉觀) 연구」, 강원대학교 일반대학원 박
사학위논문, 2019, 하윤서·정춘후, 『의암 류인석의 교육철학』, 한국학술정보,
2021 등 선행연구에서 원용한 것이 포함되었다.
8) 韓國精神文化硏究院, 『한국민족문화대백과사전』, 1991. 조선 후기부터 일제강점
기까지 생존한 학자·의병장. 유인석의 시·서(書)·기·격문 등을 수록한 시문집. 권
1~3에 시, 권4에 소(疏)·정사(情辭), 권 5~26에 서(書), 권 27~40에 잡저(雜著),
권 41·42에 서(序)·기(記), 권 43에 기·제발(題跋), 권 44에 제발·명(銘)·찬(贊)·송
(頌), 권 45에 격문(檄文)·상량문(上樑文)·고축(告祝), 권 46에 제문(祭文)·애사
(哀詞), 권 47에 비명(碑銘)·묘갈명(墓碣銘), 권 48에 묘갈명·묘표(墓表)·묘지(墓

의 『국역의암집』을 연구 자료로 활용하였다. 의암에 관한 연구는 철학적 접근·역사적 접근·정치학적 접근으로 나눌 수 있다. 기존 연구에서는 의암을 위정척사자의 신분에 근거하여 철학적 시각으로 분석하거나, 그가 정치와 관련된 의거 혹은 상소를 기술하여 많은 연구성과를 축적했다. 이 글도 당대의 역사적 배경을 연구하여 의암의 활동을 통해 의암이 처한 위치를 파악하고자 한다. 그리고 의암의 사상과 국내외 민족운동에서의 의병 활동을 인의와 관일약(貫一約)을 중심으로 하여 논하였다. 그것은 그의 의병과 학문이 인의를 바탕으로 진행되었기 때문이다.

　　의암은 선비의 사명에 대해 "도를 시대적으로 실천하는 행도(行道)와 학문적으로 밝히는 명도(明道)가 있는데 행도는 시사(時事)이

誌), 권 49에 행장(行狀), 권 50에 어록(語錄)·전(傳), 권 51에 우주문답, 권 52~54에 도모편 상·중·하가 수록되어 있으며, 목록 1책이 따로 첨가되어 있다. 서(書)에는 시사와 경전에 대한 논변이 많으며, 특히 기울어져 가는 나라의 운명을 바라보고만 있을 수 없으니 모두 힘을 합쳐 나라에 충성하자는 유인석의 간곡한 충성을 엿보게 하는 편지가 많고, 잡저 가운데 『칠실분담(漆室憤談)』에서는 어떤 사람의 질문에 대답하는 형식을 빌려 자기의 뜻을 이루지 못한 것을 한탄하였다. 또한, 왜국은 대대로의 원수이므로 생명이 붙어 있는 날까지 그들과 싸워야 한다고 자신의 소신을 밝히고, 나라가 되어가는 꼴을 바라보자니 통곡을 금할 수 없다고 하였다.
9) 韓國精神文化研究院, 『한국민족문화대백과사전』, 1991. 1902년 柳麟錫과 그의 창의 문도들의 격문 등 의병 관계자료를 수록한 자료집. 의병록. 柳麟錫은 을미의병운동 실패 후 문도들을 거느리고 황해도·평안도를 거쳐 압록강을 넘어 서간도의 柳河·通化縣 등에 머물면서 왜적을 제거할 것을 도모하고 있었다. 이때 유인석을 따라간 김화식이 제천 의거 이후의 항일투쟁과 北上行軍의 역경 속에서 '왜적을 물리쳐 국모의 원수를 갚고 오랑캐를 쳐서 중화를 지키고자 하는 위정척사의 이념을 끝까지 관철하고자 하는 명분과 의리를 세상에 널리 알리려는 목적'에서 편집한 것이다. 책은 '소의신편'과 '소의 속편'으로 구성되었으며, 유인석의 글은 내편(內編), 문인의 글은 외편(外編)으로 구분하고 있다. 신편의 권 1~4와 속편의 권 1은 내편이고, 신편의 권 5−8과 속편의 권 2는 외편이다.

고 명도(明道)는 후사(後事)이다"라고 하였다. 그는 일제에 의해 국운이 기우는 1895년부터 20년간 꾸준히 仁義로서 의병 전쟁을 선도하였고 세상을 떠나기 전 4년여 동안 「병상기어(病床記語)」, 「한등만필(寒燈漫筆)」, 「우주문답」, 「도모편」 등을 저술하였다. 즉, 의암은 행도와 명도를 실천한 위인이다.

춘추 정신은 공자의 『춘추(春秋)』[10] 이후 우리나라의 전통적 인식으로 자리 잡았다. 그러므로 이를 바탕으로 의암의 역사의식을 분석하는 것도 필요하다. 의암은 당시를 도덕과 인간성의 위기로 보고 이러한 시대 상황 속에서 도덕문명(道德文明)의 부식(扶植)을 목표로 하고 있다. 그는 '인도적(人道的) 문명관(文明觀)'을 제시하였다. 그의 문명에 관한 자존의식은 우리나라의 자주적 독립을 천명하는 것으로 의병 정신의 근간이라고 할 수 있다.

이 글은 조선 후기의 역사적 배경을 전제로 하면서 정치학적 접근을 하였으며, 『毅菴集』[11]과 『소의신편』 전편을 분석하고 『毅菴集』 원본과 제천문화원 및 의암학회에서 출판한 『국역 의암집』,[12] 『소의신편』의 원본과 번역본을 참고하였다. 즉, 이 글에서는 『毅菴集』을 일차적 연구 자료로 사용하여 본문 중에서 언급한 연도는 모두 음력 표기법이다.

관일약은 의암이 연해주에서 의병 세력 통합 운동을 전개하는

---

10) 서울대학교 역사연구소, 『역사용어사전』, 서울대학교출판문화원, 2015, 1,742쪽. 『춘추(春秋)』는 은공(隱公) 원년부터 애공(哀公) 14년까지 242년간 춘추시대 노(魯)나라의 역사를 기록한 책이다.
11) 이 글에서는 『毅菴集』의 인용을 주로 景仁文化社가 출판한 시문집을 사용하였고 보조적으로 한국학 종합 DB(의암집, http://db.mkstudy.com/mksdb/e/korean-literary-collection/book)를 활용하였다.
12) 이 글에서는 의암학회와 제천문화원의 『국역 의암집』을 1차 자료 번역본으로 사용한다.

과정에서 자신이 견지한 성리학적 가치를 구현하기 위해 만든 일종의 의병 전위 조직이었다.[13] 이 글은 의암의 관일약에 관한 논의를 비중 있게 다루었다. 그 이유는 관일약이 그의 애국사상에 관한 사상적 구현이면서 구체적인 방법을 설명하였기 때문이다. 그가 관일약을 시행하게 된 배경과 목적은 다음 세 가지로 이해할 수 있다. 첫째, 국가와 더불어 성리학적 절대 가치를 소중하게 인식하므로 국권 회복과 더불어 성리학적 가치 질서를 회복해야 한다는 강렬한 의지를 표출한 것이다. 둘째, 모든 항일세력을 '하나로 관통하는', 곧 貫一의 대상으로 삼아 단합을 도모한다는 것이다. 셋째, 관일약을 시행하면서 투쟁의 대상으로 설정한 것은 일제였다. 이처럼 관일약은 애국사상에 관한 구체적인 지침서였다.

화서학파의 적통을 이은 의암 의암은 위정척사운동을 끝까지 관철한 유학자이면서 의병대장·성명 회장 직책이 있었고, 여러 편의 기록을 남겼기에 그에 관한 연구는 그동안 다수 축적되었다. 더욱이 2000년대에 들어서 의암학회와 제천문화원에서 각각 출판한 『국역 의암집』은 연구자들에게 편의를 제공하였다.[14] 그중 의함학회는 『국역 의암집』과 『소의신편』으로부터 시작하여 『의암학회총서』 등 성과물을 냈는데, 그중에는 1차 자료뿐만 아니라 『의암유인석연구논문선집』이 있다.

---

13) 朴敏泳, 「연해주 망명 시기 柳麟錫의 의병세력통합운동」, 한말의병의 본거지 강원도 항일의병투쟁의 재조명, (社) 毅菴學會, 2013, 158-159쪽; 유성선, 「화서학파 한·중지역 독립운동의 사상적 가치 및 전망」, 『한중인문학연구』 66, 한중인문학회, 2020, 16쪽.

14) 박환, 「의암 류인석 연구의 새로운 방향: 러시아 연해주 지역을 중심으로」, 『의암학연구』 13, 2016 참조. 최근 들어 의암의 연해주 지역에서의 활동[당시 러시아에 상주(常住)한 한인들의 자료와 러시아원문으로 된]자료도 관심을 가지기 시작한 추세이다.

의암에 관한 선행연구는 크게 연구주제와 연구 방법 두 가지로 분류할 수 있다. 연구주제에 관련해서는 여성 인식·대일통사상·존화양이론·문명관·민족운동 등이 진행되었는데,[15] 그중 가장 많이 다루고 있는 부분은 의병운동과[16] 「우주문답」에 관련된 내용이다. 이는 의암의 의병 활동이 가치가 있기 때문이다. 그리고 그가 세상을 떠나기 2년 전에 완성된 「우주문답」은 근대국제적 체제에 대한 인식이 있어 구한말의 주자학적 민족주의자가 동양 문화 보존 및 서양 문화배척의 정당성을 종합적으로 제시한 중요한 책[17]이라는 데에서 주요 연구대상이 되었다. 전자의 경우, 의암의 의병운동에 대한 역사적 기술을 위주로 하거나,[18] 의병운동에 대한 분석을 통해 그의 유교사상에 대해 평가[19]를 한다. 후자는 직접 「우주문답」을 연구주제로 하거나, 의암 전반적 생애의 화이관 또는 유교적 사상을 연구하기 위해 간접적인 방식으로 「우주문답」을 이용하는 경우이다.[20] 이처럼 위인

15) 김남이, 「의암 의암의 민족자존론과 여성 인식」, 『대동한문학』 18, 2003; 『의암 유인석연구논문선집 2』, 의암학회, 2004.
16) 구완희, 「연해주 시기 유인석의 의병 노선과 '관일약'」, 『대구사학』 126, 2017; 박민영, 「유인석의 국외 항일투쟁 로정(1896~1915)」, 『의암유인석연구선집 3』, 2008; 박성순, 「위정척사파의 반제논리와 의병항전을 둘러싼 환경의 재검토」, 『온지논총』 28, 2011; 이애희, 「의암 유인석의 연해주에서의 의병투쟁과 사상적 변이에 관한 연구」, 『동양정치사상사』 69, 2012; 이현희, 「의암 유인석의 민족독립운동연구」, 『의암학연구』 2, 2004; 원영환, 「의암 유인석의 생애와 구국 투쟁」, 『나라사랑』 106, 2003; 송기섭, 「의암 유인석의 망명로정에서의 보화와 국권 회복 운동 고찰」, 『의암학연구』 14, 2016.
17) 오영섭, 「의암 유인석의 동양문화 보존책」, 『강원문화사연구』 9, 2004, 89쪽.
18) 박성수, 「구한말 의병전쟁과 유교적 애국사상」, 『대동문화연구』 6, 1970; 배형식, 「의암 유인석의 학통과 의병활동: 소의신편을 중심으로」, 『율곡학연구』 2, (사)율곡학회, 1995.
19) 박문영, 「의암 유인석의 의병 활동에 대한 일연구」, 성신여자대학교 대학원 석사학위논문, 『의암유인석연구논문선집』 2, 1986.
20) 「우주문답」은 의암의 현실관과 세계관이 내재된 글로써 중국과 서구에 대한 인

을 통한 연구는 미래를 준비하기 위한 현재의 과정이며 이 글도 같은 의미로 진행하는 것이다.

의암의 선행연구를 분석하면 다음과 같다. 첫째, 그의 의병운동이 애국 계몽운동이 아닌 성리학적 가치로 구현된 사회를 회복하기 위한 것이라든가,[21] 의암의 의병운동이 궁극적으로 중화의 보존을 위한 것이라는 연구가 있다.[22] 또한, 의암의 중화 질서 재구축을 연구대상으로 의암이 구조의 틀에서 벗어나서 좋은 정치를 생각하지 못했다는 결론을 도출함과 동시에 위정척사사상의 비현실적인 면을 비판하거나, 의암이 중화를 끝까지 주장하는 이유를 그의 최종목적인 중국 중심의 대일통(大一統)을 이루고자 했다는 연구도 있다.[23] 이러한 연구들은 의암의 작품 중 일부분을 분석 대상으로 하여 의암의 사상과 행위의 결과를 도출한 한계를 갖고 있다. 둘째, 의암이 세상을 떠나기 2년에 작성된「우주문답」과 그의 만년 작품에 연구초점이 맞추어진 경우가 다수이다. 즉 의암이 만년에 서구문물에 관한 생각과 개혁론이 기술되었다고 보거나,[24] 의암이 국권의 회복이라는 기존의 중화적 질서관으로부터 망국 후 서양의 병렬적 문명 관계로 전환되

식, 개화에 대한 비판과 그리고 화이관이 잘 드러나 있다.

21) 구완회,「연해주 시기 유인석의 의병 노선과 '貫一約'」,『大丘史學』126, 2017, 213쪽. 그 외에도 毅菴이 끝까지 반개화적인 華夷觀에 근거하였고, 그 원인을 '도와 華脈의 본전'이라는 하는 연구가 있다. 참고: 송기섭,「의암 유인석 시에 나타난 斥邪의식과 현실대응에 관한 연구」,『語文論集』61, 2015;「한시를 통해 본 의암 유인석의 半開化 논리와 華夷的 서양인식 연구」,『漢文古典硏究』30, 2015;「의암 유인석의 시에 나타난 중국과 우리의 관계연구:『華東吟』을 중심으로」,『退溪學論叢』25, 2015.

22) 송기섭,「의암 유인석의 亡命路程에서의 寶華와 國權回復運動 考察」,『의암학연구』14, 2016.

23) 장현근,「중화질서 재구축과 문명국가 건설: 최익현·유인석의 위정척사사상」,『정치사상연구』9, 2003.

24) 김세민,『韓國 近代史와 萬國公法』, 景仁文化社, 2002.

고 나아가 동양 삼국연대를 주장하였다고 하였다.[25] 이러한 연구들은 겉으로 드러내는 현상을 숙고하기 때문에 역사적 사실을 환원하는 데 일조할 수 있다는 장점이 있다. 그러나 역사적 사실을 환원하는데 몰두하여 의암이 서구에 대한 태도 변화의 원인을 제시하지 못한 것에 한계를 가지고 있다. 또한, 의암이 전반생(前半生) 자료를 무시한 채 그의 만년을 연구하였으므로 변화의 원인을 깊이 다루지 못하였다. 셋째, 의암의 정치적인 태도가 전생애가 아닌 일부시기의 행위와 사상에 대하여 결론을 도출하는 연구가 있다. 예를 들면 「우주문답」의 저술 배경에서 「우주문답」은 중국 신해혁명에 대응하여 위안스카이에게 보여주기 위한 것으로 중국이 중화 제국을 수립하여 복고 정책을 통해 상달 문명을 구현하게 되면 조선도 덩달아 독립을 할 수 있다고 하는 연구,[26] 의암이 서양 문물에 대한 부분적 수용을 했을 뿐 척양과 척왜로 대표되는 일생의 사고는 바꾸지 않았다는 연구가 있다.[27] 이러한 연구들은 인위적으로 연구 결과를 단순화시키는 오류를 피할 수 있는 것이 장점이지만, 의암의 정치적인 입장에 대한 평가가 부족한 만큼 대부분 단순한 역사적 기술로서 텍스트 분석에만 집중하였고[28] 국제정치학적 관점에서 필요한 국내외적 요소

---

25) 윤대식, 「한국 위정척사의 보수응변(保守應變): 유인석(柳麟錫)의 국권(國權) 관념 변화를 중심으로」, 『한국인물사연구』 21, 2014.

26) 노관범, 「1910년대 한국 유교지식인의 중국 인식: 柳麟錫, 朴殷植, 李秉憲을 중심으로」, 『민족문화』 40, 2012.

27) 오영섭, 「의암 유인석의 동양문화 보존책」, 『강원문화사연구』 9, 2004, 89쪽 참조. 박용식과 이애희는 의암의 연해주 시기의 의병운동과 「우주문답」의 내용을 연결해서 연구하였다. 이에 덧붙여 박용식은 의암의 소 중화주의를 조선이 주체적으로 중화를 수용하는 조선 중화주의로 발전시키기도 하였다.

28) 원영환, 2003, 「의암 유인석의 생애와 구국 투쟁」, 나라사랑 106; 손승철, 2016, 의암 류인석 사상의 현재적 의미」, 『의암학연구』 14; 정옥자, 「화서학파의 위정척사론에 대한 새로운 조명」, 『화서학논총』 7, 2016.

를 추가로 고려하지 못한 아쉬움이 있다.

즉, 기존 연구들은 연구 시기가 후반기로 집중되어 있다. 그리고 전반적 생애에 관한 연구도 주로 역사적 기술에 그친다. 또한, 현존해 있는 『소의신편』, 「우주문답」과 같은 대표성이 있는 연구 자료들도 이 시기에 집중되어 있기 때문이기도 하다. 이에 관하여 이 글에서는 생애 시기에 특정하지 않고 각 장과 절의 연구 필요에 따라 의암의 사상을 논함으로써 의암 연구에 관한 공백을 채우고자 하였다.

한국근대사(韓國近代史)는 대략 세 가지 관점인데 민중론적(民衆論的) 관점, 개화론적(開化論的 관점, 수구론적(守舊論的) 관점이 그것이다. 이 세 가지 관점이 우리나라 근대사와 독립운동사를 보는 주요 시각이다. 민중론은 1894년의 동학란을 중시하고 이 사건을 근대사의 시발점으로 보며, 민중운동을 역사의 원동력처럼 보기 때문에 민란과 동학란을 근대사의 시발점으로 본다. 개화론은 동학란보다 10년 앞서 일어난 갑신정변(1884)을 중시하며 1894년의 갑오개혁(甲午倭亂) 그리고 독립협회 같은 개화운동을 통해 근대화되어가는 과정을 중시한다. 수구론적 관점은 한국 근대사에서 일제 침략 세력에 항거한 수구 유생들의 정신과 사상을 중시하는 데 있다. 이 관점은 흔히 근대사의 대세를 거스른 親 봉건·보수 세력으로 본다. 그런데 의리사상(義理思想)으로 친일 세력을 억제하고 항일 독립운동을 형성할 수 있었던 것도 수구론적 관점이라고 할 수 있다. 즉 의병사상이 보수적인 위정척사사상(衛正斥邪思想)에서 출발하고는 있지만, 격동하는 한말에서 주체적·자주적·독립적인 사유 방식으로 당면한 상황에 대응하여 자신들의 의지에 따라 현실 속에서 구현하려 했던 구국의지였다는 것을 알 수 있다. 또한 화서와 습재(習齋) 이소응(李昭應, 1861-1928) 등 우리나라의 유학자들은 도덕적 존재로서의 인간에 관한 규명을 그들 학문의 최고 표준으로 삼았다. 즉 유학자들은 이 세계를 가치중립적으로 보는 것보다는 도덕이 충만한 세계로 이해하고 있었다. 이 때문에 유학의 체계에서는 엄연한 도덕법칙이 긴밀한 관계를 지속하고 있음을 알 수 있다.[29]

---

29) 유성선, 「習齋 李昭應의 義理情神과 心說論爭 讀解」, 『한중인문학연구』 40집, 한중인문학회, 2013, 131-132쪽 참조.

제2장

의암 애국사상의
형성 배경

*제2장 사진: 복수보형

1. 의암의 생애와 우국(憂國)

본 절에서는 인물 탐구를 위하여 그의 생애에 관하여 논하였다. 이를 위해 의암학회, 『의암 유인석: 백절불굴의 항일투쟁』, 산책, 2009의 제1장, 제2장을 중심으로 毅菴學會에서 발간한 『毅菴柳麟錫研究論文選集』2, 毅菴學會, 2004를 참조하였다. 의암은 1842(헌종 8년) 유중곤(柳重坤)과 고령신씨(高靈申氏)의 삼남삼녀 중 둘째로 태어났다. 아명(兒名)은 재신(再新), 한때 승린(承獜)으로 고쳤다가 다시 본명으로 바꿨다. 본관은 고흥(高興), 호(號)는 니봉(尼峰), 후에 의암(毅菴)으로 고쳤다.[1] 의암이 출생한 강원도 춘천시 남면 가정리는 사방으로 높은 산이 둘러있고, 홍천강의 서북쪽에 있는 넓은 평야지대로 농업을 주로 하는 마을이다.

무신(1848년), 의암의 나이 7세 때 살았던 "왕동(旺洞) 뒷산에 도적이 숨어 지내서 마을 사람들이 겁을 낸다는 소문이 났다. 의암은 이 소문을 듣고 분연히 문을 나서서 눈을 크게 뜨고 주먹을 쥐고 산으로 향하였다. 천천히 걸어 위엄을 보여 도적들이 떨며 떠나가게 하려는 것이었다. 여기서 평소 품성이 영웅호걸다움을 알 수 있다. 또한, 겨울철에 들을 가다가 길 곁의 논에 버려진 가시나무가 진흙 속에 있는 것을 보고 막 지나갔다가 다시 돌아와서 신을 벗고 들어가

---

[1] 養家의 증조부인 參判 柳榮喜(栗里, 1777-1868)는 일찍부터 화서와 교분을 맺고 있었는데, 의암이 입양하자 1855년 3월 곧 그를 화서문하에 입문케 하였다. 한편 성재 류중교도 5세 때 종조부인 그를 따라 화서 문하에 들어갔다. (高興柳氏大同譜 參照.)

뽑아버린 뒤에 가던 길을 갔는데, 이것은 다가오는 봄철에 쟁기질하는 사람이 다리를 다칠까 염려했기 때문이었다. 함께 가던 어른이 타인을 아끼는 의암의 마음이 세밀하다며 기특해 하였다.;[2] 기유(1849년), 의암의 나이 8세에는 『소학(小學)』을 읽다가 사부모(事父母) 장(章)에 이르러 읽기를 그치고 말하기를 '닭이 처음 울 즈음에 천하는 볼만함이 있습니다. 닭이 한 번 울자 사람마다 세수하며 양치질하고 옷을 입고 부모가 계신 처소에 가지 않는 자가 없으니, 스쳐 가는 바람 소리가 천지 속에 가득하게 됩니다'[3]라고 하였다. 이 말을 들은 사람들은 그의 생각에 비범하다며 놀라워하였다.

의암은 14세(1855)에 우계에 사는 족숙(族叔)인 류중선(柳重善)과 덕수이씨(德水李氏)의 양자로 입양된 후 이때부터 양가(養家)의 문벌을 배경으로 성장하게 되었으며, 이를 계기로 위정척사사상의 원류인 화서의 문화에 들어가게 된다.[4] 의암의 양가 증조부 류영오(柳榮五)는 일찍이 고관대작을 지내면서 당시 여러 가지 시폐(時弊)에 관한 상소문 문제로 벼슬을 내려놓았다. 그리고 집안 식구와 낙향하여 아동들을 교육하면서 말년을 지내고 있었다. 의암의 시조는 신라의 호족으로 신라말 정치가 혼란해지자 전라남도 고흥으로 이주하여 고흥의 호장(戶長)이 되었다. 의암의 가계도[5]에 나타난 바와 같이 그

2) 유인석, 『국역 의암집』 1, 의암학회, 2006, 446-447쪽 참조. 幼時所居旺洞後山 聞盜隱據村人畏愶 先生 奮然 出門 張目握拳向山 徐步示威欲使盜黨懾去 此可知 素稟英傑, 寒節行野 見途傍水田有鍊委泥 纔過復廻跣入拔去然後行 爲慮明春耕入 傷足故也 同行 長者 奇其愛人心周遠.
3) 유인석, 『국역 의암집』 1, 의암학회, 2006, 447쪽 참조. 讀小學至子事父母章 停讀思量 以告于師曰 此時鶴初鳴際 天下有可觀 鶴一聲出 無人不盥漱 着衣適父母 之所 之聲盈於天地間也.
4) 韓國精神文化硏究院, 『한국인물대사전』, 중앙일보·중앙M&B, 1999, 1344쪽.
5) [부록2] 毅菴의 가계도 참조할 것.

의 가계에는 애국 활동을 주도하고 학문에 매진한 흐름이 있다. 평소 류영오와 친교를 맺고 있던 이항로는 류인석의 인품을 칭찬하며 의암이라는 호를 지어 주었다. 의암은 증조부와 화서를 만나러 온 수많은 학자를 통해 자연스럽게 학문을 할 수 있는 환경이 조성되었으며 그의 학문은 일취월장하게 되었다.

의암은 19세에 미원서원 제례에 참배하고 평소에 존경하는 조광조를 흠모하면서 암울한 국가와 민족의 장래를 생각하며 눈물을 흘렸다. 이후 의암은 입신양명에는 뜻이 없고 오직 학문에만 정진하면서 선현선사(先賢先師)들을 모신 서원과 사묘(祀廟)를 찾아 배향하고 심신을 연마하였으며 존화양이와 위정척사사상을 공고히 하여 학자의 자질을 키워갔다. 그는 학문을 탐구하고, 효심이 지극하며, 측은지심이 있고, 넓은 아량과 더불어 용기와 지도력이 있으며 매사에 빈틈이 없이 솔선하는 유학자로 성장하였다. 의암이 후일 개인의 영달이나 명예를 멀리하고 오직 국가와 민족을 위하여 일생을 헌신할 수 있었던 것은 타고난 천품, 학문에 매진하는 가문, 아름다운 자연환경, 그리고 훌륭한 스승 화서와 선배이자 스승이었던 김평묵, 류중교의 영향이 있었기 때문이다.

의암이 성장하던 시기는 서구열강들이 동양 진출에 여념이 없었다. 그의 나이 25세에 화서를 따라 상경하여 당시 척화전수(斥和戰守)를 강력히 주장하는 화서를 도왔다. 조정 대신들이 결정하지 못하는 중대사를 75세의 노구인 화서가 국가와 민족을 위해 단호한 대응으로 적을 물리칠 것을 주장하였다. 그런 화서의 강직하고 의연한 모습을 통해 큰 깨달음의 기회가 되었다. 그리고 화서의 척화전수론이 현실정치에 반영되는 과정을 체험하면서 자신의 강인한 정신과 우국충정의 다짐 그리고 위정척사사상을 확고히 하는 계기가 마련되었다.

의암이 27세 되던 해인 1865년 화서가 작고하자 화서의 고제(高弟)들인 중암(重菴) 김평묵(金平黙), 성재(省齋) 류중교(柳重敎)를 스승으로 섬겼다. 그 후 의암은 화서-중암-성재로 이어지는 화서학파의 정통을 승계해 학파를 대표할 수 있는 인물로 부상하게 되었다. 그는 화서 문하에 있으며 1865년에 만동묘(萬東廟) 철폐와 1866년 병인양요 등을 경험하였다. 병자(1876년, 의암 35세)에 병자수호조약 체결과 관련하여 전국적인 상소 운동이 전개되자 뜻을 함께하는 47인과 「복합유생척양소(伏閤儒生斥攘疏)」를 올렸다.;[6] 홍재구(洪在龜) 등 여러 사람과 함께 왜국에 척화하는 논의로 항소(抗疏)하였으나 관철되지 않았다.[7] 그때의 상황은 다음과 같이 기록되어 있다.

> 당시 왜놈들이 병력을 인솔하고 와서 예전처럼 잘 지내자고 요구하자 조정에서 논의 끝에 허락하려 하였다. 성재가 듣고 통탄하여 말하기를, "이는 앞으로 서양 적도들의 발길을 열어주어 공자의 道가 망함을 서서 보게 될 것이다. 그 왜국과 수호하는 일은 다른 정사(政事)의 득실과는 견줄 것이 아닌데도 어찌 조정의 높은 자리에서 한 사람도 다투는 사람이 없는가?"라고 하였다. 동문 윤정구와 류중악이 말하기를, "유생은 스스로 자신을 지키는 의리가 있어, 지금의 정치 시비에 대하여 진실로 지위를 넘어 진언하지 않으나, 이 일만큼은 일상 규칙을 굳게 지키면서 무관심하게 좌시할 수는 없다"라

---

6) 李昭應, 「伏閤儒生斥洋疏」, 『國譯習齋先生文集』 卷1, 2005, 345쪽 참조. 崇禎紀元後五丙子正月盡三日奉 章未得上 徹重省門從四十八人. 숭정 기원후 다섯 번째 병자 정월 사흘 내내 소를 받들었으나 임금에게 아뢰지 못하였다. 중암과 성재의 문도 마흔여덟 명이었다.

7) 유인석, 『국역 의암집』 1, 의암학회, 2006, 457쪽. 同洪在龜諸人 抗疏斥和倭之議而 不得撤.

고 하고, 의암이 이어 나아와 말하기를, "제가 비록 민첩하지 못하나 몇 사람들과 의리를 따라 일이 아직 확정되지 않았을 때, 천운을 되돌리는 데 만분의 일이나마 도모하겠습니다"라고 하였다. 성재가 그 뜻을 옳다고 하고 김평묵에게 아뢰었다. 김평묵이 말하기를, "주자께서 '국가 존망의 처지에 관련되어서는 선비일지라도 말할 수 있는 의리가 있다'라고 훈계하였거늘, 하물며 오늘의 일은 국가 존망의 판가름에 그치지 않는 일임에랴!"라고 하였다. 이에 의암은 두 선생의 명령을 받들어 홍재구 등 여러 사람과 그날로 상소를 마련하여 나아가 대궐 아래에 엎드렸으나, 끝내 관철되지 않았다. 이때 면암(勉庵) 최익현(崔益鉉) 공이 도끼를 가지고 대궐에 엎드렸다가 결국 귀양을 갔다.[8]

이를 계기로 의암은 유생들을 설득하여 모으고, 소두(疏頭)가 되었다. 그러나 일제는 무력으로 병자수호조약을 체결하고 병탄하여 조선 침략을 감행하였다. 갑신(1884년, 의암 43세) 4월 당시 조정에서 나라 안에서 의복을 좁은 소매의 제도를 쓰라고 명령하였다. 이에 성재가 크게 통탄하여 말하기를, "이것은 선왕(先王)의 법복을 망쳐서 오랑캐를 따르는 것이다. 옛날에 오랑캐는 그 복장을 반드시 왼쪽 옷깃을 여미었으므로, 옷깃을 여미는 것이 왼쪽인가 오른쪽인가로 오랑

---

8) 유인석,『국역 의암집』1, 의암학회, 2006, 457쪽. 時 倭奴率兵而來 要修舊好 朝議欲許之 省齋先生聞而痛歎曰 此將以啓洋賊接踵之路 而立見孔道之喪亡也 其所關非他政事得失之此 奈何朝庭之上 都無一人爭之耶 同門人尹貞求柳重岳以爲 儒生自有守身之義 則其於時政之是非 固不當出位進言 然至於此事 恐不可膠守常法 而恝然坐視 先生繼進曰 麟錫雖不敏 請與二三子尊義迨事未定時 圖其回天之萬一 省齋先生可其意 以稟於金先生 金先生曰 朱夫子有訓 緊國家存亡之地 雖韋布亦有可言之義 況今日之事 不但爲國家存亡之判乎 於是先生承二先生命 同洪在龜諸人 先生始爲疏首 後改以洪在龜 持斧伏闕遂被竄配.

캐와 중화를 나타냈다. 지금 오랑캐는 그 복장에 일정함이 없고 좁은 소매가 무엇보다 두드러지니, 소매의 넓고 좁음으로 오랑캐와 중화를 드러낸다. 이것에서 크나큰 차이가 명백하게 구분되어 밝게 드러나며, 명분과 의리에도 합당하여 죽음으로 지켜내고자 하는 것이다. 뜻대로 의복을 입는다는 내외의 주장으로 그것을 어지럽힐 수 없고 임금은 명령하고 신하는 따라야 한다는 평상의 道로 그것을 의심할 수 없다"[9]라고 하여 대편(大篇)의 서고문(誓告文)으로 여러 선비의 뜻을 정하였다. 그는 이를 받들어 크게 권면하고 여러 각지의 인사들과 그 명맥(命脈)을 이었다.

1893년 류중교 사후 의암은 그의 기반을 계승하기 위해 춘천(春川)으로부터 제천 장담(長潭)으로 근거지를 옮겼다. 1894년 변복령(變服令)과 1895년의 명성황후시해사건, 단발령 등을 계기로 복수보형(復讎保形)을 위하여 영월에서 양력 1896년 2월 8일에 을미의병운동을 개진하였다.[10] 화서문인 중심으로 일어난 이 의병은 초기에는 충주 제천을 중심으로 한 중부지역 일대를 석권하였다. 그러나 동년 양력 5월 26일에 선유사(宣諭史) 장기렴(張基濂)이 지휘하는 관군(官軍)과 일본군의 공격으로 최후의 거점인 제천성을 상실하였다. 이후 서북지역(황해도, 평안도)으로 이동하였으나 서북지역 사정이 여의치 못하여 계속 북상하여 서간도까지 들어갔다. 여기서 회인(懷仁) 현재(縣宰) 서본우(徐本愚)에 의해 무장해제를 당하게 되고 7월 28일

---

9) 유인석,『국역 의암집』1, 의암학회, 2006, 467쪽. 時朝廷 令國中變更衣服用狹袖之制 省齋先生 見其節目 而大慟曰 此毀先王之法服 以從夷也 古之爲夷者 其服必左衽 故以衽之左右表夷夏 今之爲夷者其服無常 而狹袖爲最著 故以袖之濶狹表夷夏 此其大分之較彰明 而名義之當死守者 有不可以志行衣服內外之說而亂之 不可以君令臣從平常之道而疑之 不可以毀服毀形輕重之辨而忽之 遂作大篇警告文 以定諸生之志.
10)『毅菴集』, 卷 55, 附錄,「年譜」, 下册, 景仁文化社, 1973, 658쪽.

파저강(波瀦江)에서 의병을 해산시켰다. 갑오(1894년, 의암 53세)에 당시 박영효(朴泳孝)가 왜병을 따라 적들과 함께 임금을 협박하고 제 맘대로 호령을 내어 정삭(正朔, 연도 시작)을 고치며 복색(服色)을 바꾸고 관제를 변경하며 주군을 개혁하여 조종(祖宗)의 법도를 일제히 쓸어낸 듯이 제거하였다. 이에 의암은 여러 사우에게 다음과 같이 고하였다.

> 나라의 변고에 통곡하고 통곡합니다. 전후로 흉역(凶逆)한 무리가 임금을 유인하여 적에게 들여 넣어, 수십 년을 양성한 공효(功效)가 이 지경에 이르렀습니다. 이는 문호를 개방할 초기에 이미 그럴 것을 알았고 끝내는 예악(禮樂)을 흙덩이처럼 버리고 인류를 금수로 만들고 생민을 어육으로 만들며 또한 모든 것을 땅끝에 이르게 했습니다. … 부족한 것은 계책이 졸렬하고 용기가 적어서 의리를 밝혀 사방의 충성스럽고 지혜로운 선비와 의롭고 용맹스러운 백성들을 격동시키고 역적의 소굴을 소탕하고 천지를 깨끗이 씻어 종묘와 사직을 거의 망한 속에서 안정시키며, 백성의 목숨이 거의 다한 데에서 구하여 예악을 바르게 돌이키고 사람의 도리를 밝게 하지 못하는 것입니다. 그리하여 다만 졸장부로 죽게 되었으니, 또한 다시 어찌하겠습니까?[11]

11) 유인석, 『국역 의암집』 1, 의암학회, 2006, 475－476쪽 참조. 國變痛哭痛哭 前後凶逆輩 誘君納賊 養之數十年功效 內至於此 此於開門之初 已知其必然 而終果見糞壞禮樂 禽獸人類 魚肉生靈 且到十分地頭矣 請之奈何 吾輩生禮義邦 而爲成賢徒 又奉敎二三大賢先生 其於處義之道 旣已講定 則還覺無事矣 且叫閽獻忠於最初 而卒以身殉道 以不負上帝界付之袁 先王先正培養啓導之思 則亦足以小塞責矣 所可少者謀拙勇募 不能揭義明理 激動四方 忠智之士 義勇之民 掃蕩賊所 廟清乾坤 奠宗社於垂亡 濟民命於將盡 使禮樂反正 人道復明 而只作小大夫死了也 亦復奈何.

의암이 말하는 흉역한 무리는 조선의 친일 관료들을 지칭하는데 그들이 우리 임금을 유인하여 적에게 들여 넣었다는 표현을 하는 것으로 국권의 피탈을 강조하고 있다. 수십 년을 양성하고 공을 들인 보람이 이 지경에 이른 것은 문호를 개방할 초기 때 그럴 것을 알았지만, 친일 관료들이 끝내 예악을 버리고 인류와 생민 그리고 모든 것을 위태롭게 내몰았다는 것이다. 한편, 당시 조정은 청국과 조약을 맺었는데 이는 유사 이래로 처음 있는 일이니, 유사 이래의 큰 경사가 된다고 하였고, 개화당(開化黨) 사람은 "스스로 능력으로 모의에 가담하여 또한 정축년 성에서 내려와 항복한 부끄러움(丁丑年 下城 之恥)을 씻었으니 이미 큰 공을 이루었다"[12]라고 말하였다. 이에 대해 그는 사우들에게 편지를 주어 통탄하여 말하였다.

> 지금 큰일이 났습니다. 그 일의 처리는 어떻게 해야 할는지요? 저는 이 일이 큰 경사가 아니라 큰 불행이요, 그들이 큰 공적을 세운 것이 아니라 이는 그 사람들의 큰 죄가 될 것으로 생각합니다. 왜냐하면 우리나라가 중국을 의지하는 것은 義이고 형세(形勢)인데, 청나라에 견제되는 데까지 이르렀으니, 이는 매우 통분한 일입니다. … 우리나라가 의리를 주창하여 천지간에 서야 자주독립입니다. 추한 유례를 따라 많은 강대국의 오르내리는 사이에 끼어 가장 끝에 처하면서 이것이 자주독립이 되겠습니까? 청나라는 높일 나라는 아니지만, 우리를 대할 적에 너무 박하게는 하지 않았습니다. … 저들이 만약 남한산성의 일이 매우 부끄러운 것임을 안다면, 어찌 오늘날 왜놈을 위하여 모의함이 도리어 대공

---

12) 유인석, 『국역 의암집』 1, 의암학회, 2006, 476쪽. 而與淸有條約 朝廷謂 此自東
  有國初有之事 爲作振古大慶辛 開化人謂 自能與謀 亦足雪丁丑下城之恥 作己大功.

(大功)이 될 수 있겠습니까? 이것은 예의의 나라인 우리
의 좋은 것을 더럽힐 뿐이니, 이것이 큰 죄입니다. 이로
인하여 한 걸음 두 걸음 더 나아가면 그들은 더 큰 죄
를 만들 것이니, 비록 임금과 나라를 파는 짓이라도 어
찌 필연코 없다고 보장하겠습니까? 이로부터 어지러운
사건이 있을 것이니, 나라의 일이 어느 지경에서 안정
될지 알지 못하겠습니다. 우리가 편안히 앉아 글만 읽
을 처지가 아닙니다.[13]

　　여기에서 말하는 대의란 북벌(北伐)의 대의를 말한다. 효종의 부
왕인 인조는 남한산성에서 내려가 청 태종에게 항복을 하고 두 아들
인 소현세자와 봉림대군(효종)이 인질로 청나라에 잡혀가 고생을 하
고 돌아왔다. 효종이 왕위에 오르자 인질 생활의 수모와 남한산성의
치욕을 씻으려고 송시열과 함께 군사를 길러 청국으로 치고 갈 계획
을 하였다. 그러나 효종이 갑자기 죽고 청나라의 힘이 강해지자 뜻대
로 되지 않았다. 이후 우리나라 사람들은 항상 청나라를 이적으로 간
주하여 기회를 얻어 복수하고 명나라를 회복해야 한다는 마음을 잊

---

13) 유인석, 『국역 의암집』 1, 의암학회, 2006, 476−477쪽 참조. 大事出矣 此其事
　　理有如何 愚則以此非大慶辛乃大不辛 非夫人之爲大功 是其人之爲大罪也 何也 夫
　　我 夫我東之依 中國義也勢也 至有爲淸所制 是極痛憤事 然自有力能進而掃淸 以
　　伸昔日孝宗尤菴之大義 次以能絶約閉關 以俟中國義主之興 豈非可壯 不能有此
　　而乃得倭做謀 棄娥所守小華之正體 同隊外各國之醜例 是甚貌樣 以自主獨立言之
　　我國主義理而立於天地間 乃自主獨立也 從醜例介於衆强頡頏之間 而居最末 是爲
　　自主獨立乎 淸雖非可尊 其待我不甚薄 年前哀大人事 非淸有是命 自有相感深義
　　有昔壬辰故事之餘意者 蓋亦因淸有不簿也 彼倭之做此 豈實爲我 必爲渠謀 以彼
　　素多奸計 安知不有大不幸者存也 朝庭之認爲慶辛 恐或近於堂上燕雀也 皮開化人
　　仰倭謨醜 謂雪昔下城之恥 不亦可笑 渠若能知下城之爲深恥 豈有爲今日醜謀 乃
　　反作大功耶 卽此汚我禮義邦之有好已 是大罪 因此一轉再轉 恐其爲加作益大罪 雖
　　販君賣國之事 安保其必無也 正恐自此紛然有事 國家不知稅駕於何地 吾輩無得安
　　坐讀書地也.

지 않았다. 북벌의 대의는 청나라에 대한 치욕을 씻는 의리를 말한
다. 그리고 조정에서 경사스럽고 다행한 일로 인식하는 것은 마루 위
의 제비나 참새(堂上燕雀)에 가까운 듯하다는 것은 편안히 살면서 재
앙이 닥쳐옴을 알지 못함을 말한다. 제비나 참새가 마루 위나 지붕
밑에 집을 지어 새끼를 치고 살면서, 집의 굴뚝 위에 불이 일어나 화
가 오는 줄도 모르고 어미와 새끼가 즐겁게 사는 것에 비유하여 말한
것이다.

　　의병 해산 후 의암은 한인이 많이 거주하는 통화현(通化縣) 오도
구(五道溝)에 정착하였다. 이후 1897년 3월에 고종의 소명(召命)을
받들어 일시 귀국하였으나 1898년 10월 오도구를 떠나 부근의 팔왕
동(八王洞)으로 이주하였다. 그리고 귀의처로 삼는 가정에서 효제(孝
弟)와 국가에의 충순(忠順)을 근본으로 한 향약을 실시하였다.[14] 또
한, 유학사상을 바탕으로 송시열, 이항로, 류중교 등의 영정 봉사(奉
祠)를 위해 성묘(聖廟)를 세워 정신적 귀의처로 삼았다. 다음은 의암
이 임인년(壬寅,1902년) 공령이(孔令貽)에게 보낸 서신의 내용이다.

　　　　조선국 유생 유인석이 삼가 거듭 절하고 곡부(曲阜) 연
　　　　성공 각하께 편지 올립니다. 우리 선성(先聖) 부자(夫子)
　　　　께서는 계승하고 열어주신 공덕이 요임금이나 순임금
　　　　보다도 크게 뛰어나시고, 춘추의 경법(經法)으로 온 왕
　　　　(王)들을 다스리고 정하였으니, 성대하여 멀리 전해지는
　　　　커다란 교화가 영원토록 가득하니 부모처럼 받들지 않
　　　　음이 없습니다. 우리나라가 비록 바다 귀퉁이에 치우쳐
　　　　있다고는 해도 예전에 기자(箕子) 성인이 임금으로 오셔
　　　　서 구주(九疇)의 법과 팔조(八條)의 가르침으로 처음 소

<hr>

14) 『毅菴集』, 卷 55, 「年譜」, 下冊, 景仁文化社, 1973, 682쪽.

중화(小中華)를 창업하셨고, 신라와 고려를 지나면서도 풍속이 오히려 좋아 주자(朱子)로부터 칭찬을 들었으며, 본조는 군신(君臣)이 대대로 유술(儒術)을 바르게 하여 흥행시켰으니, 책은 성현(聖賢)의 것이 아니면 읽지 않고 도는 성현의 것이 아니면 지키지 않았습니다. 우러러 부자께서 올 것을 열어 후대에 드리운 지극한 뜻을 받들어 국학(國學)과 향교(鄕校)가 다 부자를 묘(廟)에 제사하고, 안자(顔子), 증자(曾子) 이래의 예부터 지금까지의 어진 선비들을 쫓아서 제사하니, 한결같이 중국을 본받아 높여 받듦에 지극함을 다하였습니다. 대개 그 부모처럼 받듦은 비록 중국이라고 해도 분명 이보다 더하지는 못할 것입니다. 또한 나라가 대명(大明)과 함께 창업하여 의관(衣冠)과 문물(文物)이 다 중국의 제도를 따랐고, 대국을 섬김에 그 정성을 다하여 황조(皇朝)가 없어진 뒤에도 오히려 남긴 제도를 지켜 변경하지 않았으며, 또한 북두를 알현하는 마음이 변하지 않은 것이 이제 삼백년에 이르니, 스스로는 족히 천하에 할 말이 있다고 여겼습니다. 대개 이 또한 부자의 『춘추』를 통해 존왕(尊王)의 대의를 강론하고 지킨 실상입니다.

최근에 국운(國運)이 불행하여 난적(亂賊)들이 일본과 서양을 끼고 어지럽게 하였는데, 심지어 갑년과 을년에는 조종의 전형(典型)을 모두 혁파하고 국모를 시해하였으며, 의복을 못 쓰게 하고 머리를 깎게 하였습니다. 군부(君父)를 먼저 욕보이고, 한 번에 백관(百官)과 모든 백성에게까지 미쳤으며, 학교와 성묘 또한 장차 철폐될 것이니, 소중화였던 예의의 나라가 오랑캐나 짐승의 세계로 떨어지게 될 것입니다.

인석은 시골의 천하고 용렬한 사람이지만 대강이나마

병이(秉彝)의 성정(性情)과 사승(師承)을 통해 받자온 견문은 있어, 애통함을 이기지 못하고『춘추』에서 도적을 죽이고 오랑캐를 물리치는 의리에 의거하여 의거를 일으켜 온 나라의 호응을 얻고 커다란 재앙을 멈추고자 하였으나 끝내 난적들에게 패하게 되었습니다. 이에 나라를 떠나 요동으로 들어와 스스로만이라도 중화의 제도를 지키고자 하는데, 대개 애초에는 부자의 묘묘(廟墓) 곁으로 가서 의지하려 하였지만, 힘이 다하여 여기에 그치게 되었습니다. 그때 동지인 이필희(李弼熙)가 일이 이루어지지 않은 것이 애통하여 중국에 들어가 대대로 내려오는 명문가들과 도모하여 힘을 빌리고자 하였지만, 뜻대로 되지 않자 장기정(張基正)과 함께 부자의 묘에 나아가서 글을 지어 애통한 사정을 고하였는데, 천년 후의 사람이라도 들으면 눈물을 흘릴 만하였습니다. 이에 각하께서 깊이 애처롭게 여기고 두터이 돌보아주심을 입게 되었는데 아울러 성상(聖像) 두 본을 주시니 뜻이 매우 정중하였습니다. 받들고 요동으로 돌아왔는데 저와 의리를 함께 하는 여러 사람이 비할 데 없이 영광스럽게 여겨 "만고에 일찍이 이런 일도 있었던가?" 하였습니다. 이에 묘(廟)를 지어 봉안(奉安)하여 사모하는 마음을 붙이고 참된 마음을 펼 곳으로 만들고자 하였는데, 뜻밖에도 작년에 의화권(義和拳)의 소란을 만난 데다가 본국에 일이 있어 돌아가게 되었습니다. 국내에 묘를 건설하여 끝내 정성을 이루고자 하였으나 마침 도적들이 설치는 변란이 있어 급하다 보니 받들어 지키지를 못하였습니다. 아! 변란은 생기지 않은 것이 없고 일은 참으로 망극하기만 합니다. 죄지은 것을 따지자면 스스로 한량(限量)이 없으니 놀랍고 두렵기만 하여 어찌할 줄을 모르겠습니다.

다만 가만히 엎드려 이 일을 생각해 보면, 저의 어버이처럼 받들고 정성을 펴는 것은 참으로 스스로 그만둘 수 없는 것이 있고, 우리 부자의 사손(嗣孫)이신 연성공 각하의 정중하고도 지극하신 뜻 또한 끝내 저버릴 수 없는 데다, 하물며 이 변란이 다함 없는 때를 당하여 부자의 신위(神威)와 영령(英靈)에 의지하여 온 나라 선한 사람들의 마음을 모아 사방에서 들어오는 어둡고 사악한 침탈에 맞서 이쪽을 강하게 하고 저쪽을 약하게 하여 양(陽)을 회복할 수 있는 기틀을 다하고자 하여 이치가 없지 않은 것이니, 힘을 다하지 않을 수 있겠습니까? 이에 동지인 변석현(邊錫玄), 윤헌 등 약간의 사람을 수륙만리(水陸萬里) 떨어진 곳에서 각하의 문하에 보내 성상을 다시 받들 수 있기를 부탁드립니다. 부디 각하께서는 너그럽게 죄를 용서하시고 그 뜻을 슬프게 여기시며 그 정성을 비추어 허락해주소서. 예전에 부자께서 뗏목을 타고 바다로 나가시겠다 하셨는데, 바다로 나가면 바로 우리나라입니다. 이 일 또한 우연은 아닐 것 같으니 깊이 헤아려 주십시오. 이필희와 몇 년 전 일을 모르겠습니다만, 기억하시는지요? 이 사람이 성묘에 정성을 다하고 의를 지킴이 돈독하였건만 재작년에 세상을 떴으니, 각하께서 들으신다면 또한 측은해하실 것입니다.

우리나라 선유(先儒)에 정암 조광조, 퇴계 이황, 율곡 이이, 사계 김장생, 우암 송시열 등이 있는데 언행에 관한 것을 모아 『근사속록』이라 한 것이 있고, 제 스승 화서 이항로의 말을 모아 『화서아언』이라고 한 것이 있어 이에 삼가 가신(家臣)을 통해 바치오니 갖추어 두고 보시면서 동방 유술(儒術)의 연원을 살펴주십시오. 인석이 속마음을 말씀드리면서 사사로운 말이 장황하게 되

었으니 너무나도 황공함을 이길 수 없습니다.[15]

　의암은 만동묘를 우리나라 성리학의 본거지라고 생각해서 이를
철폐하는 것은 동방예의지국이 금수의 나라가 된다고 보았다. 1876
년 병자수호조약 체결과 관련한 전국적인 상소 운동이 전개되자 뜻

---

15) 의암학회, 『국역의암집』 2, 2007, 286－288쪽 참조. 朝鮮國儒生柳麟錫謹再拜上
書于曲阜衍聖公閣下. 伏以我先聖夫子繼開功德, 賢遠堯舜, 春秋經法, 治定百王,
洋溢大化, 覆載億世, 莫不尊親矣. 顧敝邦雖僻在海隅, 昔箕聖來君, 以九疇之法八
條之敎, 始倡小中華, 歷羅麗而風俗猶好, 見稱於朱子, 本朝君臣世正儒術興行, 書
非聖賢不讀, 道非聖賢不遵, 有以仰承夫子開來詔後之至意, 國學鄕校, 皆廟祀夫
子, 以顔曾以下古今賢儒從享, 一倣中國, 致極崇奉. 盖其尊親, 雖中國未必遠過也.
且也國與大明並創, 衣冠文物, 悉遵華制, 事大盡其誠, 皇朝屋社之後, 尙守遺制不
變, 亦不渝拱北之心, 至今垂三百年, 自謂足以有辭天下, 而蓋亦於夫子春秋尊王大
義, 講守之有實也. 挽近國運不幸, 亂賊挾倭洋造亂, 至甲乙之年, 盡革祖宗典型,
虐弑國母, 毁服削髮, 先辱君父, 一時並及百官萬民, 學校聖廟, 且將毁撤, 小華禮
義之邦, 黑陷爲夷獸世界矣. 麟錫林下賤劣, 粗有秉彝性情, 師承聞見, 不勝痛憤,
仗春秋誅賊攘夷之義, 爲倡義擧, 以致一國響應, 大禍得停, 而卒爲亂賊所敗, 乃去
國入遼東, 爲身守華制計, 盖初欲進依夫子廟墓之傍, 力窮而止此也. 時同志人李弼
熙痛事不成, 走入中國, 爲謀皇華古族, 期於借力不諧, 乃與伴行張基正, 進到夫子
廟下, 爲文告至痛情事, 足使千載人聞之墮淚也. 乃蒙閣下深矜厚恤, 更以聖像二本
付, 意甚鄭重, 奉而至遼, 麟錫與同義諸人, 榮感無比, 以爲萬古曾有此事否乎, 乃
建廟奉安, 以爲寓慕展誠之地, 不意昨年, 遭義和拳之擾, 亦有本國事端撤還, 而又
擬建廟國中, 期終遂誠, 適有盜賊搶攘之變, 蒼黃失奉守, 嗚呼, 變無不有, 事誠罔
極, 究其爲罪, 自無限量, 驚悚震懍, 固知爲計, 第竊伏念此事, 區區之尊親展誠, 固
有不能自已, 我夫子嗣孫衍聖公閣下鄭重至意, 尤不可以終負, 又況當此亂極之會,
憑仗夫子威神英靈, 萃一國陽類之心, 抗四至陰邪之衝, 强此弱彼, 有以致來復之
機, 不爲無理, 其可以不致之力也. 於是同志邊錫玄, 尹若而人, 水陸萬里起途赴閣
下之門, 乞更奉聖像幾本, 伏惟閣下寬其罪悲其志鑑其誠而許之乎, 昔夫子欲乘桴
浮海, 浮海卽吾邦也. 此事亦不偶然也. 深垂諒焉, 李弼熙數年前事, 不審記識否,
此人誠於聖廟, 篤於守義, 再昨年不淑, 閣下聞之, 亦惻然也. 敝邦先儒, 有趙靜庵
名光祖, 李退溪名滉, 李栗谷名珥, 金沙溪名長生, 宋尤菴名時烈, 有集言行, 名曰
近思續錄, 敝師李華西名恒老集其言, 曰華西雅言, 謹玆呈家臣, 用備垂覽, 有以察
東偏儒術淵源也. 麟錫爲陳情私, 語涉張皇, 不勝惶恐之至.

을 함께하는 47인과 「복합유생척양소(伏閤儒生斥攘疏)」를 올렸다.[16] 이를 계기로 의암은 처음으로 세상에 이름을 드러내게 되었다. 의암이 금과옥조(金科玉條)로 삼으며 수많은 위기를 넘기면서 난국을 극복하기 위한 위정척사사상을 실천에 옮긴 것이다. 이때 의암은 앞장서서 유생들을 설득하여 모으고, 소두(疏頭)가 되었다. 그러나 일제는 무력을 동원하여 끝내 병자수호조약을 체결하고 병탄하여 조선 침략을 감행하였다. 이때 최익현은 대궐 앞에서 강력한 항의를 하다가 귀양을 가게 되었다. 병자수호조약이 체결된 이후 의암을 비롯한 화서 문인들은 정치에서 물러나 학문과 심신을 수련하였다.

1907년 고종황제의 강제 퇴위와 한일신협약의 체결을 계기로 망명을 결심하고, 1908년 러시아 연해주로 이동하여 이상설(李相卨)·이범윤(李範允) 등과 함께 항일투쟁 세력 통합을 위해 노력하였다. 그 결과 1910년 13도의군을 결성하고 도총재(都摠裁)에 추대되었다. 그러나 같은 해 8월 국권 피탈로 대한제국이 멸망하고, 일본의 술책으로 13도의군는 와해되고 말았다. 그러나 이에 굴하지 않고 의암은 블라디보스토크를 중심으로 성명회와 권업회 등을 조직하여 항일투쟁을 이어갔다. 그렇게 구국운동에 매진하다가 의암은 질병과 일제의 탄압으로 러시아에서 활동할 수 없게 되었다. 그는 1914년 요동으로 다시 들어가서 머물다가 이듬해 봄 관전현(寬甸縣) 방취구(芳翠溝)에서 1915년 1월 29일 74세의 일기로 병사(病死)하였다.

---

16) 李昭應, 『習齋集』, 卷5,「伏閤生斥洋疏」, 1쪽.

2. 조선 말기의 시대적 배경

19세기 후반의 조선은 국제정세의 변화에 적응하지 못하였고 국내 내부의 체제모순으로 인해 개혁과 모순이 양립된 풍전등화의 시기였다. 국제적으로는 외세로부터 문호개방 압력을 받았고, 국내적으로는 정치적 혼란과 사회적 불안이 심화되고 있었다. 즉 의암은 대내외적으로 위기가 팽배했던 시기에 태어나 성장했다. 당시에 서구 열강의 조선에 대한 개방 압력은 병인양요(丙寅洋擾, 1866) · 신미양요(辛未洋擾, 1871) · 운요호 사건(1875) 등의 대표적인 사례를 통해 알 수 있다. 한 말의 대내외적 정세는 19세기 후반부터 20세기 초 조선을 둘러싼 변화하는 동아시아 국제정치와 연관하여 논할 수 있다. 첫째, 서구 열강의 식민지 재분할을 위한 탐욕은 대립과 갈등을 일으키면서 각국의 힘 확장을 위한 서세동점(西勢東漸)이 아시아지역에 영향을 주었다. 둘째, 제국주의 열강의 대외전략 방향이 동아시아 체제인 중국 중심에서 극동으로 옮겨가는 시기였다.

1) 국내외 정세

한말의 국내외 정세변화는 민족운동을 전개하는데 필요한 민족의식의 형성에 영향을 주었으며 그 배경이 되었다. 첫째, 외세에 대항하는 저항 의식 형성에 영향을 주었고, 조선사회의 신분제도와 만연된 부패구조에 대한 사회변혁의 필요성을 절실히 느끼는 시기이다. 이런 변화는 외세에 대한 저항 의식으로 퍼지면서 반외세적 민족운동이 일어나는 배경이 되었다. 둘째, 당시의 저항적 민족운동이 전국적인 의병운동으로 확산하는 배경이 되었고, 이는 한국 근대 민족운동의 시작이었다. 그리고 이런 현상은 구한말 일제의 침략이 구체적으로 본격화하는 상황에서 잠재되었던 민족정신이 깨어나 저항운동으로 표출되는 시기였다.

의암이 살았던 당시 우리나라는 국제적으로 구미 열강의 강제적이고 불평등한 개국을 위한 동아시아지역 최후대상지로서 인식되었다. 조선보다 먼저 개항한 청(1842)과 일본(1854)에 의해 그들의 대외진출을 위한 양 진영의 각축장이 되어갔다. 그리고 대외적으로는 중화적 세계관과 근대적인 국제질서관으로 수구와 개화의 갈등이 교차하는 시기였다. 국내적으로도 세도정치로 인한 모순과 외세 침입으로 인한 위기가 중첩되는 과정에서 봉건 체제가 해체되어 가는 시기였다. 이렇게 밀려오는 역사적 변동에 대응하기 위한 자구책으로 자존의식이 형성되었다. 대원군의 보수적인 개혁정책과 통상수교 거부정책, 병인양요와 신미양요, 운양호사건과 개항, 임오군란과 갑신정변, 동학운동과 갑오개혁, 그리고 독립협회의 국권 수호 운동과 반일의병운동 등은 이런 시대적 상황에서 반추되는 역사적 사건들이었다. 관점에 따라 어떤 사건들에 관한 역사적 의미와 그 평가는 다를 수 있다.

서구제국주의 대외정책의 영향은 중국 중심에서 동아시아지역으로 관심 지역을 변화시켰을 뿐만 아니라 일제의 등장을 가져왔다. 근대 이전 시기에는 아시아지역의 중심축이 중국이었다고 한다면, 19세기 이후에는 서구 열강의 아시아지역으로 향한 문호개방 압박과 충돌이 계속되면서 변화를 가져왔다. 먼저 압력을 못 견딘 중국은 1844년 프랑스·미국과 개방에 관한 조약을 체결하였다. 그리고 영·불 연합군은 1856년 중국과 무역이 원활하지 않다는 이유로 애로호 사건을 계기로 애로호 전쟁(1856－1860)을 일으켰는데 이는 제2차 아편전쟁이다. 그 결과 중국은 서구 열강에 완전한 항복을 선언하였다. 그리고 굴욕적인 톈진조약을 체결한 후 추가로 항구를 개항했다. 더 나아가 중국은 1856년 애로호 사건을 빌미로 러시아·미국·영국·프랑스 등 4개 열강과 불평등조약을 체결하였으며 구룽 반도를 영국에, 연해주를 러시아에 할양하였다. 이처럼 서구 열강의 아시아 진출은 압력과 대립 그리고 갈등 유발의 국제정세를 형성하고 있었다.

중국은 서구 열강의 개방 압력에도 불구하고, 내부적으로 정국이 분열되어 태평천국의 난이 있었다. 그리고 그 당시 중국 내부에서는 전통적 이념과 제도에 대한 개혁의 필요성을 부각하였고 중국을 근대화하여야 한다는 주장이 제기되었다. 즉, 기존의 중국 정통사상에서 벗어나 근대 중국사상으로 변화할 필요성을 제기하는 시각과 서구의 과학만능주의를 경계하여 중국 전통을 재발현하자는 흐름으로 나타났다.[17] 중국은 서구 열강과의 충돌 이후 1895년에는 일본과의 충돌이었던 청일전쟁(淸日戰爭, 1894－1895)에서도 패배하였다. 그 이후 중국은 동아시아지역의 국제관계에서 능동적인 변수의 기능을 상실하였다. 일본은 청일전쟁에서 승리한 후 1895년 4월 시모노세키조약(下關條約)을 맺고 막대한 영향력으로 배상금과 항만, 요동 반도를 할양받았다. 그 시기에 시베리아 일대를 확보한 러시아는 부동항을 획득하기 위한 남하 정책을 추진하고 있었다. 그런데 요동 반도 점유가 아시아 평화를 위협한다며 요동 반도를 청국에 반환하라고 요구하는 외교 각서를 일본에 보내게 되었는데 이것이 이른바 삼국간섭이다.[18] 삼국간섭 이후 유럽 열강은 청에 진출할 기회를 꾀하였

17) 李炳注·李宰·金基勳, 『世界文化史』, 일조각, 1991, 19－21쪽.

고 러시아는 일본에 통상압력을 통해 만주철도부설권을 획득하는 등 중국으로의 진출을 본격화하였다.

청일전쟁에서 승리한 일본은 도쿠가와(德川)막부가 200년간 국내 세력을 완전히 장악한 뒤, 막강한 군사력을 바탕으로 통상수교 거부정책을 취하고 있었다. 일본은 19세기 중엽부터 막부의 군사력이 약화했지만, 원래의 反도쿠가와 막부가 강화되면서 영주들의 군사력이 강해지고 있었다. 이 시기에 서구 국가는 중국과 일본의 '일항(一港) 무역' 제도와 대등한 외교와 자유로운 통상을 요구하고 나섰다. 특히 영국은 강한 군사력과 경제력을 바탕으로 아편전쟁에서 중국을 굴복시킨 뒤 일본의 개방을 요구하는 압력을 행사했다. 그런데 일본은 조선이 취한 통상수교 거부정책과는 달리 쇄국 시기에도 외부세계에 대한 문호를 완전히 봉쇄하지 않고 있었다. 그리고 1854년 미국과 화친조약(和親條約)을 체결하면서 문호개방에 대한 호의적인 분위기가 형성되었다. 또한, 일본은 내부적으로 새로운 개국론이 부상하면서 천주교를 제외한 서양의 탁월한 과학 문명 기술을 도입하여[19] 국가를 강성하게 할 필요가 있다는 주장이 제기되고 있었다.

일본에서는 1868년 에도(江戸)막부가 타도되면서 명치유신(明治維新)으로 근대국가발전을 향한 개혁정치를 펼쳤다. 그리고 서양의 발전된 과학 문명 기술을 도입하고 근대화를 향한 발판을 구축했다. 그리고 신정부의 주체세력이 하급 무사 출신이 되면서 일본의 근대화에도 서구 열강의 도전에 대항하는 자주적인 대외팽창정책을 지향하였다. 이런 일본의 대내외적인 시각 변화와 맞물린 자주적인 의지

---

18) 국사편찬위원회, 『한국사 41 – 열강의 이권침탈과 독립협회』, 국사편찬위원회, 1999, 1쪽.
19) 이상익, 『서구의 충격과 근대 한국사상』, 한울아카데미, 1997, 51쪽.

는 침략적인 팽창정책을 하는 배경이 되었다. 일본의 변화는 근대적인 부국강병 정책의 하나로 제국주의 정책을 지향했던 것과 흐름을 같이한다. 일본이 청일전쟁에서 승리한 뒤 체결한 시모노세키조약(下關條約, 1895년)에서는 중국에 요동반도의 할양과 더불어 조선 지배권을 인정하라고 요구하였다. 일본의 계획은 한반도를 자국의 세력권에 두고 이를 바탕으로 대륙진출을 위한 팽창정책으로 구체화하여 실행하였다. 이 시기에 일본은 외세에 대한 개방으로 선진기술과 문물이 유입되면서 대륙팽창정책의 실현을 위해 조선 침략을 구체화하고 있었다. 일본의 조선에 대한 침략정책은 개항 전후로 그 성격을 달리하고 있는데, 개항 이전은 외부의 영향, 특히 동아시아 국제질서의 영향을 크게 받았다. 당시 일본은 메이지유신을 계기로 근대자본주의를 빨리 수용하여 아시아에서는 처음으로 개화를 하였다. 그리고 일본은 유럽식 근대국민국가를 수립하고 근대적인 군대와 관료기구를 형성하면서 대외침략을 위한 준비를 하고 있었다.[20] 그런데 대외침략정책을 구체화하던 중 아관파천으로 조선에 대한 지배계획이 수포가 되게 되자 일본은 러일전쟁을 계획하고 도발했다.

　러일전쟁에서 승리한 후 일본은 조선에 치명적인 영향을 주었다. 조선에 을사늑약을 강요하고 조선의 외교권 박탈과 통감 정치를 시행했다. 일본은 이미 러시아와의 전쟁 결정에 앞서 청과 조선에 대해 앞으로의 계획방침과 방향을 확정해놓고 전략적 대응을 하고 있었다. 일본의 조선에 대한 계획은 조선을 일본의 영향력 아래 두겠다는 전제로 명분으로만 보호적 협약을 취하는 가운데 실질적으로는 군사적 행사를 하는 것이었다. 즉, 일본은 조선을 일본의 경제발전과 이권도모를 위한 수단으로 보고 제국주의적 영향을 노골적으로 드러내기

---

20) 김운태, 『일본제국주의의 한국통치』, 박영사, 1988, 23쪽.

시작했다. 그리고 일본은 명성황후시해사건을 일으킨 후 명성황후에 대해 폐위조치를 하였고, 조선군대의 해산명령과 단발령을 내리는 등 조선의 혼란을 가중했다. 명성황후시해사건과 개화파의 단발령 강행 등으로 일본의 침략 정책이 구체적으로 되자 국내에서는 반제국주의·반침략적 성격의 민중 저항이 나타났다.

한말의 조선은 서구 열강의 개방 압력과 국내의 혼란이 맞물린 가운데 서구 열강의 통상수교 거부정책을 통해 대항했으나 한계에 부딪혔다. 그래서 그 시기에 위정척사운동은 제국주의 열강의 침략과 개항에 대해 반대를 하며 위정척사계열을 중심으로 전국적으로 상소 운동을 전개하였다.[21] 위정척사론은 1880년 겨울 황준헌이 '조선책략'을 일본에서 들여오자, 이를 계기로 영남 유생 1만 3천 명, 관동 유생 1만 명, 그리고 경기, 호서, 호남 등의 유생들이 위정척사론을 내세우며 '조선책략'에 반대하는 만인소를 준비하면서 상소 운동을 전개하였다. 여기에 중심이 화서학파의 문인들이었다.[22] 즉, 기존 체제를 유지하면서 외세에 대한 저항으로 지식인들을 중심으로 한 구국 의식이 나타났다. 이처럼 유림을 중심으로 한 위정척사운동은 국가가 위태로운 상황에서 전통을 보존하고 국가를 수호하고자 하는 외세에 대한 저항운동으로 전개되었다. 그 당시 근본적인 모순에 대한 명확한 인식이 부족하였지만, 지식인을 중심으로 구국운동이 전개되었고 국가 위기 상황이 고조되자 의병운동으로 확산되었다.

19세기 초의 조선은 신유박해를 계기로 실학자들에 대한 탄압이 있었고, 이후 병인양요와 신미양요 등 서구로부터의 개방이 요구되고 있었다. 또한, 서구의 개방 압력으로 인해 수호 통상이 체결된 후에

---

21) 姜大德, 『華西 李恒老의 時代認識』, 신서원, 2001, 254 – 256쪽.
22) 姜大德, 『華西 李恒老의 時代認識』, 신서원, 2001, 254 – 256쪽.

도 신문물과 근대사상이 유입되기 시작했다. 이런 배경에서 근대사조의 흐름은 기존 체제에 대한 개혁을 주장하는 새로운 사상과 운동으로 나타났다. 그 흐름은 첫째, 갑신정변의 주역인 개화파의 개화운동을 들 수 있다. 개화파는 국내외 정세변화 속에서 조선이 국제사회에서 나아갈 방향을 부국과 강병이라고 보았다. 김옥균(金玉均, 1851－1893) 등을 중심으로 개혁을 추구했던 개화사상은 17세기 후반부터 19세기 초에 걸쳐 조선 사상계의 이채를 띠었던 실학파인 박지원(朴趾源, 1737－1805) 등을 중심으로 한 실사구시파의 북학사상을 계승·발전시켰다. 그리고 개화파는 실학사상에서 강조했던 통상개국론을 발전시킨 부국강병론을 지향하였다.[23] 그러나 개화파는 수구당의 집권하에서 점진적이고 평화적인 개혁이 어려울 것으로 보고 국내 문제해결을 위한 정책변화의 필요성과 수구당의 폐단을 언급하며 개혁의 필요성을 역설했다. 그리고 1884년 12월 4일 일본의 후원으로 갑신정변을 일으켰다. 갑신정변은 근대화에 대한 정치적인 열망이 자주적 민족운동으로 반영된 민족운동이라고 할 수 있다. 갑신정변의 사회개혁 의지는 기존의 틀을 벗어나고자 하는 시도로서 정치 개혁적 의미가 있었다. 특히 전근대적인 정치경제에 대한 개혁을 주장하면서 수구당과 청·일과의 관계에서 자주적인 국가 입지구축을 강조하였다. 이처럼 기존의 틀인 사대주의와 보수주의로부터 탈피하려는 근대화 운동의 움직임이었다는 점에서 개혁적 성격을 가진다. 그러나 민중과의 소통이 부재하고, 사회적 지지기반이 없이 위로부터의 개혁이라는 점이 한계로 남는다. 이런 한계에도 불구하고 갑신정변에서 개화파가 지향했던 사회개혁에 관한 의지는 한국 근대민족주의 운동을 전개한 시도였다는 점에 의의가 있다고 할 것이다.

---

23) 권호영, 『개화파의 현실 인식과 개화운동』, 나남, 2003. 58쪽.

둘째, 국내에서 민중의 의식개혁을 주도하며 이끌었던 동학사상의 영향을 살펴볼 수 있다. 동학은 1860년에 창건되었다. 그리고 최제우(崔濟愚, 1824－1864)가 1대 교주를, 최시형(崔時亨, 1827－1898)이 2대 교주를 맡아 사상적 토대를 마련하였다. 동학은 조선왕조가 오랜 역사를 통해 유지하였던 계층적 신분 질서를 거부하였다. 그리고 성리학적 질서에 대해 부정하며 성리학이 지배하는 조선 실정과 민중의 고달픈 상황에 대해 후천개벽(後天開闢)사상을 제시하면서 희망적인 세계관을 강조하였다. 인간과 하늘의 내면적 일체화를 강조하며 평등사상(平等思想)을 주장함으로써 현실적인 논리를 전개하였다. 특히 동학의 근본 교리인 인내천(人乃天)사상은 인간의 주체성에 대해 강조하면서 만민 평등을 주장한 조선의 역사에서 볼 수 없었던 혁명적인 평등사상이라는 데 의미가 있다. 동학은 봉건적인 지배체제에 대해 저항적 성격을 가지고 있는데, 그중에서 전통적인 여성의 가치관에 대한 개혁을 주장하고 있다. 이것은 동학운동에서 여성 수령의 인정과 여성의 활동 참여를 통하여 근대적인 시각을 가지고 있다는 것을 알 수 있다. 이처럼 유교적 여성관에 대한 의식이 팽배한 가운데 동학이 여성의 의식 변화를 강조할 수 있었던 것은 근대사상의 유입과 교육의 변화, 그리고 여성의 변화 의지를 반영하였기 때문이다. 이런 동학의 남녀평등과 여성 존중에 대한 강조는 한국 사회 내부에서 싹튼 최초의 여성 해방과 여권신장의 의미가 있다.[24] 동학운동은 19세기에 들어 사회를 파고들었던 천주교의 영향과 외세침략의 위기 속에서 사회변혁을 시도하였다. 동학은 일본의 팽창정책으로 국가 위기가 고조된 시기에 외세의 침략에 대한 민중운동으로서 반제·반침략적 성격으로 나타났다. 동학은 갑오농민운동 이후에 봉

---

24) 이현희, 『韓國近代女性開化史』, 한국학술정보, 2001, 26쪽.

건적 억압 하에서 농민이나 천민, 일부 몰락 양반들의 일정한 계층적 이해와 요구를 반영하고 있다.[25] 그리고 사회의 모순에 대한 비판과 외세에 대한 저항운동으로 나타났지만, 민중이 저항운동의 완전한 주체세력으로 등장하지는 못했다. 그러나 동학운동은 기존 체제에 대한 비판과 저항을 현실적 실천 운동으로 부각했다는 점에서 한국 근대 민족주의 운동으로서의 성격이다.

셋째, 외세침략에 대한 저항운동을 전개한 위정척사운동을 살펴볼 수 있다. 개화사상과 동학운동이 기존 체제에 대해 비판을 통한 개혁을 주장했다면, 위정척사운동은 개혁과 개방에 대한 부정적 시각으로 유교 질서의 정통성을 유지하고 당시의 체제를 고수한 가운데 외세를 배척하는 존왕양이(尊王攘夷) 성격을 띤다. 위정척사는 조선 사회의 봉건적 질서를 유지하려는 것으로 주자학의 정통성을 고수하였다. 그러나 위정척사사상은 중화 문화 중심의 화이론적 사상을 맹목적으로 받아들이거나 계승하려고 하지 않고 우리 민족문화의 우월성과 자주성을 강조하고 있다. 즉, 위정척사사상은 대외적으로는 반외세·반침략적인 성격이며 대내적으로는 전통적인 사회질서와 예속을 지켜서 다른 사상의 침투를 허락하지 않는 보수적인 성격이다.

조선조 말은 국내의 정치·경제 상황의 변화와 일제의 조선에 대한 침략정책이 구체화하는 것으로 구분할 수 있다. 특히 국내정치적 상황은 조선조 말의 정치·경제적 혼돈으로 인해 국내의 불안이 가중되고 있었다. 즉, 내부적으로 취약한 정치경제구조와 부패로 인한 민생 파탄과 외부적으로 제국주의 열강의 도전이라는 이중적인 과제에 놓여 있었다.[26] 특히 양반 신분제도의 폐지 요구는 양반 계층의 정치

---

25) 安秉直·朴成壽 외, 『韓國近代民族運動史』, 돌베개, 1980, 283쪽.
26) 이상익, 『서구의 충격과 근대 한국사상』, 한울아카데미, 1997, 179쪽.

적 이득과 경제적인 부를 실현하기 위한 대상이 농민이라는 것에 그 원인이 있었다. 농민은 사회적으로 양반 계층의 정치적 부패와 경제적 착취로 인해 경제적 부담이 가중된 상황에 있었다. 특히, 전정(田政)의 문란은 토지 제도의 부정부패로 이어졌고 농민들의 경제적 고통은 더욱 심화하였다. 또한, 모든 국가기관이 경비 충당을 환곡에 의존하게 되면서 환곡제도가 악용되어 폐단으로 나타났다. 이처럼 조선조 정치사회는 부정부패와 경제위기의 심화로 인해 농민 계층을 중심으로 양반 계층의 부패와 약탈에 대해 대항하는 변혁의 욕구가 형성되고 있었다. 그리고 이런 경제적 폐단 속에서 농민의 사회변혁에 대한 욕구는 '동학운동'으로 나타났다.

동학은 갑오농민운동의 본질을 규정하는 요인은 아니지만, 봉건적 억압에서 농민이나 천민, 일부 몰락 양반들의 계층적 욕망과 요구를 반영하는 성격을 지니고 있었다.[27] 동학은 국내에 침투하고 있던 서학의 유입에 대해서 기존의 유교·불교·도교로는 대응할 수 없다고 보았고 민족 주체적 입장의 중요성을 강조하였다. 특히 동학운동에서 사회개혁과 신분제 철폐에 관한 주장은 기존의 민중 의식이 성장하는 데 영향을 주었다. 동학사상은 인간 평등을 바탕으로 인간존중주의(Humanism)를 강조하고 있다. 이것은 동학의 기본사상으로 "천심즉인심(天心卽人心)", "오심즉여심(吾心卽汝心)"을 총괄한 "인내천(人乃天)"의 교리에 반영되어 있다. 그리고 이것은 인간의 귀천이 선천적으로 규정된 봉건적 신분제도와 양반 계층의 상민·천민에 대한 비인간적인 수탈과 박해에 대한 부정의 사상, 즉 인간 평등을 의미한다.[28] 동학은 최고목적인 '무위이화(無爲而化)'[29]의 실현을 추

---

27) 강재언, 『한국근대사연구』, 한울, 1992, 145 – 146쪽.
28) 安秉直·朴成壽 외, 『韓國近代民族運動史』, 돌베개, 1980, 284쪽.

구하였고, 민중 중심의 성격을 반영한 사회개혁을 주장하였지만, 결국 실패로 끝났다. 그러나 동학은 국내의 정치경제 상황에서 기존 체제에 대한 변혁을 강조하고, 외세의 침략과 개방의 압력에 대항하는 반외세적이고 반침략적인 저항운동으로 발전하였다. 이처럼 조선은 정치·경제적으로 혼란한 상황에서 사회변혁에 대한 욕구가 팽배해져 있었다.

2) 한말의 구국 항쟁

일본의 조선에 대한 침략정책이 구체화되자 고종은 일본의 침략에 맞서기 위해서는 자국의 힘만으로는 어렵다는 것을 인식하였다. 그래서 다른 국가에 특사를 보내 일본의 침략행위를 폭로하고 국제적인 정의와 신의를 들어 호소하면서 열강의 여론을 독려하여 한국의 독립을 보전하고자 하였다.[30] 그러나 1907년 헤이그 평화회의에 참석하려던 고종이 파견한 특사들은 외교권 박탈로 인해 참석할 수 없게 되었고 고종의 계획은 실패로 돌아갔다. 그 후 헤이그에 파견되었던 특사 이위종은 장외언론과의 접촉을 통해 조선이 당한 현실적 어려움을 국제사회에 호소하면서 조선에 관한 관심을 고조시켰다. 이에 일본은 헤이그 특사 사건을 빌미로 고종의 퇴진을 강요하였고 조선에 대해 내정간섭을 감행하기 시작했다. 그리고 1907년 고종의 강제 퇴위와 정미7조약 체결의 강요 등 일제의 국권 침탈이 본격화되

---

29) 安秉直·朴成壽 외, 『韓國近代民族運動史』, 돌베개, 1980, 286쪽. 무위이화는 음양오행설에서 음양의 상호 전환, 오행의 '상생상극'에 의한 자연변화의 원리인데 여기에서 동학사상이 갖는 두 개의 측면에서 볼 수 있다. 한 측면은 봉건적 질서를 고정불변의 것으로서가 아니라 과정적인 것으로 보는 긍정적인 측면과 다른 한 측면은 현실을 부정하면서도 폭력적 방법을 제어하는 보수적 측면이다.
30) 국사편찬위원회, 『한국사 43: 국권회복운동』, 국사편차위원회, 1999, 51쪽.

자 전국적으로 외세에 대한 저항운동의 하나로 후기 의병운동이 일어나기 시작했다. 의병에 관하여 박은식은『독립운동지혈사』에서 다음과 같이 말하였다.

> 의병이란 민군이다. 국가가 위급할 때에는 즉시 의로써
> 분기하여 조정의 징발령을 기다리고 있지 않고 종군하
> 여 성내어 적대하는 자이다.[31]

　국내의 정치·경제적 상황과 사회변혁을 주장한 민중 의식의 성장으로 나타난 의병운동은 일본의 침략 정책에 대한 반외세·반제국주의를 주장함으로써 민중운동으로서의 성격을 띠고 있다. 의병(義兵)의 개념은 신분과 시대에 따라 차이가 있다. 그 기본개념에 대하여 박은식은 '의병은 국가의 명령을 기다리지 않고 자발적으로 일어나 국가와 민족을 위해 싸우는 민중의 의용병'[32]이라고 하였다. 의병은 우국 의식에 기초하여 국난을 극복하기 위해 스스로 목숨을 내건 사람들의 집단으로 엄격히 말해서 정규군은 아니다.[33] 그러나 의병집단은 자신의 희생을 바탕으로 국난을 해소하기 위해 자발적으로 목숨을 건 우국충정의 단체로서 '정의'와 국가 의식을 전제로 한 '국가적 정의(國家的 正義)'를 실현하는 것을 목표로 하였다.[34] 이처럼 의병은 조선의 시대적 변화 속에 자발적으로 형성되었고 국난에 대

31) 朴殷植,『朴殷植全書 上』, 단국대학교 동양학연구소, 1975, 465－466쪽. 義兵者
　　民軍也 國家有給 直以義起 不待朝令之徵發 而從軍敵愾者.
32) 김의환,「항일의병장열전」, 정음사, 1975, 9쪽.
33) 윤천근,「의병, 의병문화, 의병정신」, 안동대학교 안동문화연구소,『민족문화와
　　의병사상』, 박이정, 1997, 4－5쪽.
34) 윤천근,「의병, 의병문화, 의병정신」, 안동대학교 안동문화연구소,『민족문화와
　　의병사상』, 박이정, 1997, 12쪽.

처하여 위기를 극복할 수 있는 정신적 일체감을 조성했다. 역사의 반복성이 삶의 태도를 만들듯이 우리 선조들은 위기에 대처하는 자발적인 활동을 하였고 의병은 그 시대의 위기를 극복하려는 문화양상으로 드러났다.

한국 근대 시기는 근대사조의 흐름 속에 민중 의식이 성장하였는데, 갑오경장을 기점으로 밑으로는 민중의 항쟁, 위로는 지도층의 근대화 개혁 운동으로 나타났다.[35] 보통 사상적 흐름이 정치제도의 개혁에 반영된 계기를 갑오경장으로 보지만, 이것은 그 이전에 실학운동과 천주교의 유입으로 개화 의식이 확산하면서 민족운동은 갑신정변, 동학운동, 갑오개혁, 3·1운동 등으로 전개되었다. 근대사조는 일제의 정책변화로 식민지화되어가는 시기에 사회변화를 주도하였고 국권 회복 운동을 전개하게 되는 배경이 되었다. 이처럼 근대사조는 그 시대의 조류 속에서 민족의식이 반영되고 있다.

2. 사상적 배경

인은 자각의 경계이며 타인에 대한 사랑이다. 그리고 의는 자각이 드러나 타인에게 드러난 것이라 할 수 있다. 인한 사람은 실천에 있어서 반드시 자신이 행하고자 하는 것이 올바른 실천인가를 생각하게 된다. 그래서 인과 의의 관계는 인이 바탕이 되며 의는 인이 발현한 것이라고 할 수 있다.

---

35) 조지훈, 『조지훈 전집 7: 한국문화사 서설』, 나남, 1996, 249-290쪽.

1) 인(仁)사상

인사상이 의암에게 미친 영향은 지대하다. 의암의 의병 활동은 우리나라를 수호하려는 애국심에서 비롯되었다. 이는 자신의 나라를 수호함으로써 평천하에 이르려는 유학의 정신과 그 맥을 함께하며, 그 기본 정신은 인의 정신에 있다고 할 것이다. 만약 의암에게 인사상이 내재하지 않았다면 일제에 협력하는 사람과 공조하여 편안하고자 하였을 것이다. 공자의 사상 속에서 인은 도덕 가치의 근원이라고 할 수 있고, 모든 미덕의 근원이라고도 할 수도 있으며, 또한 인간 된 도리 최고의 준칙이라고도 할 수 있는 것이다.[36] 공자사상의 바탕을 이루고 있는 것이 바로 인인데『논어』에서 공자는 인에 관하여 질문하는 제자들에게 다음과 같이 말하였다.

> 번지가 인에 관하여 질문하니 선생님께서 말씀하셨다.
> "사람을 사랑하는 것이다." 그리고 지(知)에 관하여 질
> 문하니 선생님께서 말씀하셨다. "사람을 알아보는 것
> 이다."[37]

번지의 인에 관한 질문에 공자가 대답하기를 사람을 사랑하는 것이라고 하였는데 주자는 "사람을 사랑하는 것은 인을 베푸는 것이다"[38]라고 하면서 사람을 사랑하는 것을 인의 본체로 보지 않고 그

---

36) 조원일, 「孔子의 聖人觀 研究」, 동서철학연구 제67호, 한국동서철학회, 2013, 277쪽.
37) 『論語』, 「顏淵」: 樊遲問仁. 子曰 "愛人." 問知. 子曰: "知人."
38) 『論語集註大全』, 「顏淵」: 愛人 仁之施. 김동인 외, 『論語集註大全』, 도서출판 한 울, 2011, 263쪽.

쓰임으로 보았다. 본체와 쓰임은 구분되는 개념이지만 그 둘은 서로 관련이 있다. 만약 본체를 근본으로 보고 쓰임을 말단으로 본다면 근본과 말단은 서로 연결된 것이라서 관련이 있다. 쓰임은 본체가 실제 활동에 적용한 것이므로[39] '사람을 사랑하는 것이다'라는 말은 인의 본체를 논한 것이다.

주자는 "사람이 사랑하는 것에는 사랑하지 않는 것이 없다"[40]라고 하였는데 이는 공자가 "널리 사람을 사랑하라"[41]라고 한 것과 같은 흐름이다. 공자가 말하는 사람에 대한 사랑은 폭넓은 사랑으로서 사랑하지 않는 것이 없다고 하였는데 이는 가까운 인간관계로부터 시작하여 멀리까지 확산하는 속성을 지닌다. 유학에서는 모든 인간관계에서 가장 가까운 것이 부모·자식의 관계라고 본다. 그래서 공자가 말하는 사랑에는 친친(親親)의 의미가 전제하여 있다. 부모에 대한 효도의 마음에서 비롯하여 그것이 점차 형제 간 사랑으로 퍼지며, 그것이 다시 주위에 있는 사람들에게 퍼지고 결국에는 모든 사람을 사랑하는 것으로 확대되어 간다. 그러므로 공자는 효를 인의 실천 덕목으로 강조한 것이다.

> 유자가 말했다. "그 사람됨이 효성스럽고 공손하면서
> 윗사람 거스르는 것을 좋아하는 사람은 드물다. 윗사람
> 거스르는 것을 좋아하지 않으면서 난을 일으키는 것을
> 좋아하는 사람은 없다. 군자는 근본에 힘써야 하니, 근

---

39) 『論語集註大全』, 「顏淵」: 問 愛人 知人 是仁知之用 聖人 何故 但以仁知之用告樊遲 却不告以仁知之體 朱子 曰 體與用 雖是二 字 本末 未嘗相離 用 卽體之所以流行者也.
40) 『論語集註大全』, 「顏淵」: 朱子 曰 愛人 則無所不愛.
41) 『論語』, 「學而」: 子曰 弟子, 入則孝, 出則悌, 謹而信, 汎愛衆, 而親仁. 行有餘力, 則以學文.

본이 바로 서야 도가 생겨난다. 효성스러운 것과 공손
한 것은 인을 실천하는 근본이 아니겠는가?"[42]

자신이 행한 것이 인이 맞는가를 알려면 그것이 의에 맞는지 구
별하여 가릴 수 있다. 인은 마땅히 의여야만 비로소 그것을 인이라고
말할 수 있는 것이다. 사람을 사랑하는 것도 모두 다 인이 될 수는
없다. 자신이 한 사랑이 상대방에게 부담이 되거나 거부한다면 자칫
사랑이 상처가 되는 결과를 가져오게 된다. 누군가 공자에게 '원한
이 있는 것을 은혜로서 갚는 것은 어떠한가'라고 질문했는데 공자가
대답하기를 "그렇게 한다면 어떻게 은혜를 갚겠는가? 정직한 마음가
짐으로 원수에게는 원수를 갚고, 은혜로운 사람에게는 은혜를 갚아야
한다"[43]라고 하였다. 자칫 은혜로서 원한을 갚는다는 것을 초월한 사
랑이라고 여길 수도 있지만, 공자는 이를 의롭지 못하다고 여기며 정
직하게 원수를 갚고 은혜로운 마음으로 은혜를 갚아야 한다고 한 것
이다.

『맹자』에서 말한 "인에 머물고 의를 따른다"[44]라는 것과 "인은
사람의 본심이고, 의는 사람의 바른길"[45]이라고 한 것은 공자의 인의
에 관한 생각을 잘 나타낸 것이다. '인에 머물고 의를 따른다'라는 것
에 관하여 주자는 "인이 아니고, 의가 아닌 것은 비록 사소한 것이라
도 하지 말아야 한다. 그러므로 머무르는 것과 말미암은 것은 인의에
해당한다"[46]라고 하였다. 사람이 머물고 말미암은 것에는 마땅히 인

---

42) 『論語』, 「學而」: 有子曰 其爲人也孝弟, 而好犯上者, 鮮矣, 不好犯上者, 而好作亂者,
未之有也. 君子務本, 本立而道生. 孝弟也 者, 其爲仁之本與!
43) 『論語』, 「憲問」: 或曰 以德報怨, 何如? 子曰 "何以報德? 以直報怨, 以德報德.
44) 『孟子』, 「盡心章 上」: 居仁由義.
45) 『孟子』, 「告子 上」: 仁人心也 義人路也.
46) 『孟子集註』, 「盡心章 上」: 非仁非義之事, 雖小不爲. 而所居所由, 無不在於仁義.

의로워야 하므로 이에 어긋나는 것을 해서는 안 되는 것이다. '인은 사람의 본성이고, 의는 사람의 바른길이다'라는 것에 대하여 주자는 "인은 마음의 덕이니, 정자(程子)의 이른바, '마음은 곡식의 씨와 같고, 인은 그에서 나오는 성(性)이다'라는 것이다. 인이라고만 말한다면, 사람들이 자신에게 비롯됨을 모르기 때문에 돌이켜서 말하기를 인심(人心)이라고 하였으니, 만 가지 변화에 대응하는 주체가 잠시라도 잃어서는 안 된다는 것을 알 수 있다. 의는 어떤 일을 행하는 것의 기준인데, 이것을 인로(人路)라고 하면서 나고 들고 가고 올 때 마땅히 말미암은 길이 되어서 잠시라도 잃어서는 안 된다는 것을 알 수 있다"[47]라고 하였다. 이처럼 인은 인간에게 주(主)가 되며 의는 나가고 들어오고, 가고 오는 인간사에 있어 마땅히 가야 하는 길이 된다. 『맹자』의 말에서 알 수 있는 인은 자각이며, 의는 자각이 겉으로 드러난 작용이라고 할 수 있다. 이처럼 인한 사람은 실천함에 반드시 올바름을 구하게 된다. 그래서 인과 의의 관계는 인이 바탕이 되며 의는 인이 발현한 것이라 할 수 있다.[48]

2) 춘추의리(春秋義理)사상

화서학파는 심을 리로 여기는 경향이 있다. 화서는 形·氣·神·理의 네 단계 중 학문을 익히는 자에게 필요한 것은 理이며 이것은

---

47) 『孟子集註』,「告子 上」: 仁者心之德, 程子所謂心如穀種, 仁則其生之性, 是也. 然但謂之仁, 則人不知其切於己, 故反而名之曰 人心, 則可以見其爲此身酬酢萬變之主 而不可須臾失矣. 義者行事之宜, 謂之人路, 則可以見其出入往來必由之道, 而不可須臾 舍矣.

48) 『孟子』,「盡心章 上」: 非仁非義之事, 雖小不爲, 而所居所由, 無不在於仁義, 此士所以尙其志也. 大人謂公卿大夫. 言士雖未得大人之位, 而其志如此, 則大人之事, 體用已全, 若小人之事, 則固非所當爲也."

곧 심이라고 하였다. 선대의 유학자들이 말한 심은 대개 본심을 말한다고 하였다. 화서는 이기론과 형이상학설 둘 다 氣에 관하여 변통하지 못하는 형질이라고 하였다. 여기서 운행되는 허령한 기(氣)는 모두 리(理)로 보며, 특히 기만이 물리로서 윤리가 된다고 여겼다. 즉 형[心臟]·기[精爽]는 물리로 운행되지만, 그것이 곧 윤리가 되도록 하는 조절·통제 능력은 없다고 보았다. 따라서 형기지리(形氣之理)와 신명지리(神明之理)는 물리와 윤리의 관계에서 형이하와 형이상의 관계로 바뀌었다. 이 간격을 메우기 위해서 신명지심(神明之心)을 불러온 것이다. 결국, 화서는 본심을 리(本心卽理)라고 하였다. 즉 화서는 이기론(理氣論)에서 리를 위주로 하는 주리론을 정통이론으로 삼는 이론체계를 확립하였다. 이 주리론을 바탕으로 심의 주제를 근거하기 위한 심주리를 강력하게 주장하였다. 이러한 습재 이소응의 사상은 이항로－류중교의 계통으로 보아 철저한 위정척사론자로 보아야 한다. 또한, 습재는 삼강오륜의 예의질서를 근본으로 한 주자학적 세계관을 철저하게 고수하고 있다. 이것은 어떤 경우라도 서양의 모든 문화를 수용하지 말아야 한다는 것이 그의 일관된 주장이다. 이에 대한 처방으로 습재는 유교의 인륜을 바로 세우고 농업을 장려하면 나라가 안정되고 풍족해질 것이라는 점을 주장하고 있다. 이처럼 습재는 서세동점(西勢東漸)의 위기의식에서 국가를 보존하고 민족을 구하는 길은 오직 위정척사에 있다고 확고한 신념을 견지하고 있다. 또한, 그는 이론적 토대를 가지고 의병장으로 활동하면서 위정척사사상의 실천적 반영을 하고 있다.[49)]

춘추(春秋)의 근본정신과 존화양이론의 역사적 전개는 의암사상

---

49) 유성선,「習齋 李昭應의 義理情神과 心說論爭 讀解」,『한중인문학연구』40집, 한중인문학회, 2013, 133쪽 참조.

의 배경이 되었다. 춘추의리 정신에 대한 이해를 위해서는 의암사상의 철학적 기반인 '주리론(主理論)'에 대한 이해가 필요하다. 화서학파의 '주리론'은 이분적으로 해석하여 리는 조선(朝鮮), 기는 외세(外勢)라는 폐쇄적이며 배타적인 사상의 기반에서 의병항쟁이 있었던 것으로 해석됐다. 그러나 근본적으로 이기론(理氣論)은 현상에 있어서 '이기(理氣)의 묘합(妙合)'을 추구하며, 주리(主理)는 변화적인 기보다 불변하고 보편적인 리에 중심을 두는 것으로 衛正斥邪派 고유의 사상이라기보다 주자학의 특성이며, 유교의 근본적 사유체계이다. 의암은 이에 대해 "리에 주안하는 사람은 백 번 꺾여도 백 번 정당하지만, 기에 주안을 두는 사람은 백 번 꺾으면 백 번 변한다"[50]라고 하였다. 의암의 주리론은 당시 국내외가 위기와 혼란한 상황이지만, 인간이 추구할 것이 무엇인가에 관심을 두고 그것을 추구한 것이라고 할 수 있다. 주리론은 불변의 가치를 통해 현실의 부조리를 개혁하고, 질서를 바로 세우려는 춘추의리의 철학적 표현이었다. 그리고 사유를 실천으로 이어지게 하는 것으로 정당성을 확보하고자 하였다.

이러한 철학적인 역사의식을 가진 의암에게 서구열강과 일제는 물질적인 추구로 인한 침략성과 약육강식의 논리로 인식되었다. 그리고 그것을 인류와 세계를 파멸로 이끄는 무도(無道)한 것으로 보았으며 더 나아가 금수(禽獸)의 논리로 보았다. 금수라고 한 것은 하늘과 인간은 생생(生生), 즉 서로 살도록 도와주고, 서로 사랑하는 것인데, 그 반대로 서로 죽이고, 서로 빼앗고, 서로 남을 이기려고만 하는 것은 인도(人道)가 아니기 때문이다. 이러한 인의 정신은 이기론에서 주장한 소리도, 냄새도, 작용도 없다고 한 리가 기를 낳고, 그것을 주

---

50) 『毅菴集』, 卷37, 雜書, 上冊, 主於理者 百折而百當 主於氣者 百折而百變. 景仁文化社, 1973, 624쪽.

재한다고 하는 이생기(理生氣)와 이주기역(理主氣役)으로 드러났다. 이것은 주자의 말을 강조하는 것이다. 주자의 이기론 자체가 현상론에서는 이와 기가 따로 있지 않다는 '합간(合看)'과 원리적으로 리와 기는 같지 않다는 '이간(離看)'의 두 가지를 동시에 가지고 있다. 이것은 가치적으로 리를 위주로 하고, 현상적으로는 리기의 합으로 보며 인간과 현상을 설명하는 논리 구조이다. 주자의 주리론을 해석하려면 성리학의 근본 입장에 대한 충분한 철학적 이해가 바탕이 되어야 하며, 그 의의를 궁구하는 방법이 바람직하다고 할 것이다.

화서 주리철학의 연원을 퇴계(退溪)의 철학에 두는 견해가 있는데[51], 화서와 의암은 퇴계에 관한 언급보다는 자신들의 사상 연원을 율곡(栗谷)으로 삼는다.[52] 그들은 율곡의 '이통기국(理通氣局)'과 '이기지묘(理氣之妙)'를 높이 평가하면서 계승하고자 한다. 율곡을 主氣論으로 보는 견해가 있지만, 율곡과 화서 그리고 의암의 공통점은 현실에서 이기지묘의 가치를 추구한다. 이기지묘의 가치는 리가 기에 살아있는 세계이며 이는 현실에서 정의를 추구할 당위적인 철학적

---

51) 裵宗鎬는 "華西는 退溪와 같이 理動 理活의 사상을 가지며, 인간중심의 견지에서 理氣를 보았다"라고 하여 퇴계계통의 주리론으로 분류하였고, 『한국유학사』, 연세대출판부, 1974, 126−130쪽; 금장태, "화서는 우암의 排淸義理를 자신의 의리론의 준거로 삼으면서도 이기론에서는 퇴계의 理氣互發說을 받아들여 주리철학을 확고하게 제시하였다"라고 한다. 『華西學波의 철학과 시대 인식』, 태학사, 2001, 95쪽.

52) 『毅菴集』, 卷7, 書, 上冊, 答尹雲瑞, 甲辰 6월 21일(1904), 景仁文化社, 1973, 154쪽; 『국역 의암집』1, 의암학회, 2002, 502−503쪽. 我華翁所自主者有四件 曰太極有主宰, 明德以理言, 帝統消元代, 時義斥夷邪, 是皆承述孔曾程朱栗尤之意, 而不顧傍人之是非. 화옹이 주장한 것은 네 가지인데 태극(太極)에는 주재(主宰)가 있고, 명덕(明德)은 리(理)로 말하며, 황제의 계통에서 원나라는 제거해야 하고, 의로 척사한다는 것이다. 이는 공자, 증자, 정호, 정이, 주자, 율곡, 우암의 뜻을 계술한 것으로 남의 시비임에도 불구하고 당시에 알게 되기를 바라서 그렇게 한 것이 아니다.

근거가 된다. 의암은 이러한 철학을 바탕으로 '제어사이득호의(制於事而得乎宜)'의 '시의(時宜)'를 실천하려고 하였으며, 인도적이고 보편적인 가운데 그 안에서 자주성을 가진 '조화의 상태'를 이상적으로 여겼다. 그러므로 의암은 일본에 대해서조차 "그들이 사죄한다면 받아들이고, 동양의 평화를 이루고 이를 바탕으로 인도적 가치 속에 서양도 포함하여 결국에는 태평(太平)의 인도와 세계평화를 이루어야한다"라고 하였다. 또 현실은 부득이 병(兵)을 중요하게 여기므로, 국민의 편제도 사농공상병(士農工商兵)의 '오민(五民)'으로 재편하여 시대의 흐름에 따라야 하는데 다만, 우리의 확고한 전통적 기반 위에서점진적으로 수용하자는 견해를 가졌다. 이런 의암의 현실 인식은 그의 화이론이 바뀐 것이 아니고 춘추의리와 주리론의 입장에서 '시의(時宜)'와 '이기지묘(理氣之妙)'를 구현하려는 것으로 이해할 수 있다.

4. 학문적 배경

화서의 문하에는 김평묵(金平默, 1819 – 1891)[53], 류중교(柳重教,

---

53) 신규호, 한국역사인물사전, 1998, 133 – 134쪽. 조선 말기의 학자. 자는 穉章, 호는 重菴. 구한말 일본에 있는 청국대사관에 근무하던 황준헌은 조선이 러시아세력을 막기 위해서는 일본·미국·영국 등과 손잡아야 한다는 내용을 담은 『조선책략』이란 책을 썼다. 이 책을 김홍집이 가져다가 고종에게 바쳤다. 그러자온 나라의 유생들이 『조선책략』의 주장에 반대하여 들고일어나 큰 정치 문제가되었는데 특히 이만손의 주동으로 경상도 유생 1만 명이 연명으로 상소한 이른바 영남 萬人疏는 유명했다. 이 만인소를 후원한 이가 김평묵으로 이항로의 학문을 이어받아 斥邪衛正을 내세웠다. 山林의 천거로 감역을 지냈으며 뒤에1881년 위정척사를 주장하여 고종의 비위를 건드려 한때 귀양살이를 했다.1900년 奎章閣提學에 추증되었다. 저서로는 『華西雅言』이 있다.

1832 – 1893), 최익현(崔益鉉, 1833 – 1906), 류인석(柳麟錫, 1842 –
1915), 이소응(李昭應, 1861 – 1928) 등 수많은 우국지사(憂國之士)가
배출되었다. 그의 척사의리정신(斥邪義理情神)은 항일 의병투쟁으로
계승되었다. 또한, 국권이 침탈당하는 지경에서는 국권을 회복하기 위
한 초석이 되었다. 평생 화서의 강론은 허투나 가식이 없이 아주 명쾌
하였다고 한다. 더욱이 의리의 핵심을 말할 때는 사물을 가지고 비유
하여 설명하였다. 그래서 어리석은 이들도 듣고 쉽게 이해하였다.

　　화서 및 화서학파 문하의 "척사의리론은 외세를 물리치고 서구 열
강의 문물 수용을 배척하는 보수적 성격을 지닌다. 당시 외세 서양 열
강의 세력들은 국제간 공생 공존을 전제 매개로 교역을 강제로 요구한
것은 아니다. 다만 그들은 동양 식민지 개척을 위한 상품 판매 및 상품
생산에 필수적인 원료 확보를 전제로 하였다. 이것이 바로 저들의 통
상 요구는 결코 상호 선린에 의한 우호적 접근일 수 없었다."[54] 그것
은 무력을 앞세운 제국주의적 침략성을 함의하고 있음을 지적한 것
이다. 이 학풍을 정통으로 이어받은 의암은 사도(斯道)를 수호하기
위함은 문(文)을 지켜야 하고 문을 간직해야 하는 것은 이것이 예악
과 제도법률이기 때문이다. 즉 해와 달과 별은 하늘의 빛인 것처럼
예악과 제도법률은 인간의 빛이라고 하였다. 따라서 도와 문은 둘이
아니다. 도와 문이 하나가 되면 세상은 다스려지고 문과 도가 둘이면
세상은 어지러워진다[55]라는 것이다.

---

54) 俞成善,「華西學派 衛正斥邪論의 義理精神 一考察」,『화서학논총』7, (사)화서학
　　회, 2016, 194쪽.
55) 柳麟錫,『毅菴集』卷51,「宇宙問答」;『국역 의암집』6, 의암학회, 2010, 196쪽·
　　194쪽. 日月星辰, 天之光華也, 山川草木, 地之光華也, 禮樂制章, 人之光華也, ·
　　貫古今而無成毁, 貫巨細而無餘欠, 道一而已, 非有二也. 해와 달과 별들은 하늘
　　의 빛이요, 산천초목은 땅의 빛이요, 예악과 제도법률은 인간의 빛이다. 고금을
　　통하여 이루고 허물 것도 없으며, 크고 적음을 막론하고 남고 모자람이 없는 것

의암은 척사운동을 펼치면서 살았다. 그가 스승, 동접, 지인 등에게 보낸 서간들과 그의 애국심과 사상을 담은 저서 그리고 그의 정서를 담은 시에서 그의 일관된 삶을 알 수 있다. 조선 후기 19−20C 역사에서 커다란 발자국을 남긴 인물은 단연 화서이다. 그는 도학의 의리 정신을 철저하게 인식하였으며, 병인양요(1866)가 일어난 당시 75세의 노구를 이끌고 상경하여 상소를 올리기도 하였다. 그는 상소에서 서양과의 강화를 반대하고 주전척화(主戰斥和)의 의지를 단호하게 주장하였다. 화서는 서양과 일본의 침략에 대응하여 민족적 저항의식을 이끌었다. 여기에 그의 문하로 춘천시 남면 가정리를 중심으로 한 유학자를 주목할 필요가 있다. 특히 남면 가정리는 고흥류씨 가문의 북인들이 대대로 거주했던 지역이다. 또한, 화서의 사상을 계승해서 위정척사운동과 의병운동의 중심역할을 한 의암과 그의 스승인 류중교, 이소응이 강학했던 지역이다. 이 학파의 연원은 기호학파의 거두인 율곡 이이(栗谷李珥, 1536−1584)에게 닿아 있다. 이들의 척사의리정신은 항일 의병투쟁으로 계승되어 일제에 의해 국권이 침탈당함에서는 국권을 회복하기 위한 초석이 된다. 화서의 사상은 이기론, 심성론의 근본철학과 경세론이라 할 수 있는 실천사상으로 크게 나눌 수 있고, 그것이 일관성 있게 체계를 이룬다.

　　화서학파의 유학사상으로 가장 중요한 이론은 심설이었다. 화서는 생전의 자신의 설이 선유들의 설과 다름을 거듭 밝혔고, 문하생들 역시 그 설을 탐구 토론하는 데 정성을 다했다. 그는 선유들 사이에서 토론된 「사단칠정론」·「인심도심론」·「인물성동이론」·「본연기질성론」 등의 문제를 심설과 동일선상에서 해결하려고 노력하였다. 그의 사후에는 제자들 사이에서 스승의 설을 놓고 시비를 하였다. 화서

───────────────

이 오직 道 하나뿐이니 둘이 될 수 없는 것이다.

학파의 심설논쟁은 1886년 12월에 성재가 중암에게 「논조보화서선생심설」을 보냄으로써 시작되었다. 그 후 2년 뒤 1888년 10월, 중암과 절충을 하여 「화서선생심설정안」을 저술하여 잠깐 심설논쟁이 그치게 되었다. 그렇지만 중암과 성재가 서로 동의했다고 할 수 없다. 여전히 각자의 견해를 유지하면서 '일언양의(一言兩意)'를 지니고 있었다.[56] 이에 관하여 유성선은 다음과 같이 말하였다.

> 요약하면, ① 제1조와 제2조는 '심'과 '명덕'의 이기 관계를 밝힌 것이다. 문제의 발단은 덕이 과연 리인가 하는 문제인데, 화서는 모두 덕뿐만 아니라 허령지각도 리로 보고 있다. ② 제3조와 제4조는 신명이 리인가 기인가를 밝힌 것이다. 화서는 신명을 리라고 하였는데, 성재는 리기합(理氣合)으로 보고 당체(當體)는 기이고 본체는 리라고 하였다. 제4조는 화서의 심설중에서 성재 자기 뜻에 맞는 것만을 골라서 맞게 고쳤다. ③ 제5조는 중암의 요청으로 심의 주재를 리로 고쳐서 말한 것이다. ④ 제6조는 홍사백과의 토론과정에서 심과 본심을 구별한 것이다. ⑤ 성재는 정안설을 거두어들여서 화서와 자신의 설을 모두 정론으로 생각하여 조보설(調補說)로 돌아갔다. 화서학파의 심설을 통한 도학적 의리 정신은 도덕적 주체성을 확보하고자 하는 당시 시대의 정당한 이론이었다. 또한, 화서학파는 의리 정신을 발휘하여 서양의 야만적인 침략에 적극적으로 대응할 것을 주창하였다. 이러한 척사의리는 우암 송시열이 주창한 숭명배청의 의리를 계승한 것이었다. 이처럼 심설 논쟁을 통해서 화서학파는 외적으로 전국적인 학파가

---

56) 習齋硏究所, 『(國譯)習齋先生文集』 5, 卷 33, 「心性理氣說」, 春川文化院, 2009, 219 – 295쪽 참조.

되었고, 내적으로는 학문적 심화를 이루었다. 이를 토
대로 화서학파는 서양 및 일제의 침략이 있자 공자-주
자-송장(우암)으로 이어지는 춘추대의를 바탕으로 한
도덕적 사회질서인 척사의리를 주창하여 구국운동을
전개한 것이다.[57]

　　화서학파는 당시의 시대정신을 숙고하고, 성리학의 문제인 심설
등의 문제를 강학하면서 토론하였다. 척사의리는 춘추의 대일통사상
을 중시했다. 이 문화 의식은 사대주의를 의미하는 것이 아니라 조선
만이 그 문화를 지니고 있음을 자부하고 있었다. 척사위정론은 이질
문화에 대해 맹목적인 저항을 의미하는 것이 아니라 인의를 토대로
힘에 의한 패도를 배척하며, 정의에 반하는 불의에 저항하는 것이다.
이러한 도학은 자존과 자주를 강조하면서 제국주의 열강의 침략에는
적극적으로 저항하였다. 결국, 이러한 시대정신은 민족의 자긍심을
높이고, 아울러 역사적 위기 상황에 직면해서 외세에 대응하는 저항
의 원동력이 되었다. 그래서 19C의 대표적 의리사상으로 화서의 철
학을 꼽을 수 있다. 화서학파를 인도주의 정신으로 보는 것과 국권
수호라고 해석하는 것은 그들의 사상과 실천이 의리 정신에 근거하
기 때문이다.[58]

　　주희(1130-1200)의 『자치통감강목』은 사마광(司馬光, 1019-
1086)이 지은 『자치통감』에다 의리를 첨가하여 편찬한 것으로 공자
가 『노사(魯史)』에다 권선징악을 더하여 필삭한 것과 같은 것이다.
공자는 나라 안에 난신적자(亂臣賊子)를 정토하기 위해 춘추를 지은

---

57) 俞成善, 「習齋 李昭應의 義理情神과 心說論爭 讀解」, 『한중인문학연구』 40집,
　　한중인문학회, 2013, 136-137쪽 참조.
58) 李東俊, 『儒敎의 人道主義와 韓國思想』, 한울아카데미, 1997, 243쪽 재인용 참조.

것이고 주희는 외적을 물리치기 위해 강목을 지었다. 둘 다 사필로서 존양의 의리를 밝힌 것이다. 그런데 조선의 송시열(宋時烈, 1607 -1689)은 북벌 대의를 직접 행동으로 옮겼으며 이항로는 이를 계승하여『송원화동사합편강목(宋元華東史合編綱目)』을 저술하여 양적과 왜적을 물리치려고 하였다. 왜적은 조선의 원수였으며 양적은 毁形毁服하면서 함대를 가지고 소요를 일으켰다. 이런 때 편찬된『송원화동사합편강목』은 의리 정신을 가장 잘 나타낸 화서 문인들의 대사업으로 공자가 조국 노나라의 사기인『춘추』를 가지고 천하의 대사를 필삭하여 자국의 견해를 밝혔듯이 화서 또한 우리나라 조선을 중심국가로 하여 천하의 대의를 밝힌 것이다.[59] "조선 후기 도학의 의리론을 기초하는 중심 경전으로서『춘추』는 중요하게 취급되었다.

춘추의리는 곧 尊王賤覇와 大一統의 의리로 요약된다. 본래 춘추의리는 금나라의 침략을 받던 남송시대와 만주족의 침략을 받던 병자호란 이후, 조선시대에서 우리 자신을 中華라고 하고 침략 세력을 夷狄이라 규정한 華·夷의 관계로 인식하였다. 따라서 '중화를 존숭하고 이적을 물리치자'라는 尊華攘夷의 의리로 제시되었다."[60] 조선후기의 성리학계는 이이를 비조(鼻祖)로 하는 기호학파와 이황(李滉)을 비조로 하는 嶺南學派로 양분되어 있었다. 대체로 볼 때 리기설에서 기호학파는 주리론을, 영남학파는 주기론을 각각 위주로 하고 있다. 의암은 화서의 학맥을 계승하고 있으므로 그의 학통을 궁구하려면 먼저 화서의 學統을 이해할 필요가 있다. 화서는 송시열을 통해서만이 주자를 이해할 수 있으며 또 주자를 이해한다는 것은 바로 공자를

---

59) 俞成善,「習齋 李昭應의 義理情神과 心說論爭 讀解」,『한중인문학연구』40집, 한중인문학회, 2013, 135-136쪽 참조.
60) 俞成善,「華西學派 衛正斥邪論의 義理精神 一考察」,『화서학논총』7, (사)화서학회, 2016, 196쪽.

이해하기 위한 전제조건이 된다고 보았다. 여기에서 그는 송시열을 통하지 않는 학문은 아무런 의미가 있을 수 없다는 결론에까지 도달하게 되었다.

이항로는 김창협(金昌協)—임성주(林聖周)—임노(任魯)의 학맥과도 관계가 있다. 즉 화서의 문인 우녹헌(友鹿軒) 이해장(李海章)은 임종주(任宗周)의 문인인 동시에 임종주의 자(子)인 임노와 지우(知友)였으며 화서도 부명(父命)에 따라 16세 때 임노를 뵙기 위해 상경하기까지 했었다.[61] 이러한 관계로 보면 이항로는 기호학파에 소속된 노론 계열의 학자라고 할 수 있다.

화서의 학맥은 1868년 그의 사후에 중암과 성재 이하 여러 문인에 의해 철저히 계승되었다. 성재는 화서의 유명(遺命)에 따라 김평묵을 스승으로 섬겼다.[62] 그러나 그 뒤 良人은 불편한 관계가 되었는데 그것이 바로 1886년에 시작한 화서학파의 심설 논쟁이다. 심설 논쟁은 1886년 류중교가 그때까지 묵수(黙守)하던 화서의 심설에 대한 이의를 제기하면서 야기되었다. 즉 성재는 수년 전부터 화서의 심설에 의구심이 있다가 1886년에 『시동문제공첩(示同門諸公帖)』이라는 글로써 화서심설(華西心說)에 대한 자기의 조보론(調補論)을 발표했다.[63] 성재는 화서의 심설을 리로써 단정한 것(以理斷心)이라 보았

---

61) 『華西集』,「年譜」, 1002쪽; 금장태,「한말, 일제하 한국성리학파의 사상계보와 문헌에 관한 연구」,『한국철학사상의 제문제 III』, 韓國精神文化硏究院, 1985, 216쪽; 금장태,「한말, 일제하 한국성리학파의 사상계보와 문헌에 관한 연구」,『한국철학사상의 제문제 III』, 韓國精神文化硏究院, 1985, 216쪽.
62) 黃鉉, 『梅泉野錄』, 국사편찬위원회, 1955, 89쪽. 金平黙, 柳重教, 世推蘗門, 兩生, 平黙以才氣勝, 重教以德器勝, 而年紀可相眉隨及恒老且死, 托重教以事己者事平黙, 旣而重教奉諸門人首事之.
63) 『勉菴集 III』, 90쪽. 화서와 성제의 心說 차이점에 대해서는 吳錫源「華西學派의 心說論爭에 대한 考察」,「동방사상논고」,『柳承揚華甲記念』, 608–615쪽 참조.

다.[64] 그러나 화서의 심설에 관한 이의제기에서 출발한 성재의 심설 조보론은 결국 화서의 심설 그 범주를 크게 달리한 것이 아니다. 이러한 류중교의 심설론에 대해 김평묵이 이의를 제기하여 논란이 일어나게 되었고 마침내 류중교와 김평묵 사이에 틈이 벌어지게 되었다. 이때 의암은 류중교를 지지함으로써 화서학파에서 류중교의 뒤를 잇게 되었다. 1893년 류중교가 사후(死後) 화서-중암-성재로 이어지는 화서학파의 적전지통(嫡傳之統)을 계승해 이 학파를 대표하는 인물[65]로서 도통(道統)을 이어 '사문종장(斯文宗匠)'으로 추앙받으면서 을미거의(乙未擧義) 이후 항일운동을 전개해 나갈 수 있는 바탕이 되었다.[66]

의암이 척사운동을 한 계기는 1866년 척화전수(斥和戰守)를 주장하는 화서를 도우면서부터이다. 그 후로 생을 마칠 때까지 척사운동으로 일관하였다. 그의 척사활동을 전기와 후기로 나누는 기준은 그가 1896년 요동 통화현 오도구에 삶의 근거지를 마련했을 때를 기준으로 한다. 전기는 병인양요 이후 병자수호조약(丙子修好條約) 체결 반대, 신사척사운동, 1895년 을미의병이 일어나는 시기까지 네 차례에 걸쳐 일어난 위정척사운동을 말한다. 의암은 이 운동에 직·간접으로 참여하고 큰 활약을 펼쳤다. 특히 1895년에 펼친 의병 활동은 의암의 주도로 거병(擧兵)한 것으로서 경기, 강원, 충청도 일대에서 많은 전공을 세웠다. 후기는 의병에 실패하여 요동의 오두구에 정착한 후 1915년까지 국내외를 넘나들 때이다. 이 시기는 때로는 창의적

---

64) 『省齊集』「年譜」, 1007쪽; 『省齊集』「年譜」, 654쪽. 以先師心說言之 以理斷心 郎
　　其眞面目也
65) 元容正,「卜隱」, 『昭義新編』, 탐구당, 1975, 238쪽. 華翁稱其仁不可勝用
66) 元容正, 『昭義新編』,「卜隱」, 탐구당, 1975, 240쪽. 及省齊翁沒 門下進者 皆以所
　　事省翁 事義庵先生 先生同門諸賢 赤多處門生 遠近士林 皆仰慕以斯文宗匠.

인 방법으로, 때로는 수의적(守義的)인 방법으로 상황에 따라 척사활동에 매진하였다. 이러한 행적이 그의 문집 『의암집』에 자세히 기록되어 있는데, 이 문집은 그의 시와 서찰, 소(疏), 잡저(雜著), 기(記) 등의 문장, 그리고 「우주문답」·「도모편」 등의 저서가 수록되어 있어 척사운동으로 일관하며 살아온 그의 철학이 잘 드러나 있다.

제3장

의암 애국사상의 구현

*제3장 사진: 호재창의진 복수보형

1. 의병운동 전개

19세기 후반 당시 동아시아에서는 전통질서가 흔들리면서 서구
열강의 요구대로 문호를 개방해야 하는 절박한 상황이었다. 특히, 서
구 열강 중에서 영국과 프랑스는 산업혁명 이후 세력 확장을 위해서
동남아를 겨냥하였는데 이는 상품시장개척과 원료공급지를 위한 해
외 식민지 확보를 위한 것이었다. 그 확장전략의 과정에서 서구 열강
은 중국에 문호를 개방하라고 하였지만, 중국은 자급 자족적인 경제
구조가 뿌리내리고 있었으므로 통상수교 거부정책을 유지하고 있었
다.[1] 중국은 영국의 상품이 필요하지 않았지만, 영국은 중국으로부터
차(茶)와 견(絹)이 필요했다. 영국은 이익이 없는 무역구조에 불만을
갖고 이를 해결하기 위해 인도산 아편을 중국에 대량 수출하였다.
1931년 출초국(出超國)이었던 중국은 입초국(入超國)으로 전락하게
되었다. 중국 청정(淸政)은 1830년대 말, 영국의 아편 밀수에 대해
응징을 하기 시작했다. 이에 영국은 중국을 침략하여 일명 아편전쟁
(阿片戰爭, 1840－1842)을 일으켰다. 아편전쟁에서 중국은 영국에 패
하였고 그로 인하여 영국과 불평등조약을 체결하였다. 홍콩을 영국에
할양했을 뿐만 아니라 영국이 원하는 대로 상하이·광저우 등 5개의
항구를 개방하게 되었다.

서구 열강은 통상압력과 문호개방이라는 명분으로 동아시아지역
을 침략하는 정책을 노골화하였다. 이런 서구의 정책 영향으로 한반

---

[1] 페어뱅크·라이샤워·크레이그 著, 全海宗·閔斗基 譯, 『東洋文化史』 下, 을유문
화사, 1989, 10쪽.

도의 중요성이 주목받았다. 조선은 내부적으로는 세도정치가 성행하였고 이에 따르는 정치적 혼란과 부패가 극에 달했다. 그리고 서구 열강과 일본의 문호개방 요구에는 강경한 통상수교 거부정책을 유지하고 있었다. 이는 통상 마찰로 이어졌다. 당시 조선은 내부적으로 국가 위기의식이 커지고 있었는데, 이 시기에 의암은 서구 열강의 침략을 경험하였고, 국가 위기에 대한 자주적인 민족의식을 형성하였다.

의병운동에 반영된 의병문화는 구성원의 생각과 실생활을 일원화시키는 데 일조하였고 의병 정신을 반영하고 있다. 그리고 처한 삶에 대한 분노를 표출하면서 부정한 것을 거부하였다. 그런 이유로 의병 가사에 담겨 있는 민중 의식을 반영한 정서적 표현이 구성원들에게 동일시되면서 화합과 구국 의지를 다지는 정신적인 영향을 주었다. 그리고 의병운동을 통하여 나타난 의병 정신은 의병 활동 과정에서 민족문화의 양상을 나타냈다. 이런 성격을 반영하고 있는 의병 문화양상은 유홍석의 의병 가사 제작과 의병 활동에 그치지 않고 윤희순의 의병 가사 제작과 활동으로 이어지고 발전되었다. 유홍석의 의병 가사는 유학자로서 성리학적 이데올로기와 문화적 메시지를 표현했다. 그리고 윤희순의 의병 가사는 사회변화에 대한 필요성이 내재하여 있다. 민중 의식을 자극하면서도 쉽게 공감할 수 있도록 구어체를 사용하여 말하는 듯한 어조가 민중의 참여를 끌어냈다. 즉, 윤희순의 의병 가사는 유홍석의 의병 가사보다 서민적인 감성을 끌어낸 표현이면서도 구국 의지에 기초한 의병 정신의 중요성을 두드러지게 하면서 민중의 참여를 이끌었다. 이런 점은 윤희순뿐만 아니라 아들 유돈상으로 이어져 가계의 흐름을 이었다.

1) 거의(擧義)의 사상적 근거

서구 국가의 서세동점 정책과 그에 따른 불평등조약의 체결은 아시아 지역변화에 영향을 주는 요인이 되었다. 서구 국가의 아시아 지역 개방에 대한 압력은 단순한 외국 문물 유입과 문화 수용에 대한 변화를 요구한 것이 아니라 각국의 국익과 관련된 정치적·군사적 의도가 깔려 있었다. 그리고 그 중 아시아지역에서 중국의 변화는 중국과 인접한 한반도에 영향을 주었고, 한반도는 중국·러시아·일본 등 동북아 주변 국가들의 중요한 전략적 요충지로 주목받았다. 의암의 거의를 논하는 데 있어서 조선·중국·일본 등 동아시아의 정세를 논하는 이유가 여기 있다. 우리나라를 침탈했던 일본은 중국으로부터 본디 경멸을 받아 오던 처지로서, 예로부터 자주 주변국을 침략했다. 그리고 명분 없는 군사를 움직여 전쟁하고 땅을 빼앗고 재화를 징발해 갔다. 또 중국에 의화단(義和團)의 난이 일어나 연합군이 들어올 때, 일본이 선두에 서서 전투하였다. 그리고 중국의 약점을 열강에 드러내서 더욱 멸시를 당하게 한다. 무릇 서로 도울 처지인데 쉽사리 업신여기고 누르기만 하여 중국이 깊이 울분을 머금었다.

의암은 일본의 침략에 대하여 단순하게 생각하지 않았다. 이는 국가의 정치적 위기로만 여기지 않고, 복제개혁(服制改革)과 단발령처럼 민족 전통에 대한 파괴였다. 그들의 배후에 있는 제국주의적 침략성과 물질만능주의 그리고 그에 야기되는 부도덕은 이적(夷狄)을 넘어서 정신문화를 멸망하게 할 것이라는 인류의 위기로 보았다. 그래서 의암은 "나라를 지키고 인류를 살리는 일을 어찌하지 않을 수 있겠는가?"2) 하여 의병 활동에 나서게 된다. 의암의 의병운동은 문호 개방 이후 일본이 갑오왜란, 변복령, 국모 시해, 단발령 등 일련의 침략행위를 강행하자 이에 대응하기 위한 '처변삼사(處變三事)'를 제시한 데서 기인한다. 그는 "상도(常道)를 가지고 변란을 제어해야 하며, 변란에 대해서는 상도를 지켜야 도를 얻을 수 있다"3)라고 하는 변리에 대처하는 자세를 견지하고 있었다. 의암은 다음과 같이 말하였다.

> 살아서는 뜻을 빼앗기지 말아서 예의(大防)를 보존하고,
> 죽음 때는 도를 위하여 죽어 대의(大義)를 세우면 이는
> 천지를 위하여 마음을 세워 양(陽)의 세상이 회복되는
> 기반이 될 것입니다.4)

이는 "이신부도(以身扶道)와 선도(善道) 그리고 순도(殉道)"5)를 말하여 인간은 살아서는 도를 지키고, 도를 현실에서 실천하며 죽음이 다가오더라도 도를 위해 순절(殉節)하여야 할 것이라고 하였다. 이것은 "진리는 잠시도 떨어질 수 없다"6)라는 의미로서 살아있는 한 끝까지 진리를 따를 것이라는 자신에 대한 믿음이며, 천도(天道)가 내재한 바의 성명(性命)에 대한 자기성찰에서 오는 것이다. 행동을

---

2) 『毅菴集』, 卷25, 書, 「與江東各賢」, 上冊, 景仁文化社, 1973, 594쪽. 國亡人滅之禍 何忍言 扶國活人之事 何可已 何可已.
3) 『毅菴集』, 卷 53, 道冒編 上, 下冊, 景仁文化社, 1973, 593쪽. 持常以制其變, 處變 以保其常, 能得於道也.
4) 『毅菴集』, 卷9, 書, 「答語公弼」, 上冊, 景仁文化社, 1973, 196쪽; 『국역 의암집』 천, 제천문화원, 2009, 551쪽. 生不奪志 以存大防 死而殉道 以伸大義 則是乃所以 立天地心 而爲來復之基也.
5) 『毅菴集』, 卷11, 書, 「答語公弼」, 上冊, 景仁文化社, 1973, 255쪽, 有此可以 以身 扶道 善道 殉道 亦將本之於此.
6) 『毅菴集』, 卷34, 「內山隨錄」, 下冊, 景仁文化社, 1973, 86쪽, 道不可離也 以道殉 身道不離於身也 以身殉道 身不離於道也 以道殉人 身與道離也.

의롭게 함으로써 자신과 도가 결합하도록 하는 천인합덕(天人合德)의 사상이라고 할 수 있다. 이러한 의지는 바로 공자의 살신성인(殺身成仁)이며 맹자의 사생취의(捨生取義) 정신에서 비롯되었다.

의암의 순도적 자세는 천명의 자각을 통해 삶의 가치와 의미를 실천하고자 하는 철학이다. 그러므로 그는 "성패와 생사를 생각하지 않고 다만 혈충(血忠)과 대의를 주관해서 일어난 것이니, 국가가 배양해준 은혜와 덕택으로 천하의 정직한 기운이 정형의 몸에 이르러 드러났습니다"[7]라고 결연한 의지를 보였다. 의암은 「우주문답」에서 다음과 같이 말하였다.

> 일본은 낌새를 살펴서 생각을 돌이키고 허물을 생각하여 뉘우쳐야 한다. 중국에 정성을 기울여 서로 화합하고 앞날을 잘해나가는 길을 깊이 강론해야 한다. 조선에 대하여는 사죄하여 나라를 돌려주고 서로 권면하여 자강책을 세워야 한다. 서로 손발을 맞추어 굳은 우정을 맺고 물이 섞이듯 우호를 증진하라. 이제 스스로 할 바는 신의를 가지고 정리(正理)를 따라서 온 나라의 위 아래 없이 공정을 유지하여 하나가 되어 강해지는 결실을 이룰 것이니, 이렇게 해야만 된다. 중국은 중국이 된 까닭을 독실하게 힘써서 강함을 얻어 스스로 천지(天地)의 중앙에 서야 한다. 일본에 대하여는 오랜 혐의를 풀고 좋은 관계로서 서로 바르고 화목하게 지내야 하고, 조선에 대하여는 한 집안과 같은 정의를 더욱 두텁게 하고 일본을 꾸짖어 나라를 돌려주게 해야 한다. 약한

---

7) 『毅菴集』, 卷19, 書, 「與鄭和佰」, 下冊, 景仁文化社, 1973, 448쪽;『국역 의암집』 3, 의암학회, 2007, 174쪽. 不計 成敗 舍生 而只管主血忠大義而起 國家培養之澤 天下 正直 地氣 至左右身而見矣,

것을 불쌍히 여겨 힘써 강하게 하며 쇠한 것을 불쌍히
여겨 더불어 성해지고 힘이 미칠 수 있는 것은 손을 잡
고 취할만한 것은 취해서 같이 하나의 길을 걸어 세력
을 이루도록 해야 한다.

조선이 비록 일본에 대하여 불구대천(不俱戴天)의 원한
을 가졌지만, 사죄를 받을 것이며, 시세를 보아 모름지
기 좋은 관계를 맺어 서로 꾸짖고 힘쓸 것이다. 중국에
대하여는 더욱 받들고 공경해서 독실하게 선(善)에 나
아가며 스스로 힘쓰고 강해지는 데에 온 힘을 기울여야
한다. 앞으로는 피차간에 반드시 저들의 이익을 나의
이익으로 여기고, 저들의 얻음을 내가 얻은 것 같이 하
고, 저들이 잘되는 것을 내가 잘되는 것으로 여기며, 저
들이 강해지는 것을 내가 강해지는 것으로 알아서 전날
과 같이 서로 해치는 일이 없어야 한다. 또 서로 소원
하게 생각하지 말고 반드시 서로 믿고 친해져서 이해득
실과 성쇠강약을 같이 해야 한다. 진실로 이처럼 하면
마침내 이롭게 될 것이며 강성해져서 모두 잘 될 것이
다. 동양 삼국이 이처럼 하나가 되고 강해져서 중국이
종주국이 된다면 비단 삼국뿐만 아니라 실로 세계의 종
주국이 될 것이다. 이렇게 종주국이 되면 명분도 바르
게 서로 세력도 강해져서 한때의 강약으로 계교를 부리
지는 못할 것이다. 몽고와 서장도 삼국이 하나가 되면
어찌 다른 마음을 낼 것이며, 이미 패망한 안남 등의
나라도 따라서 생기를 발할 것이다. 진실로 이처럼 하
면 서양도 반드시 스스로 물러설 생각을 할 것이니, 동
양이 스스로 영원히 존립할 것이다.[8]

---

8) 의암학회, 『국역의암집』 6, 2010, 198 – 199쪽. 爲日本者, 察機反思, 念愆能悔. 推
誠於中國。爲之好合, 深講善後之道. 謝罪於朝鮮, 以國還而相勉自強之爲. 與相脗
合, 有斷金和水之好, 其所自爲, 主善信循正理, 一國上下執公歸一, 以致爲強之實,

의암은 대외 관계에 관하여 「우주문답」에서 존화양이 사상을 간절하게 설명하고 있다. 의암이 우리나라를 지키기 위하여 구국운동을 한 것은 서로 손발을 맞추어 굳은 우정을 맺고 물이 섞이듯 우호를 증진하기 위한 것이라고 하였다. 그리고 조선이 비록 일본에 대하여 원한을 가졌지만, 사죄를 받아서 좋은 관계를 맺도록 힘쓸 것이라는 내용은 그의 대의를 대변하고 있다.

2) 우국충정(憂國衷情) 구현

1895년 명성황후시해사건이 생기고 단발령이 강행되자 의암은 호좌(湖左) 의병대장에 취임하여 「격고팔도열읍(檄告八道列邑)」이라는 격문을 보냈다. 이로써 의병봉기의 당위성과 함께 관리들에게 친일 행위를 그만두고 의병을 도와주라고 호소하였다. 이처럼 의암의 의병운동은 충의에 기반한 충의군(忠義軍)의 성격을 갖고 국가수호 의식을 고취하며 일제의 축출을 위한 의병 활동으로 반침략적 구국항쟁을 실천하였다. 그의 의병운동은 국난극복을 위해 외세저항 의지에 기초하고 있다는 것을 알 수 있다. 또한, 의암은 복수토왜(復讐討

如斯可矣. 中國篤務所以爲中國, 得正得强, 自立天地之中, 其於日本, 解宿嫌而與之好, 相正相和, 於朝鮮, 益敦視一家之誼, 責日本而復之國, 矜弱而勉之强, 憫衰而與爲盛, 可及者及之, 可取者取之, 偕之一塗而爲之成勢, 如斯可矣. 朝鮮雖於日本, 有難共天之怨, 而有得其謝罪, 又顧時勢, 須與之好而仍相責勉, 於中國益加推敬, 有篤進善, 自勉自强, 不遺餘力, 其宜如斯矣. 從後彼此之間, 必以彼利爲我利, 必以彼得爲我得, 必以彼盛爲我盛, 必以彼强爲我强, 勿復爲前日之相殘虐, 又不爲相悠泛, 必期爲相信密, 同其利害得失, 同其盛衰强弱, 苟有如斯, 終至有利有得, 有盛有强, 同歸有大好矣. 東洋三國有如斯, 克一克强而中國以爲之宗, 蓋中國非特三國之宗, 實一世界之宗, 爲宗於是, 名正而勢可立, 不可以一時强弱計較也. 至於蒙藏三國一焉, 豈亦貳之, 如已陷之安南等國, 從而發生氣也. 苟如此則西洋必亦有思自退, 而東洋自可永立矣.

倭)에서 기병(起兵)한 목적과 함께 의병 활동을 지속해서 수행하는 이유에 관하여 다음과 같이 밝히고 있다.

> 이제 이 의거(義擧)는 두 가지 목표가 있다. 하나는 성
> 인(成人)의 도를 지키는 것이고 다른 하나는 국가의 원
> 수를 갚는 것이다. 국가의 원수를 갚으려는 3가지 이유
> 는 다음과 같다. 첫째, 우리나라 5백 년 역사에 선왕(先
> 王)께서 이루어 놓은 지극히 아름다운 법도(法道)가 왜
> 놈에게 짓밟힌 것이다. 둘째, 임금께서 욕을 당하신 것
> 이다. 셋째, 국모가 시해를 당한 것이다. 성인의 도를
> 보존하고 유지하는 것은 4천여 년 동안 전해 내려온 문
> 명의 정맥(正脈)인데 의병을 해산하는 것이 어찌 말이
> 되느냐?9)

의암은 한말의 의병운동에 관한 정당성을 통해 일제 침략에 대항하여 항거였고, 국권 수호와 주체성 회복을 위한 공통된 목적의식이 있었다. 그래서 의병운동의 실천으로 외세의 침략에 대항하여 우리 민족 내부의 힘을 굳건하게 결속하고 민족자존으로 국가를 수호할 것을 강조하였다. 이런 의암의 확고한 의병 활동은 의병들이 국가 수호 의지를 구축하는 데 기반이 되었다.

의암의 국난극복 정신은 활발한 국외 독립운동을 하는 데 정신적 기반이 되었다. 의암은 망명한 후에도 국외에서 독립운동을 하기 위해 국내의 지인과 연락을 주고받는 등의 지속적인 활동을 하였다. 국외로 망명한 이후 연해주와 간도 등에서 다수의 독립운동가와 접

---

9) 元容玉,「義庵柳先生西行大略」, 獨立運動史編纂委員會 編,『獨立運動史資料集』I, 獨立有功者事業基金運營委員會, 1984, 515쪽.

촉하며 독립활동의 기반을 확보하기 위한 중요한 역할을 하였다. 의
암은 지행(知行)을 중요하게 여기며 그 의지를 강조한 국난극복 정신
을 추구하였다. 또한, 의암은 옳고 그름에 관한 명확한 분별을 중시하
여 도를 인식하고 실천할 것을 강조하면서 다음과 같이 주장하였다.

> 군자의 지(知)란, 행(行)하지 않고는 안 되는 행을 아는
> 것이다. 행이 안 되면 지가 되지 않는다. 군자의 행이
> 란, 지를 행하는 것이다. 지가 아니면 행이 되지 않는
> 다.[10]

의암은 지행(知行)에 앞서 그 이전에 충신이라는 도덕적 수양이
전제되어야 한다는 점을 강조하고 올바른 민족운동의 실천 방향을
제시하였다. 유가의 이념에서 볼 때 의암이 살았던 시대에 택할 수
있었던 길이 자연에의 은둔, 학문 몰두, 현실 참여를 통한 유가적 이
념 실천 등이었는데 의암은 현실 참여를 통한 이념 실천 쪽을 택한
인물이다.[11]

의암은 거의초(擧義初)에는 상중(從母喪)이어서 동지들과 함께
거병할 수 없었고 요(堯), 순(舜)의 고성(古城)에 가서 의관과 예의를
지키고 학문연구에 전력하여 일루(一縷)의 화맥(華脈)을 고수할 뿐이
라고 함으로써[12] 거수(去守)할 것을 결심하였다. 이에 안승우(安承
禹)는 지평군(砥平郡)에서 먼저 거의하여 의병진을 편성하고 제천으

---

10) 『毅菴集』, 卷53, 「道昌編」, 下册, 君子之爲知也, 知其所不得不行之行也 非其行
　　則不爲之也 君子之爲行也 行其所不得不知之知也 非其知則不爲行也, 景仁文化
　　社, 1973, 590-591쪽.
11) 서준섭, 「義兵將 柳麟錫의 漢詩」, 『毅菴 柳麟錫硏究論文選集 I』, 2004, 217쪽.
12) 李正奎, 『從義錄』, 獨立運動史編纂委員會 編, 『獨立運動資料集』, 第1輯, 獨立有
　　功者事業基金運營委員會, 1970, 619쪽.

로 행군하여 서상렬(徐相烈, 1854‒1896), 이필희(李弼熙), 신지수(申芝秀), 이범직(李範稷) 등과 의병진(義兵陣)을 재편성하였다. 그 후 이 의병진은 단양(丹陽)에서 승리를 거두게 되었다.13) 이들이 단양에서 승리한 후 영월에 주둔하고 있을 때 의암은 다음과 같은 격려의 글을 보냈다.

'오늘날 우리가 하는 일은 천하만고에 더 없는 대변(大變)입니다. 두 분의 몸에 천하만고에 더 없는 대사를 짊어졌으니 어찌 무섭지 않겠습니까? 노력하고 또 노력하여 주십시오. 그러나 이 일의 성공·실패와 좋고 나쁨은 예측할 바가 못 되지만 오직 대의를 천하 후세에 편다면 성공하든 실패하든 좋든 나쁘든 간에 모두 성취인바 만전(萬全)의 거사라고 할 수 있습니다.'14)

의병진(義兵陣)의 여러 장수는 지위나 명망이 비슷하였기 때문에 누가 누구를 명령하기가 곤란한 형편이었다. 이에 여러 장수는 의논하여 의암에 영도하여 주기를 간청하게 되었다. 충효(忠孝)의 일치론을 제시하면서 의병대장(疑兵隊長)으로 추대하는 중론(衆論)을 상중(喪中)에 있던 의암은 수락하여 호좌의병대장(湖左義兵大長)을 맡았다. 이로써 거수(去守)에서 거의(去義)로 전환하여 '복수보형(復讎保形)'의 기치를 내걸었다. 1896년(丙甲) 2월 5일에 영월 관풍헌에서 취임한 의암은 의병진을 제천으로 행군시키고 각 의병장의 역량에

---

13) 李昭應, 『昭義新編』, 國史編纂委員會, 1975, 250쪽.
14) 『毅菴集』, 「年譜」, 上冊, 景仁文化社, 1973, 418쪽; 『국역 의암집』지, 제천문화원, 2009, 94쪽. 故今日之事, 天下萬古無上之大事也, 二公身上, 擔負天下萬古無上之大事, 不亦重乎, 勉旃勉旃, 然此事成敗利鈍, 非所逆睹, 惟伸大義於天下後世, 則成敗利鈍間, 俱是大成就也.

따라 부서(部署)를 재편성[15]하여 다음과 같이 그 소임을 맡겼다.

[표 1] 의암의 의병장 재편성

직책(職責)	명의(名義)
호좌의병대장(湖左義兵大長)	柳麟錫
중대장(中軍將)	李春永
전군장(前軍將)	安承禹
후군장(後軍將)	申之秀
선봉장(先鋒將)	金伯善
좌군장(左軍將)	元奎常
우군장(右軍將)	安成海
참 호(參 謨)	朴胃淳
사 객(司 客)	張忠植
종 사(從 事)	李肇承, 洪善均, 李起振, 鄭華鎔

　　의암의 동문(同門)인 의신(宜愼) 이소응(李昭應)도 춘천에서 거
의하였으나 후일 친일 정부의 신우균(申羽均), 김구현이 지휘하는 관
군에 의해 패하여 세력이 약화하자 제천의 의암 의병진에 들어가 참
모로 찬제(贊第)하게 되었다.[16] 곧이어 12월 20일에 의암은 기병(起
兵)을 호소하는 격문인 격고팔도열읍을 작성하였다. 그는 "임진왜란
때 거의지사(擧義之士)의 수는 한정이 없었으며 무릇 병자호란 때 역
시 순절한 신(臣)이 많았다. 대개 신주(神州)가 어지러워진 이후 다행
히 우리나라는 건조하고 청결하다"[17]라는 것과 "우리 민족은 대대로

---

15) 李正奎,「從義錄」, 23쪽.
16) 李昭應,「軍中事務大網」,『昭義新編』, 161 − 162쪽.
17)『毅菴集』, 卷 45, 下冊,「激告八道列邑」, 景仁文化社, 1973, 356쪽. 王低不退擧.
　　義之士, 建夫丙子亦多殉節之臣, 蓋自神州之陸沉, 辛有我國之乾爭

국가가 위급에 처하면 부구지심(赴救之心)이 강했다"라는 점을 들어 대변란에 해당하는 현재의 위급상황을 구하기 위해 기점(起點)할 것을 권하고 있다.[18]

의암은 국가 위기 상황이라도 선비의 절개와 자세는 굳건하게 지키고 실천해야 할 것을 강조하고 조선에 외세가 침략하는 현실을 좌시할 수 없음을 강조하였다. 그리고 외세침략의 현실에 대한 저항으로 의병운동을 전개하였다. 그는 1895년 12월 제천에서 시작한 의병운동과 청풍·단양·충주 등에서 활약을 하였다. 그리고 1896년 2월에 호좌의진창의대장(湖左義陣倡義大將)으로 추대되어 3,000여 명의 의병과 의기투합하여 일본군 병참을 공격하기도 하였다.[19] 호좌창의진에서는 화서학파의 문인 중 류중교와 의암의 유생들을 중심으로 지방병과 동학농민군도 함께하며 관군과 왜군을 상대로 활동하였다. 이때 유흥석도 의병 활동에 참여하여 호좌창의진의 실무를 관장하였다.[20] 그러나 1896년 고종이 의병 해산을 강요하였고 제천전투가 패배로 끝난 뒤 의암은 크게 상심하였다. 그러나 여기에서 물러날 수 없었던 의암은 강원지역으로 이동하여 지속적인 활동을 하였다.

1900년 7월 의화단의 난(難)이 일어났다. 서간도 지역이 점차 열강의 각축장으로 변해갔다. 그래서 이곳으로 망명할 수 없게 되었다. 그래서 황해도, 평안도의 각지를 돌며 강습례(講習禮), 향음례(鄕飮禮)를 통해 존화양이론에 입각한 항일의식(抗日意識)을 고취하는 데 주력하였다. 그리고 1907년 고종의 강제 퇴위와 정미칠조약(丁未七

---

18) 張工愚, 「毅菴 柳麟錫의 抗日運動研究」, 檀國大學校 教育大學院 歷史教育專攻, 1990, 8-16쪽.
19) 義庵學會, 『義庵 柳麟錫 抗日獨立鬪爭史』, 2005, 64-65쪽.
20) 金文基, 「義兵 柳麟錫 一家의 義兵活動과 義兵歌辭」, 『儒教思想研究』, 第8輯, 韓國儒教學會, 1996, 292쪽.

條約) 체결을 계기로 그는 연해주(沿海洲) 망명을 결심하였고 1908
년 7월 67세의 노령으로 부산에서 배를 타고 제2차 망명지인 블라디
보스토크로 배 안에서 지었다는 다음과 같은 시가 우국충정을 잘 표
현해 주고 있다.

裝病一身所　　　　병들어 나약해진 이 몸을 싣고서
揚帆萬里輕　　　　만리에 가볍게도 돛 날린다네
國命今同境　　　　나라 운명 지금은 어찌되었나
天心付此行　　　　하늘의 뜻에 나의 길을 맡길 수밖에
風雲時變化　　　　풍운(風雲)은 시시로 변화하건만
日月獨年命　　　　오로지 일월(日月)만이 그대로 빛나네
傍人空笑語　　　　옆 사람들 헛되이 웃고 떠들며
託昧我中情　　　　나의 심정을 알지 못하네.21)

　　의암의 국내외 활동은 국난극복을 위한 민족정신을 반영하고 있
으며 국가와 민족에 대한 충의 정신을 바탕으로 하고 있다. 의암은
외세로부터 개방 압력을 받았을 때, 우리의 전통문화를 지키는 것과
자주성에 관해 내수외양정신(內修外攘精神)을 강조하였다.22) 그리고
그가 지은 시처럼 그가 행한 위정척사운동과 의병운동은 국가수호를
위한 충의정신에서 비롯되었다.

---

21) 『毅菴集』, 卷 2, 詩, 「北海舟中作」『국역의암집』 1, 의암학회, 2002, 154쪽.
22) 춘천시, 『윤희순의사항일독립투쟁사』, 산책, 2005, 90쪽.

2. 저술 활동 전개

1) 「우주문답」과 애국사상

의암에 대한 기록은 사후 1917년에 만주에서 의암 문하 문인들이 의암이 남긴 자료를 모아 『毅菴集』을 만들었는데 상(권1－30)·하(권 31－57)의 두 책으로 되어 있다. 의암은 54권에 달하는 시문을 남겼고, 여성과 관련된 다수의 글을 쓴 것으로 나타났다.[23] 의암의 여성과 관련된 글은 주로 산문으로 표현되었는데, 전(傳) 9편, 행장·행록·사실록·유사 글이 4편, 언서(諺書) 글이 1편, 묘지명이 3편, 시 3편 등이다.[24] 이중 전(傳)의 기록 9편은 효부 1편·열부 6편·일반 2편이 포함되어 있다.

「우주문답」은 그 제목처럼 문답 형식으로 구성되어 있다. 우주의 대세에서 가장 강조한 것은 중국의 위상이다. 마지막 장의 낙서에도 다시 이점을 강조한다. 그는 "모든 우주를 통해서 한 나라 한 사람이라도 중국에 복종하지 않은 자가 있다면 이는 하늘을 거역하는 것"이라고 주장했다. 또한, "이 이치가 지극히 바르고 그 의리가 지극히 엄중하니 이를 순종하여야 하늘과 땅이 제자리를 찾을 것이며, 만물도 본분을 얻게 될 것"이라고 했다. 만일, 이와 같지 않다면 천지는 뒤바뀌고 만물은 사라질 것이므로 중국이 언제나 황극(皇極)을 가져

---

23) 金南伊,「義庵 柳麟錫의 民族自尊論과 女性認識」,『대동한문학』, 제18집, 대동한문학회, 2003, 293쪽.
24) 金南伊,「義庵 柳麟錫의 民族自尊論과 女性認識」,『대동한문학』, 제18집, 대동한문학회, 2003, 297쪽.

야 한다고 주장했다.[25] 이는 중국을 숭상한다는 의미가 아니라 우리 나라를 수호하고자 하는 당시의 현실을 반영한 것이라고 할 수 있다. 의암이 우주의 대세를 전망하는 방법은 "이치에 근거하고 형세를 미루어 옛것을 바탕으로 새것을 헤아리는 것"이다.[26] 구체적인 현실을 내버려 두거나 새로운 것을 무상시(無常時) 하는 것은 아니지만, 진리를 아는 것은 이치와 옛것에 관한 추구와 획득이다. 현실에서부터 사실과 상황 그리고 형세를 확인한 결과로 그 내면의 진리를 이해하는 귀납적인 방식보다는 이치를 설정한 후 그 이치에 따르는 형세를 살펴 보완하는 것이다.[27] 그래서 정해진 원리로부터 진리를 이해하는 연역적 방법이다.

의암은 한말에 밀려오는 외국 문물에 위정척사로 대응한 화서 이항로에게 배웠으며 이항로 사후에든 중암 김평묵과 성재 류중교에게도 가르침을 받았다. 면암 최익현은 동문수학한 선배다. 그는 을미의병의 의병장으로부터 정미의병을 거쳐 십삼도의군의 총재로 추대되기까지 자신의 신념을 바꾸지 않았다. 그가 이항로의 '위정척사'. '존화양이'의 논리를 가장 마지막까지 현실적인 견지에서 발전시키고

---

25) 『毅菴集』 卷51,「宇宙問答」, 有一國一人不服中國者. 乃逆天也. 爲士而不慕中國, 非所謂士也. 此理至正, 此義至嚴, 此有順焉, 天地定位, 萬物得所. 此義逆焉, 天地崩倒, 萬物乘滅, 嗚呼其有凜然者矣, 使此理義順而無逆, 都在中國皇建有極而已矣.
26) 『毅菴集』, 卷51, 下册,「宇宙問答」;景仁文化社, 1973, 508쪽. 客有問曰, 天地曰宇, 古今曰宙, 宇宙大勢, 可得聞歟, 曰 面前暫時者, 且難知而言之, 宇宙大勢 豈敢曰知而言之, 雖然據理推勢, 執古測新, 惑有可得而言者,
27) 『毅菴集』 卷 51,「宇宙問答」, 彼不識理, 故有此妄說也, 於理反矣, 爲求著象, 又多窒礙矣. 且以大爲動, 以地爲淨則簡易也, 見其爲說, 虛妄 且置, 亦甚煩難矣, 天地 正理, 實簡易也. 의암은 '지동설'에 대한 해명은 그 점에서 눈여겨볼 만하다. 그는 드러난 형세에서 구하면 오히려 막히는 것이 있다고 하면서 천지의 올바른 이치는 진실로 간단하고 쉬운 것이라고 하였다.

실천한 인물로 평가받는 것은 그가 가장 최후까지 생존했기 때문만은 아니다. 그 삶이 유교 지식인의 현실 대응이라는 측면을 가장 절절하게 잘 보여주기 때문이다.[28]

의암이 1913년 지어 펴낸 「우주문답」은 위정척사를 주장한 현실 참여적인 보수와 지식인의 글이지만, 오늘날에도 유용한 자료라고 할 수 있다. 「우주문답」에서 그는 당시의 국제정세에 대응하는 자신의 사고를 잘 정리해 주고 있다. 그는 마지막까지도 위정척사사상을 견지해 나가면서 부분적인 사고의 변화를 보여주었으며, 서양 문물에 대한 부분적인 수용의 사고를 남겼을 뿐 척양과 척왜로 대표되는 일생의 사고를 크게 바꾸지 않았음을 제시하고 있다."[29] 의암은 나라를 다스리는 큰일에 도·덕·학·정·형·문·무(道·德·學·政·刑·文·武)가 중요하며 이것에 힘쓰지 않고 나라가 되지 않는다고 하였다. 이에 관하여 의암의 논리는 다음과 같다.

> 도는 하늘이 있어서 하늘이 만물을 낳고, 땅이 있어서 땅이 만물을 키우고, 사람이 있어서 5상(五常)·5륜(五倫) 그리고 백 가지와 만 가지의 일을 행한다. 그래서 이것을 잃으면 그 사람 되는 까닭을 잃는 것이다. 나라가 있어서 임금과 신하·백성·사물 그리고 여러 가지 정사(庶政)를 행하니, 도를 잃으면 그 나라 되는 까닭을

---

28) 의암의 생애와 전반적인 사상에 대해서는 그의 연보와 김형찬, 1993, 「한국사상가평전 – 유인석」, 『시대와 철학』 4, 한국철학사상연구회; 장승구, 1997, 「유인석의 철학사상」, 『동양철학연구』 17, 동양철학연구회 참조.

29) 李愛熙, 「의암 류인석의 國外根據地論의 構想과 理論的 推移」, 한말 춘천의병의 전개와 의암 류인석 의병장의 해외 항일의병투쟁(제15회 의암학술대회보), (사)의암학회, 2014, 120쪽; 유성선, 「화서학파 한·중지역 독립운동의 사상적 가치 및 전망」, 『한중인문학연구』 66, 한중인문학회, 2020, 17쪽.

잃는 것이다. 고금을 통하여 이루고 허무는 것도 없으며, 크고 작은 것을 막론하고 남고 모자람이 없는 것이 오직 도 하나뿐이다. 각기 스스로 도를 행한다고 자처하는 사람은 도를 그르치면 도가 아니다. 도의 요체는 仁義이니, 인의가 아니면 도가 아니다. 사람은 도의 유무에 따라 살기도 하고 죽기도 하며, 나라는 도의 유무에 따라 존속하기도 하고 멸망하기도 한다.

덕은 마음에 얻은 바 착하고 진실한 것을 이름이다. 하늘로부터 명(命)을 받아 마음속에 가지되 착하고 진실한 것은 본래의 덕득지덕(德得之德)이요, 도를 행하여 마음에 가지되 진실한 것은 자득지덕(自得之德)이다. 본래의 가진 바 덕을 어찌 잃을 것이며, 스스로 얻는 덕을 구하지 않을 수 있겠는가, 덕이 착하고 법칙이 있으면 진실하고 이치가 있는 것이요, 비록 착하더라도 법도가 없으면 덕이 아니며, 비록 진실하더라도 이치가 없으면 덕이 아니다. 이치와 법도에 따라 임금이 얻으면 밝은 다스림으로 성(盛)할 것이다. 이에 따라서 신하가 그것을 얻으면 공경과 양보의 미덕을 가질 것이요, 백성이 그것을 얻으면 공경과 양보의 미덕 그리고 충성과 화합의 미덕을 가질 것이다. 이처럼 상하가 함께 덕을 가지면 천하가 평화로울 것이다.

학문(學)이란, 도와 덕을 구해서 자기에게 간직하는 것이다. 학문이 아니면 도덕을 구할 수 없으나, 도덕을 구해서 간직하면 천하가 다스려질 것이다. 당우(唐虞)의 사도(司徒)와 전악(典樂)이 오륜의 도와 온화한 덕을 가르쳐서 3대에 소학·대학의 법이 차츰 갖추어졌다. 후세에 정학(正學)이 밝혀지지 않아 저마다 학문이라 일컫는 자가 끝없었지만, 모두 도덕을 해치고 정치를 해치는 자들이었다. 오직 삼강(三綱) 오상(五常)의 도가 학문의 근본이요, 6경 4서가 학문의 도구이다. 그래서 여기에 전념하여야 도덕이 이루어지고, 이상적인 통치[古治]를 회복할 수 있다.

정치[政]는 나라와 백성을 경영하여 다스리는 것이다. 정치가 일관적이지 않으면 나라는 어지럽고 백성은 혼란스러워진다. 사람만이 아니라 정치에도 근본과 말단이 있으니, 오직 착하게만 다스려도 정치가 될 수 없고, 오직 법으로만 다스려도 백성이 스스로 행하지 않으니, 선정(善政)과 법치(法治)가 정치의 근본과 말단이다. 그래서 공자는 "덕으로써 정치하는 것은 비유컨대 북극성이 제자리에 있어서 뭇별들이 그를 향하는 것 같다"라고 했다. 맹자는 "차마 하지 못하는 마음의(不忍人之心) 차마 하지 못하는 정치(不忍人之政)를 행하면 천하를 다스리기가 손바닥을 뒤집는 것과 같다"라고 했다.

형(刑)이란, 백성들이 잘못하지 않게 하고, 백성을 착한 데로 이끌려고 채찍질하는 도구이다. 벌주는 것은 사랑하는 방도에서 나온 것이요, 사형은 살리는 방도(生道)에서 나온 것이니, 이 모두가 또한 인술(仁術)일 따름이다. 형의 무겁고 가벼움은 각기 정도에 맞게 하여 인의 체(仁體)가 두루 흘러 구석구석까지 미치게 할 것이다. 형이 그 죄보다 지나치면 형을 부과하는 이는 가슴이 아프고, 형을 받은 이는 원망을 하여 잔인함에 떨어질 것이다. 형을 받은 자는 방종해서 해이함이 떨어질 것이니, 둘 다 인을 해치는 것이다.

옛날에는 형(刑)을 부과할 때 인을 해치지 않고 형이 없어지기를 기약하여, 그 효과가 사방 바람이 일어나듯 미쳤다. 후세에는 가혹한 정책을 써서 많은 사람을 죽여서 곧 살게 하는 방도를 끊었고, 오늘날의 서양법은

마땅히 죽여야 하나 사형을 시키지 않아 곧 죽음에 이
르는 방도를 조장하니, 이 모두가 인에 어긋나는 것이
다. 무릇 형은 정치를 돕는 것이니, 서로 짝하여 통치를
완성하기 때문에 정치와 형벌을 밝히면 대국(大國)도 반
드시 두려워할 것이다.

문(文)은 나라를 교화를 이루어 빛(光華)이 되는 소이이
다. 해와 달과 별들은 하늘의 빛이요, 산천초목은 땅의
빛이요, 예악(禮樂)과 제도·법률(制章)은 인간의 빛이
다. 옛날의 성왕은 예악과 제도·법률로 교화하여 천하
를 이루니, 상하(上下)가 천지와 더불어 그 빛을 같이했
다. 문을 닦으면 천하가 다스려지고, 문이 닦이지 않으
면 천하가 다스려지지 않는다. 천하가 다스려지면 문이
드러나고, 천하가 다스려지지 않으면 문이 드러나지 않
는다. 중국의 치란(治亂)과 성쇠는 오직 문으로부터 징
험(徵驗)할 수 있으니, 문이 나라를 이룸에 크다.[30]

---

30) 유인석, 『국역 의암집』 6, 의암학회, 2010, 194–196쪽 참조. 求道與德而有諸己
也, 非學則道德無可求也, 求道德而有之, 天下得治也, 唐虞之司徒興樂, 敎五倫之
道直溫之德, 三代小學大學法寢備, 其時治果如何, 後世學不明之時, 果得治乎, 後
世正學不明, 而名曰學者無限, 皆害道德害治者也, 今中國之所必務者, 異端雜流淫
邪荒秘, 凡害道德害治者, 火其書反其人而汎掃之, 如雨霽雲捲, 惟五常三綱之道學
之本也, 六經四子之書學之具也, 專事乎此, 則道德可爲, 古治可復, 古治復則餘事
可無患也; 問曰 西人學術遍宇內 中國廣設學校 朝鮮亦一時興設 皆大悅之而名之
曰新學校 固知新學校之爲不可 而不能說所不可 願聞有說破; 曰然 中國朝鮮之化
西不化西 都在新學校 大悅之在此 不可之在此 不可不說也 吾已多說中國朝鮮化西
之不可矣 說不可其大要 曰有上達道理下達形氣之異 而不可以此而從彼也 中國朝
鮮學校所學道理上事 而新學校所學形氣上事也 其所不可 可決於此矣 中國天下道
德國 而朝鮮次之也 學校明人親父子義君臣別夫婦序長幼信朋友之五倫道理而求盡
者也 夫天下無一無五倫之人 無一外五倫之人也 孟子曰學校所以明人倫也 人倫明
於上 小民親於下 明人倫 可曰學校 倫明則天下無一人不親也 中國朝鮮有明人倫而
治而强 不明人倫而不治不强素也; 西人學校 豈有爲親父子義君臣別夫婦序長幼信
朋友之人倫道理乎 求盡於形氣上事而窮其所欲而已 其於倫理 不惟不爲 未始不相
背也 豈可學校之謂哉 背倫理之常 窮形氣之欲 以是而爲治爲强 其治也反道而非治

무(武)는 나라의 위세를 세우는 것이다. 하늘은 봄과 여름에 화창한 날씨를 베풀어 문으로 삼고, 가을과 겨울의 숙연하고 찬 날씨로 무를 삼는다. 성인도 천덕(天德)과 합치하여 문과 무를 행하여 천하에 무위(武威)를 때로 떨치기도 하고 때로 거두기도 하는 것이 옛 중국의 도이다. 오늘의 중국으로서 마땅히 크게 무위를 떨치고 크게 무를 갖추라고 강론해야 한다. 그것은 무를 사용하지 않으면 위태롭기 때문이지만, 무만 편중되게 쓰면 실책이 되기 때문이다. 문은 무를 선양하는 것이요, 무는 문을 이루는 것이다. 서로 짝하여 두루 도모하되 편벽되어서는 안 되고, 문무를 함께 겸하는 것이 좋은 술책이다. 문교(文敎)를 일으키되 무위와 화통(和通)해야 하고, 무위를 떨치되 문교와 짝을 지어야 한다.[31]

  의암은 문명화된 중국이 열강에 의해 위협받는 것을 두고 중국이 실(實)하면 외국이 복종하고 중국이 허(虛)하면 외국도 침범하니 성쇠와 강약이 번갈아 왔다고 하였다. 의암은 그런 형세가 점점 더 심화될 것이라고 보고 이 난국을 돌파하기 위해서는 "다른 방도가 없다. 잘하느냐 못하느냐에 달려있다"라고 하였다.[32] 여기에서 잘한다

之治 其強也反德而非強之強 反背倫理道德 而爲非治之治非強之強; 中國朝鮮爲達道理 西人爲達形氣 出於稟格也 西人因其稟格 爲其學校 究其所學 自有其規律之別技術之巧 人格亦因以長 猶自有可觀 中國朝鮮自以自稟格而學彼 學彼規律技術不得 徒壞人格蔑正大 而失我自治強之道而已 譬如稻養於水田 粟養於旱田 以稻水田之養而爲粟旱田之養 養可得乎 舍我有可 從彼不可 如之何其可也; 朝太祖立國 當大明洪武之世 卽定君臣之義 制度悉遵華夏矣 自此右文治崇正學 羣儒輩興 道術無裂而純出一塗 駸駸乎洙泗洛建之盛矣 萬曆壬辰之有倭亂 神皇內服以視 下降援師 有爲再造 則擧國上下以爲義雖君臣 恩實父子 益切拱辰宗.

31) 유인석, 『국역 의암집』6, 의암학회, 2010, 196쪽 참조.
32) 『毅菴集』, 卷51, 「宇宙問答」, 故自古中實則外伏, 中虛則外軼, 盛衰強弱, 迭爲消長…甚矣外國之爲下達愈往愈極也, 蓋其極也. 至於爲強食弱肉, 相殘而自雄,

는 것은 중화 질서와 도덕 회복을 말하는 것이다. 그는 천지개벽한 이래 중국을 제왕이 다스리는 것이 대일통의 규범이라고 하였다. 그리고 중국이 외국을 통할하여 일국(一國)이 만국(萬國)을 통제하면 그것은 정리(定理)라고 주장하고 하늘이 그 정리로서 낙서(洛書)를 내려 구주(九疇)를 다스리게 했다고[33] 보았다. 그는 '백성이 나랏일에 관여하는 것은 천하에 도가 없어서이다. 국민의 대표인 의원들이 국회를 구성하고 법에 관하여 의논하는 것은 도를 무시하고 기강을 그르치는 것'[34]이라고 주장했다. 그가 추구하는 중국다운 것은 황제로 대통을 세우고 공자로 종교를 삼으며, 오륜(五倫)을 지키고, 전통적인 의발(衣鉢)을 준용하는 것[35]이라고 하였다.

『우주문답』은 실천적인 유학자 의암이 생을 마치기 2년 전에 자신의 사상을 정리하여 저술한 것이다. 천지고금(天地古今)을 일컫는 우주(宇宙)에 관한 문답을 통해 당대 동서양의 문명을 반성하여 살피고 이를 토대로 우리 민족의 미래와 나아가야 할 방향을 제시한 것이다. 이러한 이유로 「우주문답」은 일찍부터 의암의 사상을 파악하는 데 적절한 핵심적인 문헌으로 여겨졌다. 의암이 말하던 중화 질서와 문명국가 건설의 비전이 검토되었으며[36], 그의 서양관과 변모하

電掇于天, 鐵絡于天, 舟車蕩人寰, 三才不安而自以爲能事矣. … 今欲中國土地者, 更有外洋之列强寧或甚, 而不爲不甚矣. 無他, 在乎善爲不善爲. 此其屈伸之機, 進退之勢, 可以觀乎!

33) 『毅菴集』, 卷51, 「宇宙問答」, 帝王中國之從開闢以來, 爲立大一統之規. 中以統外, 一以統萬, 此其不易之定理. 故天以定理出書於洛, 爲有九疇.

34) 『毅菴先生文集』 卷51, 「宇宙問答」, 且天下有道, 民不議事. 天地定經, 法自上行. 其日評議立法, 取爲滅徒敗經.

35) 『毅菴集』, 卷51, 「宇宙問答」, 治所以爲中國, 所以爲中國, 擧其大有四, 曰帝王大統, 聖賢宗教, 倫常正道, 衣髮重制, 四者立則, 百度萬事次第擧矣.

36) 장현근, 「중화질서 재구축과 문명국가건설 – 최익현, 유인석의 위정척사상」, 『정치사상연구』 9, 한국정치사상연구회. 2003.

는 현실 인식도 고찰되었다.[37] 논자는 이러한 관점과 무관하게 「우주
문답」에 애국사상에 기반한 그의 철학이 담겨 있다고 평가한다.

　　의암은 정치에 대하여 크게 두 가지를 중요시한다. 첫째는 법치
(法治)가 아닌 선정(善政)이고, 둘째는 정전(井田) 회복을 해야 한다
는 것이다.

　　　　선정(善政)과 법치(法治)는 정치의 근본과 말단이다. …
　　　　법은 세상의 흐름을 따라간다. 진실로 고금을 참작해
　　　　보건데 배부르게 먹고 균등하게 가난이 없게 하기에는
　　　　정전(井田)만 한 것이 없다. 정전은 비단 농사 한 가지
　　　　만을 지칭하는 것이 아니라 백 가지의 모든 것이 이로
　　　　부터 정해져 다스려진다. 정전에 기반하지 않으면 구차
　　　　하게 될 뿐이다. 후세에 이 아름다운 제도를 회복할 수
　　　　없다고 생각하니 슬프다.[38]

　　이처럼 의암은 정전(井田)제도의 중요성을 강조하면서 그 제도
의 회복을 주장하였다. 정전은 백성의 기본적 생활인 배불리 먹고 가
난하지 않게 하는 것이므로 인본주의적 시각에서 도출된 주장이라고
할 수 있다.

---

37) 吳瑛燮, 「華西學派의 對西洋認識: 李恒老, 金平默, 柳麟錫의 境遇를 中心으로」,
　　『泰東古典研究』14, 1997.
38) 『毅菴集』, 卷 51, 善法其本末也. … 法隨世移, 固有參酌古今而不失其本可矣. 洪
　　範八政, 一曰 食, 使民足食, 均而無貧, 莫如井田. 井田非特爲農一事, 百度皆由此
　　定, 爲治而不咊井田, 苟而已. 惜乎後世之無能複此美制也.

2) 시(詩)와 우국충정

우국과 관련된 시는 대체로 1905년의 을사늑약 때부터 의암이 사망할 때까지 있는데 우국시(憂國詩)의 양상도 1910년 국권 피탈의 이전과 이후를 경계로 하여 달라진다. 이전 시가 우국애정(憂國哀情) 또는 나라와 고향을 걱정하는 내용이었다면 이후의 시는 향수가 진하게 풍기는 내용이다. 향수 시를 충절 시에 포함한 것은 겉으로 드러나지 않는다고 하더라도 시 속에 우국 충절하는 마음이 내재되어 있다. 그의 시에서 을사늑약 직후 쓴 <오운산방구호(五雲山房口號)>라는 시는 춘천 곡운 난에서 뜻을 함께하는 송상규, 서재형, 우상호 등 아홉 사람과 더불어 울분을 토하는 내용이다.

九人痛哭五雲深   오운산 깊은 골에서 통곡하는 아홉 사람
國覆人亡見卽今   나라가 망하는 걸 오늘날 보는구나!
箇中彌厲崇華義   개중에 중화 의리 더욱더 숭상하니
木石堪悲此日心   이날의 심정을 목석도 슬퍼하리.39)

아홉 사람이 통곡하는 이유가 '국복인망견즉금(國覆人亡見卽今)' 이고 국복(國覆)과 인망(人亡)은 1905년 11월 17일에 체결한 을사늑약과 12월 21일에 설치한 일본 통감부 설치와 이사청관제의 선포를 말한다. 이 사건은 실질적인 국권 상실을 의미하고 실제로 일본의 내정간섭이 이전보다 훨씬 심했다. 따라서 도의 회복과 의병 활동을 제대로 할 수 없는 것에 슬퍼하고 있다. 그러나 의암은 이런 상황이라 해도 결코 절망과 좌절을 해서는 안 되고 '화(華)'를 중시하는 대의

---

39) 『毅菴集』, 卷 2, 「五雲山房口號」, 『국역 의암집』, 의암학회, 2007, 122쪽.

정신으로 대응해 가야 한다[40]고 하였다.

의암은 상황이 점점 더 어려워지자 국내에서 의병 활동을 할 수 없어 이국행(異國行)을 결심하였다. 그래서 1908년 7월 블라디보스토크를 거쳐 연추로 들어가 의병 활동을 계획하는데, 이곳으로 오게 된 것은 최재형과 이범윤이 그곳에서 의병 활동을 하고 있었기 때문이다. 그러나 본국의 왜적을 토벌하러 갔던 의병들이 이내 패하고 돌아왔다. 절망적인 상황이고 여기에다 몸은 늙어 사면초가(四面楚歌)였다. 그러나 그의 뜻이 바뀌지 않았다는 것을 다음의 시에서 알 수 있다.

迢迢故國三千里	머나먼 고국 땅 삼천리강산이라
歷歷浮生七十年	눈앞에 역력하네! 70년 인생살이
客裏難經今日夜	나그네 오늘 밤 보내기 어렵나
鷄頭還見卽春天	계두를 다시 보니 봄날이 멀지 않네
死生夷險曾干甚	천여 번 죽을 고비 무사히 넘겼으니
變化窮通有自然	자연히 변화되어 생각도 깊어지네
朋類兒曹環燭坐	벗들과 아이들이 촛불을 둘러싸고
言言相誓秉心堅	먹은 마음 변치 말자 말마다 맹세하네.[41]

머나먼 이국땅에서 뜻을 이루지 못하고 무심히 늙은 것을 한탄하면서 지은 시이다. 그러나 죽을 고비를 넘기면서 정진했던 의병운동이 성공하기를 바라는 심정을 촛불 앞에서 맹세하는 것을 통해 결연한 의지는 변함없다는 것을 말하고 있다. 그의 의지는 「폐음(廢吟)」에서도 나타난다. 점점 다가오는 미래에 자신의 의지가 약해질

---

40) 宋寯鎬, 「위정척사파 시의 사상적 특질」, 『의암 유인석연구논문선집 I』, 의암학회, 2004, 255쪽.
41) 『毅菴集』, 卷 2, 「除夕」, 『국역 의암집』 1, 의암학회, 2007, 131쪽.

것을 경계하는 시이다.

逢甲題詩筆	경치에 따라 시를 쓴다면
恐虧薪膽心	와신상담 마음이 흩어지리라
念來馮拯責	질책이 쏟아질 것 생각해 보니
老背汗如今	늙은이 등골에 땀 흐른다네.[42]

　　의암 자신은 일제의 원수를 갚고 마음먹은 일을 이루려고 괴로
움과 어려움을 참고 견딜 뿐, 여유 있는 음풍농월(吟風弄月)을 하지
않겠다는 것이다. 왜냐하면, 그로 인해 국권 회복을 하겠다는 마음이
흐트러질 수 있기 때문이다. 실제로 이후 경물을 소재로 지은 시가
보이지 않는다. 이로써 자신에 대한 책임감과 성실함 그리고 국권 회
복을 염원하는 굳은 정신을 알 수 있다. 그러나 이국에서 시간이 지
날수록 조급하고 답답한 심정으로 고민하며 나라 없는 외로움에 잠
못 이루는 밤이 많아진다.

含悲北陸淚南雲	남쪽 하늘 구름 두고 북녘에서 우나니
白髮孤衷坐夜分	백발노인 고독하게 홀로 앉아 밤새우네
整頓乾坤今日事	하늘과 땅을 바로 하긴 오늘의 일이거늘
應時豪俊問誰云	이때의 호걸이 누구일까 묻노라.[43]

　　세력을 규합하여 뜻을 이루고 싶지만, 마음먹은 대로 되지 않는
현실을 안타깝게 여기는 시이다. 또한, 몸은 더욱 쇠약해지고, 당장
의병을 일으켜 나라를 되찾고 싶은 심정이지만 뜻을 함께할 사람이
부족하다. 이에 더욱더 나라 걱정으로 고민이 깊어지고 있다.

---

42) 『毅菴集』, 卷 2, 「廢吟」, 『국역 의암집』 1, 의암학회, 2007, 140쪽.
43) 『毅菴集』, 卷 2, 「夜坐孤吟」, 『국역 의암집』 1, 의암학회, 2007, 144쪽.

憂國復憂國	나라 걱정 또 나라 걱정에
天涯老白頭	이국에서 늙은 백발이 되어 가는구나!
春風儻借力	봄바람에 만약 힘을 빌린다면
吹撤隔山憂	산과 같은 수심을 불어 치우련만

독립을 염원하며 망명해 있으면서도 오직 나라 걱정을 하는 모습이다. 그 의지가 초지일관(初志一貫), 일이관지(一以貫之)이다. 의암이 국경을 넘나들고 생사가 불분명한 상황에서 우국과 국권 수호, 국권 회복 정신으로 일관할 수 있는 것을 두 가지로 요약할 수 있다. 첫째, 화서의 국가방위 사상의 영향이다. 화서의 학풍이 우암의 숭명존화(崇明尊華) 또는 존화양이 사상으로 위정척사운동을 벌였으며 국가방위 사상이 의암으로 연결되었다. 둘째, 의암 의암의 거의론(擧義論)에서 비롯되었다. 거의론도 국가방위 사상의 목적이라고 할 수 있는데 그의 의병에 관한 생각은 구국정신에서 비롯된다. '나라를 살리는 양책은 의병뿐이다'[44]라고 한 데서 알 수 있다.

憂國念家常痛哭	나라 근심 집 걱정에 자주도 울었나니
荒林絕塞秋冬中	멀고도 황폐한 변방의 겨울철에
方回天地三春氣	삼춘의 기운이 하늘땅에 찾아오자
欲動山河萬里風	강산에 만리 바람 일으키려 한다네
幾箇有心經濟士	세상을 경영할 선비가 몇몇이냐
須臾無死疲癃翁	등 굽은 늙은이 조만간에 안 죽으리
言詩少友能予起	젊은 벗들 시로써 나를 부추기니
明證斯文永不窮	학자 선비 무궁하다고 말하여 주는구나.[45]

---

44) 『毅菴集』, 卷 55, 「年譜」, 『국역 의암집』1, 의암학회, 2007, 551쪽.

1연에서 나라가 어지럽고 가족과 떨어져서 하는 변방 생활의 어려움을 토로하고 있다. 이처럼 문과 도가 어긋나는 데에서 일어나는 현상을 암시한다. 2연에서는 춘삼월이 돌아오고 만 리의 바람이 일어나려 한다는 의미는 문도가 하나 됨을 말하는 것이다. 3연에서는 '경국제세(經國濟世)', 즉 나라를 경륜하고 세상을 구할 자가 있느냐고 되묻고 자기는 늙어 죽지 않았을 뿐이라는 것이다. 그러나 미연(尾聯)에서는 젊은이의 말에 의해 개가 일어났으니 이것은 유학의 힘이고 유학은 영원한 것이라고 주장하고 있다. 유도를 걱정하는 내용의 시 「우도(憂道)」에서는 많은 근심 중에서 도를 근심하는 것보다 더한 근심은 없다는 것이다.

憂有端千百	천만 가지 수심이 갈마들건만
莫如憂道憂	도에 대한 수심이 가장 깊구려
道無無復有	잃고 보면 다시없는 귀중한 도인데
誰可但悠悠	누군들 천연스레 보기만 하랴.46)

이 시의 내용처럼 여러 가지 근심 중에 유도가 없어지는 것을 근심하는 것보다 더한 근심이 없는 것이다. 왜냐하면 유도가 없으면 어떤 것도 있을 수도, 할 수도 없기 때문이다. 그러니 유도가 없어지는 것을 보고만 있을 수 없다고 말하고 있다. 또한, 유도가 없어지는 것을 바라만 볼 것이 아니라 자신으로부터 애써 시행을 해야 한다고 말하고 있다. 「경신사수(警身四首)」 중 기이(其二)에 다음과 같이 작시하고 있다.

45) 『毅菴集』, 卷 2, 「次鼎甫有感吟」, 『국역 의암집』 1, 의암학회, 2007, 133쪽.
46) 『毅菴集』, 卷 2, 「憂道」, 『국역 의암집』 1, 의암학회, 2002, 197쪽.

知乎道不行乎身	자신의 도의를 실행하지 않고서는
妻子而難況復人	처자도 못 믿는데 남을 말해 무엇하리
罔曰斯身今已老	이 몸이 늙었다고 말하지를 말아 주오
朝聞夕死聖師云	아침에 도를 들으면 저녁에 죽어도 좋다고 성인이 말씀했네.[47]

　　유도의 시행은 자신으로부터이다. 나 이외의 누구도 시행할 수 없음을 경계한다. 따라서 유도를 시행하는데 몸이 늙었다고 해서 할 수 없는 문제가 아니라는 것이다. 이에 이 문제의 귀결점이 4구에 있다. 4구의 '조문석사(朝聞夕死)'는 『논어』의 「이인편(里仁篇)」에 나오는 '朝聞道 夕死可矣'의 준말이다. 이 말은 공자께서 삶의 궁극적인 목적 어디에 있는가를 말해준 것이고, 의암 역시 진리를 깨닫고 체득하여 이를 실현하는 데 인생의 목적이 있음을 알 수 있다. 그 때문에 의암은 공자의 삶을 자신의 삶으로 추구하고 있음을 말해주고 있다.

孔子其天天可違	공자의 도는 하늘이니 하늘을 어길손가
生民萬世大宗師	만세 대종(大宗) 민생의 스승이라네
安天下術知何在	천하 안정 술책이 어디에 있나?
敎一爲塗化一歸	공자교를 한 길로 해 통일해야지.[48]

　　중국의 역사에서 가장 혼란했던 시기가 공자가 살았던 시대인 춘추시대라고 한다면 의암이 살았던 시기는 우리의 역사에서 가장 혼란했던 시기이다. 즉 공자의 삶을 따르는 자체가 유도이고 공자의 가르침을 본받는 것이 평천하(平天下)라는 것이다. 그래서 죽음을 얼

---

47) 『毅菴集』, 卷 2, 「警身四首」, 『국역 의암집』 1, 의암학회, 2002, 194쪽.
48) 『毅菴集』, 卷 3, 『국역 의암집』 3, 의암학회, 2002, 235쪽.

마 정도 앞두고 지은 시에도 오도에 대한 집착을 보인다.

今作七旬加四翁　　오늘은 일흔에 넷을 더한 늙은이
一生何事事空空　　한평생 어찌하여 일마다 허사(虛事)인고
不知餘有幾多歲　　남은 해가 얼마인지 알 수 없건만
得見天開大道中　　하늘이 열어놓는 대도를 보았으면.49)

의암이 1915년(을묘) 1월 29일에 74수에 세상을 떠났으니 이 시가 지어진 시기가 바로 전이라는 것을 알 수 있다. 이 시를 보면 자신의 일생을 정리하는 느낌이 든다. 제1구에서 나이를 밝히고 있는 점과 2구에서 자신이 살아온 일생에 대하여 되돌아보고 있다. 하지만 4구에서는 오도하고 싶은 욕망을 보여주고 있다. 간찰에서 다룬 시들의 결구나 미련을 열거해 보면 이것이 더욱 명확해진다. 차정보유감음(次鼎甫有感吟)의 '명증사문영부궁(明證斯文永不窮)', 우도(憂道)의 '도무무복유(道無無復有) 誰可但悠悠', 警身의 '朝聞夕死聖師云', 孔子敎의 '敎一爲塗化一歸', 을묘원조(乙卯元朝)의 '득견천개대도중(得見天開大道中)'에서 그가 추구하는 정신이 귀결되어 있음을 알 수 있다.

昇平世久恬嬉存　　안락하게 살아가던 태평성세 어디 갔나?
報急沁城洋祲昏　　오랑캐의 요기가 강화도(江華島)에 감도누나
都民鳥散震宸念　　백성들이 흩어지고[鳥散] 임금이 염려하기에
壯士雲興重國恩　　대장부들 나라 위해 구름같이 모여들었네
大老首陳當戰策　　대로가 제일 먼저 싸우자고 역설하니
在廷從息去邪論　　조정에선 비로소 강화 논조 사라지네
仗義出羣梁帥去　　양장수[梁帥] 의리 지켜 군사들과 출정하니

49) 『毅菴集』, 卷 3, 「乙卯元朝」, 『국역 의암집』 1, 의암학회, 2007, 323쪽.
50) 『毅菴集』, 卷 1, 「江華洋亂」, 『국역 의암집』 1, 의암학회, 2007, 69쪽.

分明天佑樹功勳　　하늘이 보살펴 틀림없이 공훈을 세우리라.[50]

　　2구의 '洋褄'는 강화성을 쳐들어와 정복한 프랑스군을 말하는 것
이고, 제5구의 '大老首陣當戰策'은 화성의 『전수책(戰守策)』 진술을
말하며 제6구는 프랑스군이 강화도를 침범한 것을 말한다. 이처럼 이
시는 병인양요와 그 이후의 짧은 시간에 긴박하게 돌아가는 정세를
그리고 있는데, 이 사건으로 위정척사운동의 이념적 바탕에 변화를
가져왔다. 위정척사란 정학(正學) 외에 다른 학문을 배척한다는 뜻인
데 공·맹·정·주로 내려오는 학통을 유일한 정학으로, 그 외의 다른
학문 즉 도교, 불교, 서학 등을 사학(邪學)이라고 규정한 것이다.

有倭無韓矣	왜국(倭國)은 있고 한국(韓國)은 없단 말인가?
臘云是正元	섣달을 정월이라 일컫는구나!
兩宮孤悒悒	양궁(왕과 왕비)은 외롭고 쓸쓸하지만
五爵胥欣欣	오작(五爵)들은 기쁨에 잠겨있구나
獨發天涯哭	외로이 천애(天涯)에서 통곡하지만
誰伸國內寃	그 누가 나라 원한 갚을 수 있을쏘냐
華東萬世則	화동(華東) 땅 조선은 천세만대로
行夏仲尼言	음력과 공맹지도(孔孟之道) 실행했다네.[51]

　　의암이 쓴 시 중 이와 같은 사상을 나타내고 있는 시가 많다. 그
시를 열거하면 1910년에 지은 陽曆, 洋敎, 洋人技巧, 洋砲, 洋禍, 신
학교(神學校), 開化 言論[52] 등과 1913년에 지은 민신학(憫新學), 신

---

51) 『毅菴集』, 卷 2, 開國行倭曆 以臘吉爲元朝 爲發痛哭; 『국역 의암집』1, 의암학
　　회, 2007, 203쪽.
52) 『毅菴集』, 卷 2; 『국역 의암집』1, 의암학회, 2002, 188쪽. 文明夢覺昏沈是 平等
　　自由禮讓無 罔極也人罔極世 低看孔孟小唐虞 何斯大小中華國 乃至昏沈禮讓無 鬼
　　唱魔呼乘是夜 須看白日繞東隅 문명 꿈 깨어나니 침침하기 그지없고 자유평등

학교, 여학교[53)]의 작품에서 서양의 제도 및 문물에 대한 거부감을 확연히 느낄 수 있으며 이것이 개방됨으로 인해 유도가 끊어질까 걱정하고 있다. 다음은 의암의 「고심(苦心)」이라는 시이다.

苦心赤血鬼神知	고심하여 흘린 피를 귀신이 알랴?
日望華州痛惋時	화주(華州)를 바라보며 애석해하네
天地五行中正局	천지의 오행이 중정(中正)을 이룬 것은
唐虞三代帝王治	당우삼대(唐虞三代) 제왕들이 다스린 것이라네
北滿陸沉誠莫謂	북만주(北滿洲) 꺼진 땅을 말할 수 없거늘
西洋波沒更何爲	서양 물 밀려드니 어찌 된 노릇인가?
周禮魯存曾不偶	노(魯)땅에 남은 『주례(周禮)』 우연치 않으니
誰將此去後先之	그 누가 이제 가서 『주례』를 이으리오.[54)]

의암이 지은 690여 수의 시 가운데 1905년 을사늑약을 기점으로 시의 내용적 양상이 달라진다. 을사늑약 이전에 쓰인 220여 수 중 대체로 산수(山水), 유람(遊覽), 사교(私交) 등 서정적 풍의 시와 차운(次韻)한 시가 대부분이지만, 이후에 쓰인 470여 수 중 우국, 향수, 유도, 척사와 관련된 시를 의리시로 볼 수 있다. 그의 시는 유가적 충

헛소리에 예의범절 사라졌네! 인간도 망극이고 세상도 망극이라 공맹을 낮게 보고 요순도 옅게 보내 이 같은 크고 작은 중화 땅이 어이하여 이토록 침침하고 예의도 사라졌나 어두운 밤을 타서 잡귀신 짖어대나 동녘에서 바야흐로 아침 해 솟는다네.

53) 『毅菴集』, 卷 3; 『국역 의암집』1, 의암학회, 2002, 299쪽. 最莫成言女學校 中東天地忍斯爲 於男平等爭鳴動 萬物之中復有玆 內則之文列女傳 古時懿範正如何 變遷孰謂至斯境 百愕千驚哭可多 제일 말이 아닌 것은 여자학교라 중국 조선 세상에서 이를 견디랴 남자와 평등이라 쟁명(爭鳴) 하노니 만물 중에 이런 괴이한 일 더 있을쏘냐 내실에서 읽을 글은 『열녀전』이니 옛날의 좋은 전범[懿範] 어떠했던가 이 지경에 변천하라 누가 말했나 천백번 놀랍고 울 일도 많네.

54) 裵亨植, 「毅菴 柳麟錫의 學統과 義兵活動」, 『毅菴 柳麟錫研究論文選集 II』, 2004, 248쪽.

의 이념이라는 도의 표현을 문학의 가치로 삼는 제도적 문학관을 바탕으로 그 도가 실현되지 않은 현실과 끊임없는 투쟁의 과정[55])을 보여주고 있다. 1910년 국권침탈을 기점으로 하여 이전의 시는 우국에 고향 생각을 동반하는 경향이 보이지만 이후의 시는 우국과 향수를 분리해서 쓰이는 경향을 보인다.

유도를 계승하고 지키는 것이 천하를 안정시키는 해답이라고 강조하는데 의암은 공자의 삶 자체를 동경하고 있으며 공자의 도를 추구하고 있다. 외세의 힘으로 나라가 개방되고 서양으로부터 신문물이 밀려오는 상황에서 정학자(正學者)들은 탄식만 하고 있을 수밖에 없었다. 하지만 이런 상황에서도 의암은 의연히 척사 정신을 구현하였고, 이 정신은 결국 유도를 지키는 중요한 수단이었다. 즉, 의암은 우국과 향수의 발로는 충심에서 비롯되었으며 또한 유도와 척사의 실천이 의로 나타난다. 이에 의암의 충의 정신은 충심이고 실천적이며 또한 유가적 대의명분을 철저히 지키는데 그 수단으로 척사를 수용하고 있음을 알 수 있다.[56])

3. 관일약(貫-約) 전개

본 절에서는 관일약의 개념(槪念), 강령(綱領), 조직(組織)을 논하면서 관일약의 전개에 관한 고찰을 하였다. 의암은 당시의 상황을

---

55) 배형식, 「의암 유인석의 학통과 의병활동」, 『의암 유인석연구논문선집 II』, 2004, 248쪽.
56) 송기섭, 「의암 유인석의 시에 나타난 충의 정신 연구」, 『화서학논총』 V, 화서학회, 2012, 237-259쪽.

'나라와 도와 몸과 사람이 피폐한 상황'으로 보았고, 관일약을 그런 전제로 구상하였다. 고종이 강제 퇴위당하고 한일신협약으로 구체화한 국권 침탈로 어려움에 부닥친 상황을 관일약으로 더불어 갱소(更蘇)하고자 한 것이다. 의암은 관일약의 개념을 다음과 같이 말하였다.

> 약(約)은 약속(約束)이다. 마음속에 약속이 있으면 마음
> 이 하나가 되고 중민(衆民)이 하나로 이룰 수 있다. 약
> 속은 통관(通貫)하여 하나로 이루기 위한 수단이다.[57]

즉 관일약은 '중민(衆民)의 마음을 통관하여 하나로 이루는 약속'이다. 이에 덧붙여 의암은 관일약의 개념을 다음과 같이 논하였다.

> 오늘에 있어 중요한 것은 첫째도 관일약이요, 둘째도
> 관일약이다. 약(約)이란 엽전(葉錢)을 꿰는 것과 비슷하
> 다. 비록 만전(萬錢)이 있더라도 흩어져 관제(貫齊)되어
> 있지 않으면 치용(致用)에 어려운 것과 같은 이치이다.
> 약속하여 관일하면 일심(一心)을 얻어 관일하고 중심(重
> 心)을 얻어 관일하고, 일인(一人)을 얻어 관일하고, 십인
> (十人)을 얻어 관일하고 백인천인만인(百人千人萬人)을 얻
> 어 관일하여 일국의 모든 사람이 관일 되지 않은 자가
> 없게 되면 어찌 국권 회복을 할 수 없겠느냐?. 이렇게
> 하면 무한(無限)한 호사(好事)가 있을 것이다. 이것이 관
> 일약을 시행하지 않을 수 없는 이유이다.[58]

57) 『毅菴集』, 下册, 景仁文化社, 1973, 296쪽, 「貫一約 序」約束束也 約束乎心 心可
     致一 約束乎衆 衆可致一 約所以貫以一之也.
58) 『毅菴集』, 下册, 景仁文化社, 1973, 296쪽, 今日 知事 一卽貫一 二卽貫一 約譬之

의암의 관일약에 대한 종합적인 관념이 잘 드러나고 있다. 이는 그의 확고한 의지를 반영했다고 할 수 있으며 관일약을 실시하여야 할 당위적 목적에 관한 신념이라고 할 것이다. 그는 관일약 실시의 목적을 다음과 같이 말하였다.

> 관일약의 일은 국권을 회복하고 화맥(華脈)을 보존하며 인종(人種)을 부활시키는 것을 준적(準的)으로 삼는다. 이 일은 지간지대(至艱至大)한 일이므로 여러 약원은 일심으로 서로 간 돕고, 정신을 취회(聚會) 하며 서로 간 권하여 지혜를 내어 협력할 것이다.[59]

> 국권 상실을 면(免)하느냐, 혹은 면(免)하지 못하느냐는 인심(人心)이 하나로 되느냐 못되냐, 관일약을 성공하느냐 실패하느냐에 달린 것은 명확하다.[60]

의암의 관일약에 관한 의지가 드러나는 말이다. '여러 약원은 일심으로 서로 간 돕고, 정신을 취회하며 서로 간 권하여 지혜를 내어 협력하리라는 것'과 '국권 상실을 면하느냐, 혹은 면하지 못하느냐 하는 것은 인심이 하나로 되느냐 못되냐'라는 것이라고 한 것에서 관일약 실시의 당위성을 보여준다.

貫錢 雖有萬錢 散而不貫齊數 致用 難疑 約而貫之得乎爲心而旣一之 約而貫之 得乎衆心而 又一之 得一人卽貫之 得百人千人 萬人而貫之 以致一國之人 無不貫乎一者 果此矣則 何有乎免禍 過此而 亦有無限好事矣 約之爲不得爲也.

59) 『毅菴集』, 下冊, 145쪽, 景仁文化社, 1973, 145쪽, 約事 以復國權 保華脈 活人種 爲準的 事至艱至大 衆約員 一心胥勖 聚精會神 勤相爲謨 假相 協力.

60) 『毅菴集』, 下冊, 景仁文化社, 1973, 142쪽, 「貫一約 約束」(23항), 禍之免不免 材乎人心之一不一 約之成不成則 昭然矣.

1) 관일약의 목적과 구성

관일약의 첫 모임 구성원은 1909년 7월 1일에 9명으로 시작했다. 이때의 참석자는 류인석·박양석(朴陽燮)·박치익·우병렬·이남기·이종하(李鍾夏)·최우익(崔于翼)·차재정(車載貞)·김난송(金晩松) 등이 『관일약약원록』에 나타난다. 이들은 이미 이보다 보름 앞선 시기부터 사전 논의를 거쳤다.[61] 의암은 일찍부터 향약을 전국적으로 조직하면 그것을 통하여 국론을 모을 수 있고, 외세에 저항할 수 있다고 믿었기 때문에[62] 관일약을 향약 형태로 조직했다.

최고 지도자인 약장(約長)은 비워 두었고, 별유사(別有司)는 의암, 장의(掌議)는 이남기, 장무(掌務)는 이종하, 사규(四規)는 우병렬, 사적(司籍)은 박치익, 사화(司貨)는 박양섭·김만송, 찬무(贊務)는 최우익, 직월(直月)은 차재정으로 첫 모임에 들어온 모든 참여자가 임원을 맡았다. 임원 규정은 최고 지도자인 약장이 별유사와 함께 조직을 이끌도록 규정했다. 원래 별유사는 숫자에 제한을 두지 않아 여러 곳에서 조직을 관리할 수 있도록 하였고, 약장도 전국적인 조직이 갖춘 뒤에는 도마다 두고, 이를 총괄하는 도약장(都約長)을 둘 예정이었다. 장의는 관일약의 논의를 주도하며 약장의 재가를 얻어 임원을 추천할 수 있었는데, 두 사람을 선정하여 결원에 대비하게 했다. 물러설 때도 자신의 후임자를 천거하도록 하여 조직 운영의 일관성을

---

61) 『毅菴集』, 卷17 書, 「與朴景明禹仲悅李相禹」(1909.6.15.)
62) 『毅菴集』 卷6 書, 「與崔勉庵」(1909.1.26.); 『毅菴集』 卷 25 書, 「答潛陽齋諸友」(1906.4.5.) 1904년－19005년 무렵 의암은 최익현을 의병 지도자, 또는 전국 향약조직을 이끄는 지도자로 내세워 국면을 바꾸어 보려 한 일이 있었고, 일진회(一進會)가 기승을 부리자 제천향약 등으로 대응하여 나름대로 성과를 보았다고 확신하고 있었다.

유지할 수 있도록 하였다. 관일약의 핵심적 직임이었던 셈이다. 장무는 사무 능력이 뛰어난 이를 선정하여 사무를 맡기되 두 사람을 정하여 결원에 대비하도록 했다. 사규는 두 사람을 뽑아 한 사람은 찰법(察法), 또는 사정(司正)이라 하여 법을 담당하도록 하고, 나머지 한 사람은 집례(執禮)라고 하여 예의(禮儀)를 주관하게 하였다. 찬의(贊議)와 찬무는 일을 원만하게 이뤄나가기 위해 두었는데 정원이 없고 회의에 참석할 형편이 못 되는 이들까지 맡을 수 있었으니 외방으로 조직을 확대하기 위하여 둔 직책으로 보인다. 간무(幹務)는 두 사람을 두어 실질적인 일을 집행하도록 하였고, 직월은 달마다 교체되는 기록 담당자이며, 사적은 관일약에 관련한 문서를 담당하고, 사화는 재물을 관리하도록 하였다.[63] 그러나 규정처럼 모든 직임을 갖추거나 정원을 채운 것은 아니고 상황에 따라 적절하게 탄력적으로 운영했다고 할 수 있다.

국권 침탈기에 연해주의 상황도 이롭지 않았다. 1908년 여름 한때 국내 진공을 통해 기세를 올렸던 연해주 의병은 일본의 외교적인 압력에 따른 러시아 정부의 단속으로 침체기에 들어갔고, 러시아는 연해주에 거주하는 한인들에게 징병령까지 내렸다.[64] 이로써 한때 들떴던 교민 사회의 분위기는 싸늘하게 가라앉았다. 이런 가운데 연해주의 한인 사회에 영향력을 행사하며 의병 노선을 이끌던 최재형(崔才亨)과 이범윤(李範允) 두 지도자 사이의 갈등이 극에 이르렀고, 결국 최재형은 연해주에서 교육·언론 활동을 추진하던 최봉준(崔鳳

---

63) 『毅菴集』, 卷36 雜著, 「貫一約約束」, 「貫一約節目」. 여기에 제시한 임원의 정원은 『관일약임원록』의 첫머리에 수록된 규정과 약간 다르다.
64) 『暴徒에 관한 編册』, 「慶警秘 제1호(1909.1.5.)」, 국사편찬위원회 편, 『한국독립운동사자료』13, 182쪽), 『폭도에 관한 편책』, 「慶警秘 제88호(1909.6.15.)」, 『한국독립운동사자료』14, 689쪽.

俊)·김학만(金學萬)·차석보(車錫甫) 등의 뒤를 이어 반대한다는 의
견을 신문에 공지했다.[65] 이는 최재형이 의병 노선에서 사실상 이탈
한 것을 뜻한다. 일제마저 최재형과 이범윤이 연대할 가능성이 없다
고 볼 정도였다.[66] 이런 암울한 상황에서 연해주의 한인 사회에서는
분열한 한인 세력의 결집을 촉구하는 분위기가 형성되었다.[67] 관일
약 문건 속에 나오는 우병렬(禹炳烈)의 서문에서도 '일심단체(一心團
體)'를 만들고자 하던 당시의 광범한 분위기를 지적하고 있다.

> 근래 일을 의논하는 이들이 꾀하지 않아도 하나같이 말
> 하는 것이 '일심단체'라는 네 글자, 즉 한마음으로 뭉치
> 자는 것입니다. 아비가 그 자식을 가르치고, 형이 그 아
> 우에게 권하고, 스승이 그 제자를 이끌어주고, 벗이 그
> 의 벗에게 알려주니, 선비가 일심단체라 하고, 농사꾼
> 도 일심단체라고 하고, 대장장이도 일심단체라고 하고,
> 장사치도 일심단체라고 하니 일심단체의 논의가 이처
> 럼 유행합니다.[68]

관일약은 이처럼 한인들이 세력 결집을 위한 데에서 출발했다.
의암이 구상한 관일약도 예외가 아니다. 그는 세력 결집이 필요한 시
대적 당위성을 자신의 철학을 담아 정리했다. 「관일약서」의 첫머리는

---

65) 『대동공보』 17호(1909년 1월 17일), 「광고」; 반병률, 「노령 연해주 한인 사회와
    한인 민족운동(1905–1911)」, 『한국 근현대사연구』 7, 1997, 83쪽.
66) 『暴徒에 관한 編册』, 「회비경송 제706호(1908.11.22.)」(『한국독립운동사자료』
    12, 498쪽.
67) 유한철, 「십삼도의군의 설립과정과 조직상의 성격」, 『한국독립운동사연구』 10,
    1996, 10–13쪽. 여기서는 『대동공보』를 통하여 1910년 초 이래 민족 대동단결
    에 관한 논의를 확인했다.
68) 우병렬, 「(관일약) 又序」(1907.7.1.)

의암의 시대 인식을 보여준다.

> 지금 섬나라 오랑캐의 재앙이 '나라'가 망하고 '도'가
> 없어지고 '몸'이 보전되지 못하고 '사람'이 모두 멸망하
> 는 극한 상황에 이르렀습니다. 그래서 이 약(約)을 만든
> 것이다.[69]

의암은 개항 이래 밀려든 변화 속에 사회 제도가 뒤바뀌는 것을
하늘이 내려준 질서로서 나라와 가정과 사람이 모두 제구실하도록
하는 도가 망해가는 상황으로 여겼고, 변복령과 단발령을 거치면서
이뤄진 급진적 조치를 부모가 물려주고 자손으로 이어질 몸을 보존
할 수 없는 상황으로 인식했다. 문제는 '사람'이다. 의암은 사람이 멸
망하는 상황을 다음과 같이 설명했다.

> 사람이란 어떠한 것인가? 사람은 모두 이 몸을 몸으로
> 삼아서 함께 귀하고 부모와 천지를 함께해서 동포가 되
> 며 한 나라에서 함께 살고 임금과 부모를 함께 모시고
> 예의의 풍속을 함께 하고 덕업을 함께 권유하고 소리와
> 기운을 같이 하고 호오(好惡)를 같이 하고 환란을 같이
> 하는 사람이다.[70]

---

69) 『毅菴集』, 卷 42 序, 「貫一約序」(己酉年 7月 1日(1909)), 景仁文化社, 1973, 295
   쪽; 『국역 의암집』, 제천문화원, 2009, 162쪽. 人皆身是身而爲同貴, 共父母天地
   而爲同胞, 同居一國, 同戴君父, 同俗禮義, 同勸德業, 而同聲同氣, 同好惡同患難
   之人, 人如是.
70) 『毅菴集』, 卷 42 序, 「貫一約序」(己酉年 7月 1日(1909)), 景仁文化社, 1973, 295
   쪽; 『국역 의암집』, 인, 제천문화원, 2009, 162쪽. 今島夷之禍, 抵極于國亡而道
   蔑, 身不保而人盡滅, 故爲是約

이처럼 의암은 사람에 대해 몸을 잘 지켜서 동포가 될 수 있는 존재로 보았다. 먼저 자신의 몸을 잘 건사하여야 후의 일을 도모할 수 있고 나아가 사회적 가치를 함께하며 함께 살아가는 공동체를 이룰 수 있는 것이다. 공동체의 구성원이 건강하여야 건강한 공동체가 형성된다는 것을 의암은 잘 알고 있었다.

[표 2] 貫一約 첫 모임 構成員[71]

직임	이름(나이)	출신(도)	경력	「의안」
約長	(공석)			
別有司	류인석(68)	춘천	호좌의병대장(1896)	○
掌議	이남기(51)	경성(함)	경성의병장(1907)	○
掌務	이종하(48)	길주(함)	문인(연해주)	○
司規	우병렬(54)	평산(황)	평산의진 중군장(1907)	○
司規	박치익(55)	선천(평)	『화동강목』간행을 주관, 문인	○
司貨 1	박양섭(56)	평산(황)	평산의진 참모(1907)	○
司貨 2	김만송(30)	명천(함)	문인	○
贊務	최우익(38)	길주(함)	경성의병 종군(1907)	○
直月	차재정(45)	숙천(평)	문인	○

---

71) 「義案」은 『義員案』에 입록된 경우이고, '문인'은 류인석의 문인임, 구완회, 「연해주 시기 유인석의 의병 노선과 '貫一約'」『大丘史學』, 第126 輯, 2017, 24쪽 참조.

『관일약약원록』에 의하면 9월 9일 큰 모임에는 19명이 관일약에 들어왔다. 다음은 그들의 출신 지역이나 「의안」 참여 여부를 정리한 것이다.

[표 3] 貫一約 1차 큰 모임 加入 名單[72]

직임	이름(나이)	출신(도)	경력	「의안」
掌議	이용덕(64)	길주(함)		○
贊議	김병한(58)	안주(평)		
贊議	김병진(45)	명천(함)	경성의병 종군, 문인	○
幹務	우문선(40)	평산(황)	문인	○
贊務	김종협(36)	명천(함)		○
幹務	박영실(35)	태천(평)		○
〃	박병강(43)	박천(평)	모친의 뜻을 받아 망명	
直月	박승연(29)	박천(평)	의병 창의, 문인	○
〃	백경환(28)	덕천(평)	부친의 명으로 망명, 개간	
〃	김두운(24)	영변(평)	조부의 명으로 망명, 문인, 개간	○
〃	성시원(21)	평산(황)	의병 종군	
〃	강철묵(21)	영변(평)	운현 개간에 참여	○
〃	김동려(21)	영변(평)	부친 명으로 망명, 문인	○
〃	변완규(21)	배천(황)	의병 종군	
〃	이철수	길주(함))		
〃	강기복(19)	영변(평)	문인, 개간	○
〃	변승수	평산(황))		
〃	강진국(33)	안주(평)	문인, 개간	
〃	김기수(26)	덕천(평)		

72) '직임'은 『貫一約任員錄』의 1909년 9월 9일 기록을 따른 것이고, 「義案」은 『義員案』에 입록된 경우, '개간'은 운현에서 농장 개척에 참여했던 이들을 각각 의

1909년 9월 9일에 입약한 19명도 평안도·함경도·황해도 출신으로서 연해주에서 의암과 고유하던 이들이 대부분이었다. 처음보다 스무 살 전후의 젊은이들이 많이 가입했다.『관일약임원록』에 따르면 이때 가입하면서 직임을 맡은 이들이 많았다. 장의를 이용덕이 맡고, 찬의는 김병한과 김병진, 찬무는 김종협, 직월은 박승연, 간무는 우문선과 박여일이 맡았는데 모두 신입 회원이었다. 장무 이종하, 사적 박치익은 연임했고, 사규에는 기종의 우병렬 외에 박양섭을 새로 선임하였다. 춘추로 열리는 큰 모임 때 임원을 선임하였다는 것을 대략 짐작할 수 있다. 현재 남아 있는 임원록은 1909년 7월 1일, 9월 9일, 11월 4일, 1910년 3월 3일과 1911년 9월 9일, 1912년 3월 3일)의 6회분인데, 5회분이 큰 모임 때 기록이고, 작은 모임이 있었던 1909년 11월 4일 기록에는 찬무에 배추규(裵樞奎)만을 선임한 것으로 보인다.

[표 4] 『貫一約任員錄』의 任員[73)]

	1909.7.1	1909.9.9	1909.11.4	1910.3.3	1911.9.9	1912.3.3
別有司	류인석					
掌議	이남규	이용덕		박치익	김재수	
掌務	이종하					박치익
司規	우병렬 (司正)	박양섭 (執禮)				안병환 (司正)
司貨	김양섭 김만송			차재정		박문선

미한다.

73) 구완회, 「연해주 시기 유인석의 의병 노선과 '貫一約'」『大丘史學』, 第126 輯, 2017, 27쪽 참조.

贊議		김병한 김병진		이환유		박원상
贊務	최우익	김종협	배추규	신종석 최문근 황병교 최병규		
直月	차재성	박승연		백경환	김성룡	
幹務		우문선 박영실				이석기
司籍	박치익			김두운		

관일약의 임원들은 모임 때마다 선임하였던 것처럼 보인다. 그리고 『관일약임원록』은 독약(讀約) 모임이 있을 때 새로 임원에 선임된 이를 중심으로 작성하였다. 별유사에 관한 기록이 1909년 7월 1일조에 나오는 의암 외에 보이지 않는 것은 의암이 계속 그 직임을 맡았기 때문이고, 1911년 가을의 큰 모임에 두 사람의 직임자만 보인다고 하여 다른 직임자가 없었던 것은 아니다. 새로운 인물이 특정한 직임을 맡았다 하여 전임자가 교체되었다고 할 수 없다. 장의·장무·사규·간무 등 여러 직임에 두 사람을 선임하도록 규정해 두었기 때문이다. 특히 정원에 제한을 두지 않았던 찬의·찬무에 새로운 인물이 선임했다고 하여 기존의 인물을 교체했을 가능성은 적다. 관일약을 궤도에 올려놓으려면 국내 인사들의 참여가 필요했다. 의암은 먼저 가까운 북도(北道)의 인사들에게 손을 내밀었는데 다음과 같이 말하였다.

> 지금 이 속에 모여든 이들은 모두 한마음으로 단합하였
> 습니다. 그리고 국내의 여러 도에는 제가 상관했던 이

들이 많고 기맥이 서로 통하고 도모함이 서로 미치니
역시 모두가 호응할 만한 형세입니다. … 약속의 성공
은 틀림없이 북도의 군자들로부터 비롯할 것이라 믿습
니다. … 생각건대, 여러분께서 약속(관일약)의 일을 주
선해 주시고 일제히 약속의 자리에 참석하여 방략을 다
해주시면 성공을 거두기 쉬울 터이니 용감히 몸을 빼
빨리 이곳으로 와 주시기를 바랍니다. … 혹 만일의 사
고가 있어 몸소 참석하실 수 없으시면 멀리서라도 호응
해 주시고 또 알고 계신 분에게 널리 연락하셔서 깊이
규합(糾合)해 주시고 거사할 날을 기다려 주십시오. 다
만 널리 연락하시되 극히 조심하시고, 아무리 아는 사
이라 해도 특히 신중하고 비밀스럽게 해주십시오.[74]

10월 이후에는 국내 인사들에게 관일약 참여를 권하는 활동을
활발히 전개했다. 경성(鏡城)의 이희석(李羲錫), 회령의 정갑묵(鄭甲
黙) 등 북도의 명망 있는 인사들에게 관일약 참여를 요청했다.[75] 임
병찬·변석현·정형교·김영근·윤정학 등에게도 관일약을 호소했다.[76] 아
울러 통고문을 통해 연해주 거주민에게 관일약을 호소했다.[77] 그러
나 성과는 기대에 미치지 못했다. 처음 은밀하게 추진하던 가입 운동

74) 『毅菴集』, 卷25, 書, 景仁文化社, 1973, 577쪽.「通告 北道 士林 書」(1909.9.19.)
今會此地者, 方皆一心團合, 而一國諸道, 擧多麟錫所相關, 聲氣之爲相通, 謀爲之
爲相及, 亦卽皆有相應之勢…約事之有成, 必自北路君子, 而北路君子之所痛所事…
第念僉尊大人周旋約事, 必齊莅約, 可盡方略, 易致有成, 乞望勇拔身而亟臨此地…
如或有萬一之故, 不得拔身以臨, 遙賜相應, 而亦多及所知, 深致糾合, 以待擧事之
有日, 雖必多及, 極宜愼密
75) 『毅菴集』, 卷12, 書,「興李注書)」(1910.10.16.);『毅菴集』, 卷18, 書,「興鄭元之」
(1909.10.16.)
76) 『毅菴集』, 卷10, 書, 『興邊德一鄭淵玉』(1909.10.25.);『毅菴集』, 卷13, 書,「興林
樂安」(1909.10.25.);『毅菴集』, 卷15, 書, 『興金友三』(1909.10.25.)
77) 『毅菴集』, 卷37, 雜著,「通告)」(1909.11.3.)

을 결국은 공개적으로 모집하는 방안을 말할 정도로 적극적으로 추
진했지만,[78] 이듬해 봄이 올 때까지 추가로 들어온 이는 채 열 명도
되지 않았다.[79] 지역적 기반도 연해주에 망명 중인 서북 출신의 인사
들을 거의 넘어서지 못하였다.[80] 개별 의병 부대의 성급한 군사 작전
을 반대하는 의암의 입장은 관일약에 가입한 의병 지도자들에게조차
제대로 먹혀들지 않았다.[81]

관일약이 다소 호응을 얻지 못한 것은 의암의 명망이나 관서 지
역에서의 강학 경력, 강제 병합을 반대하는 성명회 등을 고려할 때
실망스러울 수 있다. 결국, 이것은 의암의 실질적 영향력이 연해주의
일부 세력을 크게 넘어서지 못한 실상을 보여준다. 실제로 당시 연해
주에는 일찌감치 정착하여 러시아의 국적을 얻고 부를 축적하며 한
인 사회를 이끌던 이들이 많았고, 그들은 최재형의 예에서 보듯이 러

---

78) 『毅菴集』, 卷19, 書, 「興李于天)」(1909.12.9.)
79) 9월 16일에 2명, 10월 13일과 15일에 1명씩 들어오고, 11월 14일, 12월 9일에
2명씩 가입하였다. 12월 26일에 7명이 약원이 되었고, 이듬해 1월 29일에 3명,
2월 18일에 1명이 들어왔다. 3월 3일의 큰 모임 때 16명이 입약하였다. 강제 병
합 뒤로는 1년간 1명밖에 입약하지 않는 등 지지부진하다가 1911년 가을 이후
단속적으로 1913년 4월에 이르기까지 42명이 입록하였고, 8~9개월간 비었다가
1914년 1월 문승도가 최후의 입록자로 확인된다.
80) 거주지를 알 수 없는 4명을 제외하고 15명이 서울 이하 남쪽 출신이고 나머지
102명이 모두 서북 출신이었다. 이남기가 활약하던 경성 의병의 근거지(길주
18, 명천 10, 경성 10, 단천 7, 성진 5, 홍원 1명), 한 · 러 접경 지역인 함북(경
흥 5, 회령 4, 경원 3, 온성 1, 무산 1명), 우병렬 · 이진룡 등이 활약한 평산 지
역 부근(평산 5, 배천 1, 용강 1명), 평안도 일대(영변 5, 박천 4, 정주 4, 안주
3, 덕천 2, 개천 1, 가산 1, 태천 1, 숙천 1, 선천 1명), 그밖에 백두산 남쪽 자락
(삼수 1, 갑산 1명), 함경도 남부(덕원 1, 북청 1명), 남쪽으로는 경주 7, 밀양
2, 합천 1, 장단, 1, 서울 1, 김포 1, 제천 1, 춘천 1, 충주 1, 안동 1, 미상이 4명
이다.
81) 『毅菴集』, 卷13, 書, 「答李汝玉李公厚)」(1909.2.2.);『毅菴集』卷14, 書, 「興崔宋
五秉奎)」(1910.4.24.). 이 편지에서 의암은 관일약을 함께하고, 의병(또는 의안)
을 함께하는 처지[同約同義]임을 언급하면서 그들의 출병을 반대했다.

시아 당국의 영향을 받아 의병 노선에서 멀어지고 있었다. 한때 연해주를 항일운동의 기지로 여기고 미주(美州)의 한인들까지 달려왔는데 그들 중 일부는 공화주의적인 질서를 지향했다.[82] 따라서 연해주에 거주하던 이주민들에게 관일약이 내세우는 나라와 도와 몸과 인간에 관한 규정, 중화주의적 세계 인식은 받아들여지기가 어려웠다. 또한, 이 점은 연해주에서 전개된 지역 갈등과 깊은 관련이 있었는데 이상설이 이승희에게 보낸 편지에 다음과 같이 썼다.

> 이등(伊藤)을 죽인 사람은 안중근입니다 … 해항(海港: 연해주의 블라디보스톡)에서 모은 의연금(義捐金)은 1만 원쯤인데, 최봉준(崔鳳俊)·차석보(車錫甫)가 각각 1천여 원씩 냈다고 하니 참으로 쾌거라 하겠습니다. 그러나 한번 이 일이 갑자기 촉발되면서 평당(平黨) 세력이 따라 커져서 가만히 남인(南人)을 막 잡아 삼킬 듯한 기세를 갖게 되었습니다. … 또 그뿐만이 아니라 저들이 날로 남인(南人)의 틈을 엿보아 욕설과 모함이 어디도 이르지 않는 곳이 없습니다. 아마도 우리 남인을 전부 때려잡아 한 사람도 남겨두지 않을 것 같습니다. 또 저들이 학생을 선동하니 그 음모가 자못 악랄합니다 … 의암 어른은 올겨울 안으로 한번 일으켜 보려는 것 같습니다. 의병은 지금 시작 단계인데, 지금 그 속내를 들여다보면 의병들이 요란스러우나 왜놈을 죽이려는 것이 아니고 부자를 위협하여 재물을 얻으려는 것입니다. 평당이 의병을 부추겨서 급히 일어나도록 하는 것은 의병이 사업을 이루기를 바라는 것이 아니라, 빨리 일본군에게 죽임을 당하기를 바라는 것이며 그들 물가 사업을

---

82) 潘炳律, 「러시아 당국과 韓人民族運動」, 『아시아문화』 13, 한림대학교 아시아연구소, 1997, 113쪽.

확장하는 데 장애가 없어지기를 바라는 것입니다. 덧없
는 세상에 괴상한 음모가 이 같으니 한심스럽고 기가
막힙니다.[83]

1909년 말에 작성한 것으로 보이는 이 편지는 두 가지 사실을
알려준다. 하나는 연해주 사회에 '평당'으로 표현된 평안도 출신 인사
들과 '남인'으로 표현된 기호인(畿湖人) 사이의 갈등이 격렬하게 나타
났고, 경제적 조건이 연해주 한인 사회에 큰 영향을 미치고 있었던
점이다. 평당의 대표자로 거론된 최봉준·차석보 등은 연해주에서 사
업가로 성공하고 계몽운동을 대표하던 이들이었고, 그들이 거금을 출
연(出捐)하면서 연해주 한인 사회에서의 분위기를 출렁거리게 하였
다는 점에서 그러하다. 다른 하나는 의암의 의병 계획을 세우고 있지
만, 의병은 재물을 얻으려는 것이며 평당이 의병을 부추기기도 하지
만 그 속내는 경쟁 관계인 의병 세력이 제거되기를 기대했다는 평가
가 있었다는 점이다.[84] 의암의 예상과 달리 안중근 의거 뒤에 연해주

---

83) 이상설, 「홍강제이승희서」(윤병석, 『(增補)李相卨傳』, 一潮閣, 1998, 202쪽에서
재인용); 『毅菴集』, 卷 23, 書, 「興崔宋五秉奎」(1910.4.24.) 毅菴이 봉기를 준비
한다는 부분과 당시의 의병이 재물에만 관심이 있다고 평가한 부분은 가리키는
대상이 다르다고 보고 다시 번역했다. 실질적 효과도 거두지 못하면서 의병이
재물을 거두는 데 그친다는 비판은 毅菴의 생각이기도 했다. 『毅菴集』, 卷 23,
書, 「答金中和晩松」(1910.2.3.);
84) 인용문에 나타나는 '평당'을 서북인이 압도적이었던 의암 추종 세력으로 이해한
견해도 있다. (유한철, 「십삼도의군의 설립과정과 조직상의 성격」, 『한국독립운
동사연구』 1996, 10쪽. 10쪽), 연해주 한인 사회의 주도권을 둘러싸고 벌어졌던
갈등 속에서 나타나는 평안도 세력을 가리키는 용어로 보는 것이 옳은 것이다.
1910년을 전후한 시기 연해주 사회에서 전개된 내적 갈등에 관하여는 반병률,
「노령 연해주 한인 사회와 한인 민족운동(1905-1911)」, 『한국 근현대사연구』
25, 2003, 249-250쪽.; 박걸순, 「연해주 한인 사회의 갈등과 정순만의 피살」,
『한국독립운동사연구』 34, 2009, 258-262쪽이다.

에서는 계몽운동 노선이 오히려 세를 불리는 형편이었던 셈이다.

의암은 조직 내부의 반발에 직면하기도 했다. 운동 노선이 다른 이들까지도 포괄하며 통합 의진을 구상하던 의암에게 그것은 피치 못한 일이었다. 척사적 노선을 고수하지 못한다는 비판이 그것이었다. 관일약을 처음부터 함께했던 우병렬은 젊은 동료들에게 '선생은 정성을 다하시지만, 정(正)과 사(邪)를 혼동하는 부분이 있다'라고 비판하였다.[85] 의병 지도자인 상징인 의암이 다른 모양을 한 사람들과 함께하는 것을 지적한 것이다. 이에 관하여 의암은 '너무 절박하여 어쩔 수 없기 때문이다. 마음으로는 참으로 위정척사의 의리를 지키고, 그 방법을 모색하지만, 겉으로는 위정척사를 힘껏 주장한다는 것을 보여 줄 수 없으니 슬프다'라고 해명하면서 다음의 지침을 제시했다.

> 지금 이 처지를 당해 만약 형세가 바름을 지키고[守正] 감싸고 허용(包荒)함이 마땅하다면, 바름을 지키는 거소 그만둘 수 없고 포황도 그만둘 수 없다. 그러나 바름을 지키기에는 돈독히 하기가 어렵고 포황은 지나쳐 버리기가 쉬우니, 돈독히 하기의 어려움에 더욱 힘쓰지 않을 수 없고, 지나쳐 버리기 쉬운 것에 더욱 경계하지 않을 수 없다.[86]

---

85) 『毅菴集』, 卷40, 雜著, 「書示禹史山(」1910.12); 『毅菴集』, 卷55 附錄 「연보」, 『毅菴集』, 卷55 「附錄」, 경술년 5월 15일, '始擬可爲都摠裁之人'조. 壬子年 4月. 그러나 禹炳烈의 이탈을 毅菴과 다른 근본주의적인 노선을 가졌기 때문이라고만 볼 수는 없다. 단발한 韓圭卨을 十三道義軍 都總裁로 추대한 이가 禹炳烈이기 때문이다.

86) 『毅菴集』, 卷40 雜著, 「書示禹史山」(1910.12) 下冊, 景仁文化社, 1973, 244-245쪽; 『국역 의암집』, 의암학회, 2009, 181쪽. 日今當此地, 若勢宜守正包荒, 守正不可已, 包荒不得已, 然守正難篤, 包荒易過, 難篤不可不加勉, 易過不可不加警, 將以

이처럼 의암은 연해주 활동에서 자신의 정도를 지키려는 노력과 현실적인 포용을 그만둘 수 없는 상황이었다고 판단했다. 굳이 나눠 보자면 「의안」을 작성하며 계몽론자들까지 끌어들였던 것은 부득이 한 현실적인 타협이었고, 「관일약」은 정도를 지키려는 노력이었다. 이 시기에 그는 '의무(義務)와 관일약을 함께한 동지들[同意同約]'에 게 자신의 고집을 내세우지 말아야 하나가 될 수 있고, 일을 이룰 수 있다고 거듭 강조했다.[87] 뚜렷한 사상적 지향과 주체세력을 내세우 는 관일약을 이끌면서 다른 한편으로는 대동단결을 주장해야만 했던 것이 당시 의암의 입장이었다. 관일약이 가지고 있던 빈약한 재정적 기반도 문제였다. 재정을 담당하는 사화라는 직임을 두었지만, 사업 을 진행하는데 필요한 재원을 어떻게 마련할 것인가에 관한 아무런 규정이 없었다. '재물 마련은 그 방법이 어렵고, 재물을 절도 있게 사 용하는 것이 어렵다'라고만 했을 뿐이다.[88] 일반적으로 재정적인 기 반을 확충하는 일에 별다른 관심을 기울이지 않았던 점은 확실하 다.[89] 결국, 관일약은 의례(儀禮)에 치중한 관념적인 운동에 그칠 가 능성을 처음부터 내포하고 있었던 셈이다.

2) 관일약의 추진과정과 「의안(議案)」

의암이 관일약을 추진하는 9월에 두 가지 중요한 사건이 있었다. 하나는 의암이 이상설(李相卨)과 연계를 하기 시작한 것이다.[90] 이상 설은 1907년 헤이그 이후 영국·미국·프랑스·독일·러시아 등을 차

是自勵勵少輩也,
87) 『毅菴集』, 卷2 詩, 「奉示同約同義」·「又示同約同義」
88) 『毅菴集』, 卷36 雜著, 「貫一約節目」·'司貨掌財用'조.
89) 『堤川鄕約立議』(1905.2); 『堤川西面鄕約稧冊』(1905.2.)
90) 『毅菴集』, 下册, 「年譜」, 景仁文化社, 1973, 701쪽.

례로 방문하여 외교활동을 하였고 블라디보스토크에 건너간 후 연해주 지역 국권 회복 운동계에서 지도적인 인물로 활동하고 있었다.[91] 이상설은 의병에 관해서도 고무적으로 평가하고 있었다. 이상설과의 조우는 의암이 그간의 침체에서 벗어나 관일약의 조직 활성에 나서는 계기가 되었을 것이다.[92] 다른 하나는 이 시기에 안중근(安重根)의 이등박문(伊藤博文) 처단의거(處斷義擧)가 있었다. 의암은 안중근의 이등박문 처단 소식을 듣고 '만고의협지수(萬古義俠之首)'라고 하며 크게 기뻐하였다.[93] 이 같은 안중근의 쾌거 역시 의암이 활동을 재개하는 계기가 되었다. 이 시기는 의암이 그동안 구상한 근거지론을 바탕으로 추진하는 첫 단계였다.

　　의암은 관일약을 구상하고 추진하기 위해 몇 차례에 걸쳐서 권유 서한을 발송하였다. 하나는 1909년 10월 31일(음력: 9월 18일) 서북지역에 보낸 서신이고[94], 하나는 1909년 12월 15일(음력: 11월 3일) 전 국민을 대상으로 보낸 서신이고, 하나는 1909년 3월 29일(음력: 2월 19일) 간도 지역 한인에게 보낸 서신이다. 의암은 관일약을 추진하기 위해 1909년 11월 1일에 「통고북도사림서」를 북도 지방으로 보내고 관일약의 추진을 촉구하였다. 당시 의암의 양자 유재성과 김만송이 파견되었다.[95] 의암이 다른 지역보다 우선하여 북도 지역에 관일약 촉구 서신을 보낸 것은 북도에 의암의 문인이 많았던 것 외에 몇 가지 이유가 있었다.[96] 이에 대해 의암은 다음과 같이 말하

---

91) 尹炳奭, 『李相卨傳』, 일조각, 1984, 99 – 126쪽.
92) 尹炳奭, 『李相卨傳』, 99 – 126쪽, 일조각, 1984. 安應七殺伊藤賊後 倭送侯爵於海港 偵探 先生 所在 李相卨 勤戒心 先生 議 二三老成然候 暫移處李鍾攝家
93) 『毅菴集』, 下冊, 「年譜」, 景仁文化社, 1973, 701쪽.
94) 『毅菴集』 下策, 「年譜」, 1973, 701쪽. 의암은 李宗夏, 李宗攝의 주선으로(1909년 8월) 孟嶺에 있었다.
95) 『毅菴集』, 下冊, 「年譜」, 景仁文化社, 1973, 702쪽.

였다. 첫째, 북도는 러시아와 지리적으로 인접해 있어 상응하기 좋은 지리적 여건을 갖추었다. 둘째, 평북지역에 일을 추진할 인재가 많다. 셋째, 북부 지역에서 관일약의 주선에 나설 때 일이 쉽게 성공할 수 있다.[97] 의암은 1909년 12월 15일 통고를 발송하는데 이는 특정 지역에 국한한 것이 아니라 전 국민을 촉구한 것인데 그 내용은 다음과 같다.

> 천지의 사이에서 태어난 것을 동포라 하고 서해(四海)의 안에서 태어난 것을 형제라고 이릅니다. 하물며 일국에 함께 거주하고 군부를 함께 모시며 의상(衣裳)으로 함께 무리를 짓고 예의를 함께 계승하였는데 어찌 다만 동포·형제라고 말만 하겠습니까? 또 하물며 나라가 망함을 함께 맞이하고 유리(流離)되어 함께 곤란하였는데 그 서로 슬퍼하고 불쌍히 여기고 서로 응하고 서로 구하는 심정은 어떠하겠습니까? 몸을 하나의 몸으로 마음을 하나의 마음으로 해야 옳을 것입니다. 서로 응하고 서로 구함은 도에 있어서 마땅하고 한 몸과 한마음은 일에 있어서 마땅합니다. 인석은 헤어지지 않고 외람되게 조약 하나를 만들어서 관일약이라고 하였습니다.[98]

---

96) 『韓國獨立運動史資料集－義兵篇』, 「義庵門下同門錄」, 韓國精神文化硏究院(朴成壽, 孫承喆編), 1993.
97) 『毅菴集』, 卷25, 書, 上冊, 「通告北道士林書」, 己酉 9월 18일(1909), 景仁文化社, 1973, 593쪽. 乃說得一約 明日 貫一約 蓋將愛國愛道愛身愛人爲心 貫以一之… 惟北道忠義方尙爲有自信屬望 而又地不相遠 勢易相應則 必有道內僉尊大人之廣度確見 不而人之無可興 而乃以事之不可已 樂爲之 傾意周施 約事之有性 必子北路君子 而北路君子之所痛所事 非有他比 於比果見其信然也 第念 僉尊大人 周施約事 必濟㐌約 可盡方略 易致有成.
98) 『毅菴集』, 卷37, 雜著, 下冊, 景仁文化社, 1973, 168쪽; 『국역 의암집』5, 의암학회, 2009, 31쪽. 「通告」 己酉 11월 3일(1909), 生於天地之間 謂之同胞 在於四海之內 謂之兄弟 況同居一國 同戴君父 同族 衣裳 同俗禮義 奚啻曰同胞兄弟 又況

의암은 간도 지방 한인들에게도 「근통고청령지우거첨존집사(謹通告淸領地寓居僉尊執事)」(1910년 2월 19일)를 발송하며 관일약의 추진을 촉구하였다. 이 서신은 의암의 문인인 이남기가 보관하여 1910년 4월 16일(양) 연길의 김정규에게 전달하였다.[99] 주요 부분을 보면 다음과 같다.

> 오호라. 저는 우리 땅에 살지 못하여 이역(異域)에서 유우표박(流寓漂泊)하고 있으니 생각하면 안타깝고 말하고자 하면 통곡만 나옵니다 … 바야흐로 의안(義案)을 설립하고 성명(姓名)을 열서(列書)하여 그 실(實)을 확호히 하고자 합니다. 생각건대 중국의 동포군자(同胞君子)께서 어찌 이 뜻에 이견(異見)이 있겠습니까. 다만 성기(聲氣)가 통하지 못하였을 뿐입니다. 바라건대 첨존(僉尊)께서는 분충장의(奮忠仗義)의 마음으로 우선하여 존귀한 성명을 허락해 이 의업(義業)에 참가해 주십시오. 그리하여 성기가 상응하고 일심으로 성단(成團) 하면 大義의 사업을 이룰 수 있을 것입니다.[100]

同遭罔極 同困流離 其相悲相憐相應相求之情 宜如何哉 即身一身心一心而後可也 相應相求 宜乎有道 一身 一心 宜乎有事 麟錫不揆猥越 設得一約 日貫一約.

99) 金鼎奎, 『龍淵金鼎奎日記』上卷, 525-575쪽. 獨立記念館 韓國獨立運動史 研究所, 1994, 景仁文化社. 初七日, 辛亥…李南基, 自秋萊訪, 龍巖, 南基之號也. 戊申禍變後, 久不相聞, 今始見也悲喜交集, 心焉難狀 案慰已畢, 因問東方事, 龍巖卽, 以四三張文牒示之, 乃甲午義兵將, 柳義庵麟錫氏之所題, 時在江東, 方謨大擧 第省其通文日.

100) 『毅菴集』, 卷37, 雜著, 下册, 景仁文化社, 1973, 169쪽;「謹通告淸領地寓居僉尊執事(1910년 3월 29일, 음력: 2월 19일)(金鼎奎, 『龍淵金鼎奎日記』상권, 525~575쪽, 독립기념관 한국독립운동사 연구소, 1994, 景仁文化社). 嗚呼, 吾輩不安故土, 流寓漂泊于異域, 思之痛心, 言之痛哭…方設立義案, 列書 姓名, 以著其實, 竊念彼中同胞君子豈異於此, 但聲氣未之有通耳, 恭請僉尊以奮忠仗義之心, 先許尊姓名同此義案, 盖此義案, 聲氣 相應, 一心 成團, 以爲伸大義濟大事之

이 서신에서는 관일약을 의안으로 표현하고 있다. 의안에 의병 명단이 있는데 의암은 이 시기에 관일약이 의병 조직적 성격이라는 것을 명확히 한 것이다. 의암이 관일약의 조직화 과정에서 주목할 것은 기존의 사상적 대립을 해소하기를 바라고 오직 단결할 것을 호소한 것이다.

> 일국(一國)에서 관일약을 시행하면서 그간 서로 원수였던 사이로 인해 중요한 일에 방해 되면 절대 안 된다. 어찌 사원(私怨)으로 공사(公事)를 방해하면 되겠는가?[101]

의암은 그간의 사원(私怨)을 극복하고 국권 회복을 위해 모두의 힘을 합쳐야 한다고 역설하였다. 이는 의암이 망국의 책임을 물었던 개화, 계몽운동자들도 포용하겠다는 의식상의 큰 변화였다.[102] 의암은 1910년 6월 21일에 조직되는 '13도의군', 1910년 8월 23일에 조직되는 '성명회'에서 계몽운동가들과 함께 참여하고 있다.[103] 의암은 국권 회복을 위하여 관일약을 결성하는 한편, 의병규칙을 만들고 「의안」을 작성하였다. 그것은 십삼도의군을 건설하기 위한 조직 확대의 과정이었던 것으로 짐작되는데, 이 둘의 상호관계를 이해하여야만 관

地 惟僉尊執事垂諒焉;
101) 『毅菴集』, 卷36, 雜著, 下冊, 「貫一約約束序」 一國同約 其間有相讐怨者 切不可以此爲有妨 夫豈以私讐怨 有妨於爲公事. 景仁文化社, 1973, 143쪽.
102) 유한철, 『유인석의 사상과 의병 활동』, 독립기념관 한국독립운동사연구소, 199, 2155-173쪽. 柳麟錫이 啓蒙運動家들과 연합했다고 해도 그 開化思想까지 수용한 것은 아니었다. 毅菴이 開化 思想에 반대한 입장은, 극히 부분적인 변화는 있었다고 해도, 거의 견지되었다.
103) 尹炳奭, 『國外韓人社會와 民族運動』, 일조각, 1990, 116-230쪽.

일약의 성격이 뚜렷하게 드러날 것이다.

　의암은 통합군단인 십삼도의군의 창설, 의병 전쟁의 새로운 전술인 근거지론과 게릴라전에 관한 기본 전술을 구체적으로 밝혔다. 그러나 연해주 의병은 모험적이며, 분산적인 전투 형태를 벗어나지 못하고 있었고, 무기를 구할 수 있는 희망도 사라져가고 있었다.[104] 관일약은 이러한 암울한 시기에 태동했다. 조직을 정비해나가는 과정에서 안중근이 통감 이토 히로부미를 사살하는 쾌거가 있었다. 파문이 일었고, 의암은 러시아의 도움을 얻을 수 있는 우호적 조건이 형성되었다고 믿었다.[105] 그는 관일약을 확대하는데 애쓰는 한편 십삼도의군을 출범시키는 데 나섰다. 이즈음에 이재윤(李載允)을 염두에 둔[106]「의무유통」(1909.12)을 정리한 것은 그 때문이다.「의무유통」에서 의암은 통합군단의 최고 지도자인 십삼도의군의 도총재를 어떻게 등단(登壇)시킬 것인가, 지휘 체계는 어떻게 구상할 것이며, 상호 간의 호칭은 어떻게 할 것인가, 각종 군대 의식은 어떻게 할 것인가, 그리고 사용할 문서 양식을 상세하게 규정하고 의병에 동조하여 가담하는 이들의 명단인 「의안」을 작성하는 문제를 제기했다. 그리고 그 자신이 도총재로 등단한 1910년 5월 이전부터 이미 「의안」 참여를 촉구하고 있었다.[107] 관일약과 거의 같은 시기에 추진했던 「의안」

---

104) 『毅菴集』, 卷13, 書,「答李公厚」(1909.2.3.) 而特乏兵器, 只望管理之有起, 管理應起…今又以未滿百之兵, 彈丸無所具, 財錢無一分備, 前無應援, 後無繼續, 而往敵淸俄所畏天下莫强之賊, 自萬古用兵以來, 景仁文化社, 1973, 303쪽 참조.
105) 『毅菴集』, 卷13, 書,「與李汝玉李公厚」(1909.10.3.) 擧事遲速, 未可預期, 而宜自今日做起事端, 做端則事可漸集, 集事在好謀竭力也, 聞俄人此事出後奬異我人, 其於所營交涉事, 似亦有效, 因更緊着做交涉如何
106) 『毅菴集』, 卷13, 書,「答李公厚」(1910.2.2.)
107) 『毅菴集』, 卷37, 雜著,「通告」(1910.2.19.) 毅菴은 요동에 거주하는 동포들에게 「義案」에 참여할 것을 요청했다. 연해주 동포들을 대상으로 하는 권유는 이보다 훨씬 이른 시기부터 이루어졌을 것이다.「通告」의 날짜는 『龍淵金鼎奎日記,

에 관하여 의암은 다음과 같이 정의했다.

> 「의안」은 지위가 높거나 낮은 뭇사람(大小衆人)을 두루
> 통틀어 무릇 왜적을 배척하고 나라를 되찾을 생각이 있
> 어 함께 '의로운 사업을 할 수 있는 자(可同義事者)'가 있
> 으면, 함께 이름을 적고 마음을 모으고 널리 합쳐서 사
> 업을 이루려는 것이요, 이를 온 나라에 미쳐 반드시 사
> 업을 완수할 수 있기를 기약한 것이다.108)

이처럼 지위를 가리지 않고 항일 활동을 통해 나라를 되찾겠다
고 각오한 사람이라면 누구나 「의안」에 이름을 올릴 수 있었다. 특별
히 몸소 사업에 나선 사람들만 적지 말고, 재물이나 무기를 제공한
사람, 마음과 노력을 쓴 사람까지 모두 적어서 그들이 나라를 위하고
충의를 숭상한 선행이 묻히지 않도록 한다. 기록하는 순서는 우선 누
가 먼저이고 나중인가로 하고 등급을 따지지 않는다. 13개 조목은 다
음과 같다.

上』, 527쪽.
108)『毅菴集』, 卷32, 雜著, 「散言」;『국역의암집』, 의암학회, 2008, 226쪽 참조; 景
仁文化社, 1973, 43쪽. 吾爲貫一約 又爲同義案'. 義案通大小衆人, 凡有排倭復國
思想, 可同義事者, 同錄結心, 普合成務, 推及一國, 期必 有史,

[표 5] 황견봉시약중제현(荒見奉示約中諸賢)[109]

조목(條目)	내용
1	의병봉기의 기본 의미 [擧事主意]	의병봉기는 명예를 구하거나 절개에 죽기 위한 것, 원한 때문에 앞뒤 안 가리고 하는 것이 아니다. 적을 물리치고 나라를 회복하는 것이 목적이니, 성급하게 서두르지 말고 이곳에서 완벽하게 준비해야만 희망이 있다.
2	준비할 것[有備]	인재를 모으고, 재물을 준비하고, 무기를 준비한다.
3	명분 알리기 [宣聲]	전국을 향한 격문, 외국 정부에 알리는 선전문, 신문 등을 통해 의병의 취지를 알려 적의 기운을 꺾는다.
4	의병 일으키기 [興兵]	「의병 규칙」에 따라 전국 각 고을에서 모두 봉기하여 적의 힘을 분산시키고, 의병장들의 이름을 신문에 실어 기세를 떨친다.
5	의병을 성공시키기 [濟兵]	제각각인 의병 부대를 「의병 규칙」에 따라 단합시키고, 봉기 초에 방량을 철저히 준비한다.
6	의병 해산시키기 [解兵]	의병이 성공한 후 장수들이 저마다 위세를 부리며 큰 혼란을 일으킬 가능성이 있다. 이는 의로 시작하여 난(亂)으로 마치는 것이니 미리 경계하고 해산시켜야 한다.
7	의병 통제하기 [制兵]	왕명이 아니라 아래로부터 봉기하였으므로 통제가 어렵다. 「의병 규칙」에 따라 십삼도의군 도총재의 권위를 세워 통솔할 수 있도록 한다.
8	통솔권 미리 세우기 [統制有豫]	십삼도의군 도총재를 미리 세워 권위를 높여야 봉기 후에 규율을 잡을 수 있다. 명망 있는 이를 세워야 하며, 특히 총기를 나눠줄 때 명령이 한 곳에서 나오도록 한다.

109) 구완회, 「연해주 시기 유인석의 의병 노선과 '貫一約'」『大丘史學』, 第126 輯, 2017, 15쪽 참조.

9	관일약과 결부시키기 [約事繫關]	이상의 모든 일은 관일약이 근본이 된다. 청국·러시아에 머물거나 왕래하는 이들을 널리 가입시켜 세력을 이룰 수 있도록 한다.
10	성공을 위한 특별 대책 [濟事別策]	일진회원이나 순검 등의 가족들을 인질로 잡아 그들이 목숨을 걸고 의병에 힘을 다하게 하고, 철도나 항구를 불 지르고 파괴하며 반역자를 죽인다.
11	청국에서 무기 운반해 오기 [淸地運器]	봉기 초 무기를 들여올 때, 경성(境城) 쪽 길목만 확보할 것이 아니라 의주 쪽의 길목을 확보하여 압록강 연변(沿邊) 고을로 전하도록 하고 그것이 점차 퍼져나가도록 한다.
12	당장 견디기 위한 대책 [目下接濟]	언제일지 모르는 봉기의 날이 올 때까지 모여든 사람들을 옛날 둔전의 예에 따라 비밀스럽게 몇 군데 농경지를 개간하고 정착하도록 한다.
13	전력을 다하며 소홀하지 말 것 [盡力無泛]	일을 시작할 때 마무리를 잘할 수 있도록 살피며, 조금도 소홀히 하지 않는다.

　　의암은 「의안」을 작성하는 것과 별개로 관일약을 확대하면서 관일약 회원들의 명부, 즉 『관일약약원록(貫一約約員錄)』을 작성하였다. 비슷한 두 개의 문서를 따로 작성하는 문제에 관하여 의암은 다음과 같이 설명했다.

　　　　「의안」을 만드는 것은 일에 성공하기 위한 것이고, 관
　　　　일약은 일을 성공시키고 바른 데로 돌아가기 위한 것이
　　　　다.[110]

---

110) 『毅菴集』, 卷 32, 下册, 景仁文化社, 1973, 43쪽, 雜著, 「散言」; 『국역의암집』

의암은 의병을 어떻게 일으킬 것인가에 관하여 체계적으로 정리했다. 가장 중요한 점은 성급한 의병봉기가 아니라 나라를 회복할 수 있는 봉기가 필요하다는 것이었다(1). 그리고 이를 위해 인재와 재물과 무기를 미리 준비하고(2), 명분을 알려 기세 싸움에서 주도권을 잡아야 하고(3), 「의병 규칙」에 따라 전국적인 봉기를 하여야 한다고 강조했다(4). 따라서 이런 조건이 갖춰지지 않은 상태에서 섣불리 수백 명의 의병을 모아 본토 진공 작전을 벌이는 것은 불필요한 소모전으로 보았다. 명예를 얻을 수 있고, 절개에 죽을 수 있지만, 국권 회복에 실질적인 도움이 되지 않는다는 것이다.

의암은 철저한 방략을 세워 의병을 진행할 것을 주장했다. 군사를 일으키고(4), 일을 이루고(5), 해산할 수 있도록(6) 군대를 잘 통제해야 한다는 점(7), 이를 위해 십삼도의군 도총재의 권위를 미리 세우고 통제권을 확보해야 한다는 점(8) 등, 의병봉기와 관련한 구체적인 주의점을 단계별로 정리하면서 이 모든 과정에서 광범하게 구축한 관일약 조직과 긴밀하게 결부되어야 한다고 단언했다(9). 그 밖에 친일파들을 활용하는 방법 등 일제에 타격을 줄 수 있는 특별수단(10), 무기 공급에 관한 원칙을 지적하고(11), 본격적으로 의병이 일어날 때까지 견디기 위하여 추진하고 있었던 근거지 마련에 관한 의견(12)이 있으니, 연해주 쪽에서 통합군단을 출범시켜 본국으로 진공할 것을 기정사실로 보았다. 그리고 의병 노선을 추진하면서 가져야 할 기본자세에 관하여 총론적인 결론을 내리고 있다(13). 여기서 특별히 주목할 것은 마지막 조목이다. '전력을 다하며 소홀하지 말 것(盡力無泛) 조목에서 의암은 다음과 같이 언급했다.

4, 의암학회, 2008, 226쪽 참조. '吾爲貫一約' 曰爲義案, 爲事之有濟也, 貫一約, 爲事濟而歸于正也.

대체로 지금의 이 일이 얼마나 큰일인데 어찌 경솔하게
할 수 있겠습니까? 일을 경영하는 요점이 어디에 있습
니까? 끝을 생각하면서 시작하고 시작할 때 온갖 염려
를 다 하여 끝마무리를 잘할 수 있도록 대비하는 데 있
을 뿐입니다. 여러분은 시작도 마무리도 소홀하게 하지
마십시오.[111]

의병 노선에서 가장 주의할 부분은 '시작할 때 온갖 염려를 다
하여 끝마무리를 잘할 수 있도록 대비하라'라는 것이다. 의암이 발표
한「의병 규칙」35조목 중 맨 끝 조목에 다음과 같이 밝혔다.

오늘날 의리를 지키는 의체(義諦)는 '시작을 신중하게
하고 마지막을 대비하라'가 아닐 수 있겠는가? 시작할
때 마무리할 것을 생각하라(念終于有始). 의병을 일으키
면서 서로 벗들에게 권면하여 아프고 원통한 마음을 참
아가면서 충의에 의지하고 몸과 마음을 바쳐 힘을 다할
뜻을 맹세하고, 죽음만 잊고 살 수 없다는 각오로 기운
을 내야 하고, 일을 성공시켜 왕실을 위하여 힘을 다하
며, 더욱 예의를 높여 근본을 견고하게 하고, 정형(政
刑)을 밝혀 시국을 정돈하며 무용(武勇)을 크게 강화하
여 세력을 확장하여야 한다. 시작을 잘하고 마무리도
잘하면, 의리는 천하를 움직이고 공적은 만대에 빛날
것이다.[112]

---

111) 『毅菴集』, 卷36, 雜著, 「荒見奉示約中諸賢」(1910.1.1.); 景仁文化社, 1973, 155
쪽. 蓋今此事何許大事 豈可輕遽草率爲哉 經事要義何在 在念終作始 慮始要終而
已 諸賢忽于始.
112) 『毅菴集』, 卷36, 雜著, 「義兵規則」(1908.10.); 景仁文化社, 1973, 141쪽. 今日持

의암은 의병에 나서는 이들이 염두에 두어야 할 마무리는 '왕실을 위하여 힘을 다하며, 더욱 예의를 높여 근본을 견고하게 하고, 정형을 밝혀 시국을 정돈하며 무용을 크게 강화하여 세력을 확장'하는 일이라고 강조했다. 왕실 중심의, 전통적인 사회질서를 복구하는 것이 그의 목표였던 셈이다. 관일약의 회원들에게 제시한 그의 투쟁 지침인 「황견봉시약중제현」에서도 분명하게 드러난다. 그의 의병투쟁의 진행 과정을 흥병(興兵)·제병(濟兵)·해병(解兵)의 세 가지로 설명했다. '흥병'은 구체적인 의병봉기를 말하고, '제병'은 의병 일을 성공시키는 단계이며, '해병'은 제병보다 어려운 것이라고 하였다. 일이 성공하고 나면 의병을 이끌었던 장수들이 저마다 위세를 부리며 설치는 단계로 나아가게 되며 그것은 공화정으로 달려 나가는 것이 될 수 있다고 보았다.[113] 의병 전쟁을 겪었던 그의 경험,[114] 그리고 새로운 정치 질서를 향해 나아가던 동아시아 여러 나라의 진통을 보면서 이를 걱정했던 그의 생각이었다.

　　義義諦 可不愼始而要終 念終于有始 擧事而胥勖友壇 忍痛含冤以仗其忠 鞠躬盡悴以誓其志 有死無生以厲其氣 成事而戮力王室 益崇禮義以固其本 克明政刑以整其局 大講武備以壯其勢 善始善終 義動天下 功光萬世事.
113) 『毅菴集』, 卷36, 雜著, 「荒見奉示約中諸賢」(1910.1.1.)
114) 구완회, 「1896년 堤川義兵의 전투와 金伯善」, 『조선사연구』 4, 1995. 毅菴이 호좌의진을 이끌던 시기에 군율을 강조하며 선봉장 金伯善을 베었던 것이 대표적이다.

제4장

의암 애국사상의 분석

1. 우국(憂國)·향수(鄕愁)

　　의암을 의병장으로만 인식하는 사람이 다수인데, 그를 의병장이
기 이전에 한 집안의 가족 구성원인 의암으로도 인식할 필요가 있다.
그의 개인적인 성품과 정서를 고찰하기 위해서 본 절에서는 그의 우
국·향수를 그의 시문을 통해서 논하였다. 다음은 그의 「차함아청안
운(次咸兒聽雁韻)」으로 고향을 그리며 지은 시이다.

只看山雪厚	두껍게 쌓인 눈만을 보아왔는데
不意鴈聲多	기러기 울음소리 잦아졌구나
爾笑吾長客	오랜 나그네라 비웃지마는
吾鄕爾獨過	내 고향을 너희만이 지나왔겠지
天時知不易	천시는 알기 쉽지 않으니
國事問如何	국사(國事)가 어떤가 물어보세나
秋至歸當伴	가을이면 동반해서 돌아갈 테니
江湖續舊歌	강호에서 옛 노래 부르며 가리라.[1]

　　고향을 홀로 지키는 자식에게 미안해하는 아버지의 심정이 담긴
시이다. 이 시는 '안성(雁聲)'도 쓸쓸하고 외로움을 나타낸다. 이는 그
의 시 「서계야(西溪夜)」[2]에서 느끼는 심정을 대변하고 있다. 그렇지

---

1) 『毅菴集』, 卷 2, 詩, 「次咸兒聽雁韻」 1, 『국역 의암집』 의암학회, 2007, 164쪽.
2) 『毅菴集』, 卷 1, 詩, 「西溪夜」; 『국역 의암집』 1, 의암학회, 2007, 132쪽. 憂國心
　千緖 思家意萬重 夜深眠未着 有月上東峰. 천만 갈래 뒤엉켜진 우국 지심 갈피갈
　피 떠오르는 고향 생각 밤중에도 잠 못하니 동산 위에 둥근 달이 떠 있구나.

만 함련(頷聯)에서의 '오향이독과(吾鄕爾獨過)'처럼 고향에서 외롭게 지낼 자식을 위해 아버지 역할을 하고 싶은데 그렇게 하지 못하는 애석한 마음이 있다. 그런 이유에 관하여 경련에서 감성적 토로를 하고 있다. '국사문여하(國事問如何)'라고 하는 것은 가정을 중요하게 여기지만, 국가 상황이 더 급하고 중요하다는 것을 의미한다. 또한, 때를 만나 국권 회복을 하면 후에 옛날을 회상하며 정답게 살자는 것에서 가족을 그리워하고 그 희망을 놓지 않는 가장의 모습이 담겨있다. 따라서 이 시에서 그의 단호한 성품과 아버지로서의 인간미를 함께 볼 수 있다. 즉, 나라가 안정되어 가족이 있는 고향으로 돌아가고 싶은 마음이 그려져 있다. 이런 심정은 「풍난기(風亂起)」에서도 노래하고 있다.

風亂起	바람이 마구 불어치나니
兮雪飛	눈보라는 하늘에 휘몰아치네
揚積憂傷	근심에 설움이 쌓이나니
兮望故鄕	고향을 하염없이 바라본다네
安見淸明	어쩌면 하늘이 맑게 개어
兮靜四方	사방이 조용한 걸 보게 되리라.[3]

이 시는 중국 한나라의 한고조가 부른 「대풍가(大風歌)」[4]의 형식을 빌린 시이다. 유방이 초패왕 항우와의 싸움에서 이기고 천하 제패의 고지에 이르는데 장안으로 개선하는 도중 고향에 들렀다. 그는 고향에서 옛 친구들과 마을 사람들을 모으고 큰 잔치를 베풀었는데

---

3) 『毅菴集』, 卷 1, 詩, 「風亂起」, 『국역 의암집』, 의암학회, 2007, 143쪽.
4) 大風起兮雲飛揚 威加海內兮歸故鄕 安得猛士兮守四方. 큰바람 불고 구름은 높이 흩날리고 위엄이 해 내에 떨쳐 고향에 돌아오다. 이제 어떻게 용맹한 병사를 얻어 천하를 지킬거나.

잔치가 무르익자 깊은 감회가 있어서 춤을 추면서 노래를 지어 불렀다고 전해진다. 「풍난기(風亂起)」와 「대풍가(大風歌)」는 내용 면에서 완전히 다르다. 「대풍가(大風歌)」의 풍(風)과 운(雲)은 힘과 사기충천을, 「풍난기(風亂起)」의 풍(風)과 설(雪)은 어지럽고 혹독한 세상을 나타내고 있다. 「대풍가(大風歌)」에서 고향으로 돌아오는 것은 금의환향이지만 「풍난기(風亂起)」에서 고향을 바라보는 것은 우국과 향수이다. 따라서 마지막 구에서 「풍난기(風亂起)」는 국권 회복이 되어서 귀향하고 싶은 마음을 나타냈다. 의암이 「대풍가(大風歌)」의 운과 형식을 빌린 것은 바람과 구름같이 밀려오는 개선장군으로 귀향하고자 하는 심정을 말한 것이라고 할 것이다. 그런데 고국 상황이 더욱 어렵게 전개되니 자신이 바라는 욕망이 더 불투명해지므로 나라를 근심하는 시이다.

忽今異域逢寒食	이역(異域)에서 어느덧 한식절을 맞고 보니
傷甚厭多盃酒傾	상심(傷心)에 못 이기어 술잔을 기울이네
老眼常流憂國淚	우국지심 늙은 몸에 눈물이 끊이지 않고
佳辰倍切望鄕情	명절 따라 고향 생각 몇 배 더 나누나.[5]

1910년 한식날 쓴 시로서 「한식(寒食)」의 일부이다. 이 시에서도 나라 걱정에 가슴을 앓고 있다. 그리고 고향을 그리워하는 바가 더욱 강하게 그려지고 있다. 그런데 1910년 11월 국권 침탈을 기점으로 시의 내용이 달라지고 있다. 이전의 시는 향수와 우국을 동반하는 경향이 보이고 이후의 시는 향수를 중심으로 다루는 경향을 보인다. 이에 다음은 국권침탈 이후의 향수 시를 논하였다.

---

5) 『毅菴集』, 卷 2, 詩, 「寒食」, 『국역 의암집』 1, 의암학회, 2002, 190쪽.

賴夢家鄉去	꿈속에서 고향 땅 찾아갔을 제
戚親情話深	친척들 반가운 말끝이 없었네
覺來是虛事	아뿔싸 깨어보니 허황한 일
窓日照寒心	창틈 햇살이 서글픈 마음 비춰주네.6)

　　고향에 가지 못하는 신세를 한탄하는 내용이지만, 그 안에 허망함이 아우른다. 친척을 만나 함께 정을 나누고 싶은 마음이 간절하지만, 현실적으로 가능하지 않은 꿈일 뿐, 꿈을 깨면 스미는 허탈감과 쓸쓸함이 크다는 내용이다. 고향에 대한 강한 그리움을 표현하고 있으면서 창틈 햇살이라는 희망적 메시지를 노래하고 있다. 이에 의암의 아들 춘(春)을 고향으로 보낸다. 「송춘아주고향(送春兒往故鄉)」은 이수(二首)로 이루어져 있는데 다음과 같이 읊고 있다.

荒林曉日斷雲飛	거친 숲에 해 뜨는데 구름은 빙빙 돌고
故土回瞻氣欲微	고국 땅 바라보니 숨소리도 가냘프네
親戚多年存沒淚	다년간 친척들이 삼키었던 그 눈물이
灑沾弱子兩衫歸	내 아들이 두 적삼을 흠뻑 적셔 돌아오리.7)

　　잠 못 드는 새벽에 조각구름 떠 있는 고향하늘을 바라보면서 향수에 젖고 있다. 특히 결구의 '쇄첨약자양삼귀(灑沾弱子兩衫歸)'에서 고향으로 돌아가고 싶은 간절한 심정이 깊이 있게 표현됐다.

---

6) 『毅菴集』, 卷 2, 詩, 「罷鄉夢」, 『국역 의암집』 3, 의암학회, 2002, 222쪽.
7) 『毅菴集』, 卷 2, 詩, 「送春兒往故鄉」, 『국역 의암집』 3, 의암학회, 2002, 261쪽.

桑梓蒼茫夢思縈　　꿈결에도 못 잊던 창망(蒼茫)한 고향으로
見穿萬里雪冰程　　만리빙설 헤쳐가며 내 아들 떠나누나
至情尙可踰於己　　품은 정 깊고 깊어 내 마음을 넘을지니
代我瞻登父祖塋　　선영(先塋)을 찾아가서 나 대신 참배하거라.[8]

　역시 二首에서도 향수에 깊이 젖어 돌아가지 못함을 몹시 안타까워하고 있다. 자식을 떠나 보내면서 조부모의 손에서 자라난 아들이 더 정을 느낄 거라면서 산소를 잘 찾아보라고 당부한다. 하지만 아무리 돌아가고 싶다고 할지라도 현실이 그렇지 못하다. 그래서 그가 1913년 추석에 관한 시「중추월사향(中樞月思鄕)」에서는 딸에게 허전한 마음을 의지하고 있다.

殊方見月六中秋　　이역에서 추석 달을 여섯 번 다시 보니
秋一秋來一倍愁　　가을이 가고 오나 시름이 곱절 되네
爲是鄕山流照色　　고향 산을 비춰줄 저 달빛 때문에
愛看終夜不能休　　밤새도록 지켜보며 잠 못 이루네.[9]

　고국을 떠나올 때 가을이었는데 여섯 해가 지난 후 다시 가을을 맞으니 고향에 가고 싶은 마음은 갈수록 더 많지만, 자신이 보고 있는 달은 고향도 비춰주니 달을 매개로 고향을 본다. 이것은 자신을 위로하면서도 그리운 고향에 대한 애착이 강하다는 것을 알 수 있다.
　1911년부터 종신할 때까지 의암이 쓴 시는 270여 수이다. 그중 우국의 내용으로 쓴 향수 시는「득면자(得眠字)」[10] 한 수이다. 이것

8)『毅菴集』, 卷 2, 詩,「送春兒往故鄕」,『국역 의암집』3, 의암학회, 2002, 261쪽.
9)『毅菴集』, 卷 3, 詩,「中樞月思鄕」,『국역 의암집』1, 의암학회, 2002, 291쪽.
10)『毅菴集』, 卷 3, 詩, ;『국역 의암집』1, 의암학회, 2002, 239쪽. 亂離 天地 七旬老 辛苦 風霜 多少 年 非居鬱鬱深山裏 卽在茫茫大海邊 望鄕月出巡庭步 憂國燈

은 병탄으로 인하여 조국 걱정이 마치 일본을 걱정하는 것처럼 비칠 수 있어서라고 추정한다. 따라서 우국의 내용이 직접 표현되지 않았어도 국가에 대한 충절 정신은 변함이 없다.

맹자는 가정에서의 효제를 사회와 국가로 확장할 수 있다는 것을 제시했다. 즉 "인과 의를 구분하여, 전자를 부모를 섬기는 '효'와 관련시키고, 후자를 형뿐만 아니라 사회에서의 연장자를 공경하는 '제'와 관련시켰다."[11] 효제가 인을 실천하는 근본이 되는 이유는 자식으로서의 본분과 형제 서열에서의 본분에 충실히 따르는 것이다. 가족 내에서 자신의 본분에 충실히 하는 것은 자신에게 부여된 이치를 따르는 것이다. 『論語』「學而」에서는 "사람이 효제 하면서, 윗사람을 범하는 것을 좋아하는 자는 없으며 윗사람을 범하기 좋아하지 않는 자가 난을 일으키는 것을 좋아하지는 않는다고 했다. 군자는 근본에 힘쓰니, 근본이 서면 도가 생긴다. 효제는 인을 행하는 근본이 된다."[12] 인간관계는 오륜(五倫)[13]으로 나타나는데, 이 중 "부자유친 (父子有親)에서는 부모가 자녀를 사랑하고 자녀는 부모에게 효도해

殘歃枕眠 筋力頻磨劍如雪 敎誰向賊直無前 어지러운 이 세상 칠순 늙은이 풍상 고초 다 겪으며 걸어온 길 몇 해이던가 울창한 심산 숲속 살아오던 이 몸이네! 달이 뜨면 고향 생각 뜰에서 서성대고 베개 베니 우국지심 등잔불에 다 타 누나. 근력도 키워왔고 장검 또한 날카로운데 누구에게 적진 향해 돌진하게 할 손가.

11) 최문기, 「효제의 확장과 보편윤리: 공·맹 사상을 중심으로」, 『효학연구』 제14호, 한국효학회, 2011, 4쪽.

12) 『論語』, 「學而」: 其爲人也 孝悌, 而好犯上者 鮮矣 不好犯上 而好作亂者. 未之有也. 君子務本, 本立而道生. 孝悌也者. 其爲仁之本與.

13) 『小學』, 「修身」: 父子有親(부자유친) 부모와 자식 사이에는 친함이 있고, 君臣有義(군신유의) 임금과 신하 사이에는 의리가 있으며, 夫婦有別(부부유별) 남편과 아내 사이에는 분별이 있으며, 長幼有序(장유유서) 어른과 아이 사이에는 차례가 있으며, 朋友有信(붕우유신) 벗과 벗 사이에는 신의가 있으니, 是謂五倫 (이위오륜) 이것을 일러 오륜이라고 한다.

야 한다는 의무가 도출된다. 또한 장유유서(長幼有序)에서는 형이 동생을 사랑하고 동생이 형을 공경해야 한다는 의무가 도출된다."14) 따라서, "인의 실천은 먼저 부모에 대한 '효'와 형에 대한 '제'로부터 시작된다."15) '효'는 사랑으로 부모를 대하는 의무이고, '제'는 사랑으로 형을 대하는 도덕이다. 이렇게 이루어진 혈연관계는 부모와 자녀 관계를 기본으로 하지만 수직적 확장의 관계인 조손 관계를 포함한다. 따라서 가정에서의 효제는 일차적 의무이자 도덕이라고 할 수 있다. 이는 효제의 실천을 상황이나 처지에 따라 선택하는 것이 아니라 당위적이라는 것이다.

2. 애국 활동과 인의(仁義)사상

어떤 행위를 하는 것에 그 행위를 보고 의롭다고 하거나 의롭지 못하다고 할 때 '義'를 어떤 기준으로 판단하는지 알 필요가 있다. 『논어』에서는 '의'를 어떤 일과 행위에 대한 도덕적 판단의 기준으로 삼고 있다.

> 선생님께서 말씀하셨다. "자기 조상이 아닌데도 제사
> 지내는 것은 아첨하는 것이다. 의로운 일을 보고서도
> 실행하지 않는 것은 용기가 없는 것이다."16)

---

14) 최문기, 위의 논문, 4쪽.
15) 민황기, 「가족 공동체의식의 제고 방안」, 『동서철학연구』, 제43호, 한국동서철학회, 2007, 352쪽.
16) 『論語』, 「爲政」: 子曰 非其鬼而祭之, 諂也. 見義不爲, 無勇也.

주자는 "알면서도 하지 않는 것, 이것이 용기가 없는 것이다"[17] 라고 하였다. 의로운 일인 것을 알면서도 실천하지 않는 것은 용기가 없는 것과 같은 것이다. 그래서 의로운 일을 하려면 용기를 가지고 실천하는 것을 포함하여 의롭다는 것이다.

> 선생님께서 말씀하셨다. "군자는 의에 밝고, 소인은 이
> (利)에 밝다."[18]

주자는 의를 "천리의 마땅한 것"[19]이라고 하여 의를 마땅함과 관련짓고 있다. 자로가 성인(成人)에 관하여 질문하자 공자가 대답하기를 "이로움을 보면 의로움을 생각한다"[20]라고 하였다. 이로움을 보았을 때 의로운가를 생각한다는 것은 그 이로움에 관해 의를 기준으로 판단한 후 취한다는 것이다.[21] 즉, 의는 이에 맞는가를 판단하게 하는 기준이 된다.

공자는 "의롭지는 않은데 돈이 많고 지위가 높은 것은 나에게는 뜬구름과 같다"[22]라고 하였다. 이에 관한 판단 기준으로 의를 말하였지만, 부에 관한 판단 기준으로 의를 말하고 있어서 의롭지 않은 부를 공자는 마치 하늘의 뜬구름을 보듯 자신과 상관없다고 여겼다. 공자는 의에 관하여 다음과 같이 말하고 있다.

---

17) 『論語集註大全』, 「爲政」: 知而不爲 是無勇也.
18) 『論語』, 「里仁」: 子曰 君子喩於義, 小人喩於利.
19) 『論語集註大全』, 「里仁」: 義者 天理之所宜.
20) 『論語』, 「憲問」: 子路問成人…見利思義.
21) 『論語集說(漢文大系)』「憲問」: 馬融曰 義然後取 不苟得也.
22) 『論語』, 「述而」: 子曰 飯疏食飮水, 曲肱而枕之, 樂亦在其中矣. 不義而富且貴, 於 我如浮雲.

선생님께서 말씀하셨다. "군자는 세상일들에 대하여 반
드시 어떻게 해야 한다는 것은 없고, 반드시 해서는 안
된다는 것도 없이 오직 의를 따를 뿐이다."[23]

　　의암은 「우주문답」에서 경전의 구절을 성찰하는 대목을 여러 차
례 사용하였다. 경전의 문구를 인용하여 자신의 주장을 강화하고 그
진리성을 확보하려고 하였다. 그의 저작에는 특히 『맹자』의 문구가
많이 인용된다. 맹자는 종종 자시의 논의를 정리하는 마지막을 유학
의 고전인 『신(詩)』·『서(書)』를 들어 마무리했다. 종교인들은 자신
들이 믿는 진리의 말씀을 인용하여 자신들의 주장에 대한 진실성을
증명하려고 한다. 의암도 경전을 인용하는 경우가 많은데 그의 경전
에 관한 신뢰는 매우 높다. 그는 특히 맹자의 말을 신뢰하는 가운데
당대를 보았으며 이것을 통해 미래를 전망했다. 「우주문답」의 문답
구성도 현실을 보는 내용과 정세에 많은 관심이 있었다는 것을 알 수
있다.

　　의암은 나라를 위한 일곱 가지 방법으로 도(道)·덕(德)·학(學)
·정(政)·형(刑)·문(文)·무(武)를 제시하였다. 특히 그 바탕으로
'도'를 강조한다. 도의 핵심은 仁義이다. 그가 설명하는 덕은 본래의
덕이다. 학은 도와 덕으로 구하여 자기가 간직하는 것이다. 그는 도
덕은 학문이 아니면 구할 수 없다고 하면서 삼강오상(三綱五常)의 도
를 근본으로 하여 육경사서(六經四書)를 강학해야 한다고 하였다. 그
는 이에 전념하면 도덕이 이루어지고, 옛날의 이상적인 통치를 회복
할 수 있다고 하였다. 그렇게 하면 나머지 일은 염려할 것이 없다고
했다.[24]

---

23) 『論語』, 「里仁」: 子曰 君子之於天下也, 無適也, 無莫也, 義之與比.

의암은 옛것을 통해 강국이 되는 중요한 방법은 삼대에 걸쳐 계승된 학제를 회복하여 그 제도를 준수하는 것이라고 하였다. 8세가 되면 소학을 공부하여 양지양능(良知良能)과 덕성을 함양하고, 15세에는 대학을 공부하여 직분을 갖게 하면 실효가 있다는 것이다.25) 桂奉瑀는 <의병전(義兵傳)>에서 의암의 만년 모습에 관하여 다음과 같이 말하고 있다.

> 선생은 좌와(坐臥)에 의자 쓴 수기(手旗)를 항상 쥐고 의라는 그것은 백수모경(白首暮境)에 더욱 상모(尙模) 하셨다. 그리고 청년 지사를 만나는 대로 항언(恒言) 하기를 속히 시세(時世)를 조(造)하여 수사노물(垂死老物)이 두만강(豆滿江)만 도(渡)하게 하여 달라고 하셨는데 그것은 조도강이모사(朝渡江而暮死)하여도 여한이 없겠다는 말씀이었다. 그리하다가 소지(素志)를 수(遂)치 못하고 육년 전 산동 곡부에서 별세하셨다.26)

---

24) 『毅菴集』, 卷 51, 「宇宙問答」; 『국역의암집』 6, 의암학회, 2010, 217쪽. 學, 求道與德而有諸己也, 非學則道德無可求也, 求道德而有之, 天下得治也, 唐虞之司徒典樂, 教五倫之道直溫之德, 三代小學大學法寖備, 其時治果如何, 後世學不明之時, 果得治乎, 後世正學不明, 而名曰學者無限, 皆害道德害治者也, 今中國之所必務者, 異端雜流淫邪荒秘, 凡害道德害治者, 火其書反其人而汛掃之, 如雨霽雲捲, 惟五常三綱之道學之本也, 六經四子之書學之具也, 專事乎此, 則道德可爲, 古治可復, 古治復則餘事可無患也.

25) 『毅菴集』, 卷51, 「宇宙問答」; 『국역의암집』 6, 의암학회, 2010, 217쪽. 百度萬事之復古, 無非爲致一自强 而其中最大者, 復三代學校, 實遵其制, 八歲小學, 人無不入學, 實皆養其良知良能, 厚其德性, 善其本領, 以致後來分士農工商, 無不有恒其心, 有謹其事, 十五大學, 實使士者學得次第成德達材. … 農工商及兵, 皆十五分項, 使各恭其職, 各善其事, 極有條理規模, 實致其效, 以成富强.

26) 桂奉瑀, <의병전> 二, 상해: 「독립신문」, 1920년 4월 29일 자. 한국민족운동사연구회 편, 『의병전쟁연구(상)』, 지식산업사, 1990, 44쪽 참조.

의암의 충성심은 유학의 의사상에서 나왔다. 1901년 요동에서 귀국 후 서북지역을 순회하면서 의리를 강조하였다. 그리고 구국 투쟁에 나설 것을 선전한 강회(講會) 활동에서 훌륭한 의병장과 독립군 용장들이 배출되었다. 이후 의암은 의병 전쟁에서 한민족(韓民族)을 말하거나, 명나라 연호를 쓰던 것을 바꿔 대한제국(大韓帝國)이라는 연호를 썼다. 또 반개화 입장과 달리 발달한 서양 기술과 기계를 받아들이자는 '채서론(採西論)'을 주장하였다. 또 1896년 호좌창의대장(湖左倡義大將)에 취임하며 국내 주재 각국 공사(公事)들에게 보낸 격문에서 '역적들이 왜구(倭寇)들과 붙어 통상을 핑계로 이 땅을 짓밟으니 각국은 공동의 분(憤)을 발휘하여 공동으로 토벌하자"27)라고 하였다. 그리고 서양과 국제적 협력을 도모할 것을 제안하기도 하였다. 그러나 의암은 존화의식(尊華意識)을 외면하지 않았다. 여기서 그의 화이(華夷)에 대한 견해가 단순히 화(華)는 조선 또는 중국문화, 이(夷)은 서양 및 일본이라고 정하는 것은 그의 의사상과 부합하지 않는다. 의암은 1898년 김태원(金泰元)(1863 – 1932)28)에게 집의당(集義堂)이라는 당호(堂號)를 주는 것에 관하여 다음과 같이 기록하였다.

---

27) 「告各國公事文」; 李九榮 편역, 『湖西 義兵 事蹟』, 제천군문화원, 1994, 996 – 997쪽. 噫 彼十逆之輩 符動倭寇 憑藉 通商 蹂躪 猖獗 無小不至…惟願各國 齊發公共之憤 大行公共之誅 則不但一國之幸 寔天下萬國之幸,

28) 구완회, 팔의 책, <부록> 1. 제천의병 관련 인물의 약전, 450 – 451쪽. 金泰元, 호는 集義堂, 자는 春伯, 본관의 海豊, 일찍이 출사하여 별군직과 선전관을 역임하였고, 단발이 있었던 직후 김하락, 구연영, 조성학, 신용회 등과 이천에서 봉기하였다. 한때 남한산성을 장악하여 기세를 올리기도 하였으나 관군에게 성을 빼앗긴 후 남하하여 제천의병에 참여하였다. 제천의병의 남산 패전 이후, 서상렬과 함께 서북으로 이동할 때 선봉장이 되어 앞장섰으나, 낭천에서 패하였고 이때 서상렬이 전사한다. 이후 毅菴을 좇아 요동으로 가서 학문을 배웠으며, 최익현의 봉기 때에도 의암의 지시로 참여하였다. 1962년 정부에서 건국훈장 독립장을 추서하였다.

의사(義士) 김태원군(金泰元君)은 평소 의협 있는 사람이라고 불렀다…김군이 나와 동지들이 강학하면서 나라에 화하도리(華夏道理)를 보존 못 하여 한 지역 모퉁이에서 지킬 생각에 몹시 슬퍼하면서 그 의제(義諦)를 약정(約定)하여 말하기를 "만고(萬古) 화하(華夏)의 일맥(一脈)이 다 떨어지고 남았는데 그 전형을 지키고 보존하여 영원히 그것이 회복되기를 진실로 바란다"라고 하는 것을 보았다. 비록 하루라는 짧은 날이지만 깨우쳐 탄식하며 말하기를 "이제야 오늘 대의의 소재를 알았습니다. 지난번 저의 거의는 단지 국모를 시해하고, 임금을 위협하는 거역을 저지르고, 국가의 전례를 훼손하고 상투를 자르게 한 것을 애통한 것으로만 알았고 일국의 제도와 전통의 훼손과 삭발이 만고성도화맥(萬古聖道華脈)과 관계있는 것이며, 성도화맥(聖道華脈)이 실로 擧義의 이유이며, 의제의 큰 것임을 몰랐습니다. 지금의 일을 단지 영웅을 가려 무모한 용기에 맡겨 성패를 생각하지 않는 것이 눈앞의 장쾌한 일로 알았지 강학하여 약정(約定)을 세우는 것이 실로 정당하고 원대한 계획임을 몰랐습니다. 저를 돌아보니 의라고 한 것이 혈기에서 비롯되어 도리로 절제되지 못했던 것입니다. 이제 고금 알게 된 것 같아 큰 것을 배우기를 바라니 그것을 배우려면 장차 어찌해야 합니까"라고 하였다. 나는 그가 자기 의지를 굽히고 의에 따라 바른길로 가는 것을 장하게 여기며 말하기를 "그대는 마땅히 책을 읽어 이치를 밝혀서 의가 되는 것은 하늘에 본원을 두고, 인심에 뿌리를 두고, 일에 있어 마땅함을 얻어야 함을 참으로 알아야 한다. 일마다 마땅함을 얻은 것이 모여 크게 이루면 의는 끝내 다 쓸 수 없게 될 것이니 그대의 혈기협기(血氣俠氣)를 호연지기로 변하여 이루게 될 때 오늘의 도의(道

義)에 배합될 수 있을 것이다."29)

김태원이 의암의 성도화하도맥(聖道華夏道脈)을 보존하는 것이 오늘의 의라는 말을 들었다. 이에 자신의 거의는 국가 위기에 당면하여 혈기에 기반한 것이지 도리로서 절제하지 않았다면서 그것을 의라고 할 수 없다고 하자 이에 의암은 의에 관하여 하늘에 본원을 두고, 인심에 근본을 두며, 일을 처리함에 마땅함을 얻는 것이라고 설명하였다.

존화의 근본정신인 의는 '천리의 보편성, 인간 심리의 주체성, 현실적 정당성'을 뜻한다. 이로써 의암의 의병이 배타적이라거나 국수주의적 국가 보위가 아닌 진리에 기반한 인간의 보편성과 현실적 정당성의 확보라는 정의적 차원이라고 할 수 있다. 그래서 한 말 의병은 외국의 침략에 저항한 민족주의와 구별되어야 하는 점이다. 강재언은 "1896년 이래 위정척사파에 속하는 한국의 유학자들은 나라와 민족의 운명을 건지기 위하여 살신성인의 기치를 높이 들고 그 나름대로 피어린 투쟁을 계속해 왔다. 그들의 비장한 투쟁과 희생은 같은 유교 문화권에 속하는 다른 나라에서는 도저히 볼 수 없는 한국 유학

---

29) 『毅菴集』, 卷42, 序, 記. 集義堂記, 下冊; 景仁文化社, 하책, 1973, 300쪽. 義士金君泰元, 素稱有俠氣人也, … 金君 見余與同志 事講學 而慟不能存華夏道理於一國 則思守之於一隅 其約定義諦 有曰 萬古華夏一脈隆盡之餘 準保其典型 永其來復 固其望也 垂加一日 愈於已云而慨然歎曰 今以後 知此日大義之所在也 向吾之舉義 只知弑逆毀削之爲慟 而不知有一國毀削 而有關於萬古聖道華脈 聖道華脈 實爲舉義 義諦之大也 今之所事 只知當攬雄徒 一任暴憑不計成敗 以快目前心事 而不知 講學入約 實爲正當遠大之計也 自願所爲義者 專出於血氣 而未嘗裁之 以道理也 自知小矣 願學大矣 學之將如何 余壯其能折節服義而就正 謂之曰 子當讀書明理 眞知義之爲義 爲原於天 而根於心 制乎事而得乎宜 要事事得義 集而成大 則義終 不可勝用 而子之血氣俠氣 變爲成浩然之氣 可以配夫今日道義矣.

사의 마지막 페이지를 장식하는 장거가 아닐 수 없는 것이다"[30]라고 하였다. 이런 측면에서 의암의 의사상에 기반한 의병 활동에는 국가와 민족의 문화유전자도 포함되어 있다고 할 수 있다.

의암은 1905년 을미늑약이 있자 전국의 관리와 선비들에게 서한을 보내 "나라가 없으면 사람도 도도 없다"[31]라고 하였다. 이것은 득실(得失) 성패(成敗) 이해(利害) 과복(過福) 승부(勝負) 우세(優劣)의 상황을 당했을 때 자기를 잃지 않는 것이 중요하다[32]라는 강한 자주성의 발로였다. 이러한 자주성이 바로 춘추정신이며, 그것은 피아(彼我)의 대립적 구도가 아니라 각자의 자주성을 인정하지만, 인도주의의 원칙에 반하는 불의는 대응하는 정신이라고 할 것이다. 의암의 간찰들 중에는 당시 상황을 비판하는 내용이 있다. 당시 대한제국과 고종을 움직이던 개화파들에 대한 비판이었다. 그는 1894년에 일어났던 동학에 관하여 개화파 같은 무리라고도 하였다. 아래의 간찰들은 근대화 운동과 개화를 주도한 친일 개화파들에 관한 의암의 생각이 잘 나타나 있다.

> 김옥균과 박영효(朴泳孝1861 – 1939) 김홍집과 어윤중의
> 무리는 부조(父祖)의 교훈을 받들어 익혔고, 국가의 은
> 택를 오래도록 입었습니다. 그런데 이적과 사귄 지 얼
> 마 되지 않아서 당(黨)을 이루어 종묘사직(宗廟社稷)에
> 재앙 입히기를 저와 같이 쉽게 하고, 저와 같이 나이가

---

30) 강재언, '의병 전쟁의 발전', 「항일의병 전쟁, Ⅳ.」, 『한국사 43』 국권 회복 운동, 국사편찬위원회, 1999, 508쪽.

31) 『毅菴集』, 卷 25, 書; 景仁文化社, 1973, 576쪽. 「通告一國搢紳士林書」, 上册, 無國 則人無道,

32) 『毅菴集』, 卷 27, 雜著, 上册; 景仁文化社, 1973, 647쪽. 當得失成敗利害成果勝負優劣之際 須要不失己,

어린데도 부형의 가르침을 일찍 그르쳤고, 평소 국가의
소중함도 모릅니다. 이적과 금수에게 머리를 수그리고
매달려서 온몸과 마음과 행동이 저들과 더불어 한 덩어
리가 되어 그 숫자가 또한 백 배가 되었으니 이에 그들
이 집으로 돌아가 부모를 뵙더라도 혹시 애통해하는 마
음이나 있겠습니까?[33)]

나라의 변괴가 일어난 것에 통곡하고 또 통곡합니다.
전후로 험상궂고 모진 역적배들이 군상(君上)을 꾀며 적
들을 끌어들이니 그것을 수십 년 키운 결과 이 지경에
이르렀습니다. 이는 문호개방 초기에 이미 필연적으로
이러리라는 것을 알았는데 결국, 예악을 어지럽히고 인
류를 금수로 만들려고 생령(生靈)을 어육(魚肉)으로 여겨
이 지경에 됐으니 무어라 말을 하겠습니까?[34)]

이른바 독립협회(獨立協會)란 서양 오랑캐의 법에 따라
난적들이 이룬 당입니다. 다른 나라에서는 아비를 죽이
고 왕위에 올라 그 나라를 다스린다고 드러내 말하고
그것을 아름다운 일로 여긴다고 들었습니다. 또 다른
나라에서는 여인회(女人會)가 있어 여자들도 바깥에서
일한다고 합니다.[35)]

33) 『毅菴集』, 卷 22 答李胤皐(무술년 7월 10일(1898));『국역 의암집』 3, 의암학회,
2007, 321 – 322쪽. 彼玉均, 泳孝, 弘集, 允中輩, 尙習父祖敎訓, 尙被國家恩澤, 交
夷不幾年, 黨夷獸而禍宗社, 如彼其容易也, 彼其年幼而早誤父兄所導, 素昧國家所
重, 埋頭夷狄, 沒身禽獸, 踵頂毛髮, 心跡表裏, 與之瀜化而數又倍百, 此其所歸, 寧
或有甚.
34) 『毅菴集』, 卷 7;『국역 의암집』 1, 의암학회, 2002, 463쪽. 與李文仲(갑오년 7월
(1894)), 國變 痛哭, 前後凶逆輩, 誘君納賊養之數十年, 功效乃至於此, 此於開門
之初, 已知其必然, 而終果見糞壤禮樂, 禽獸 人類, 魚肉 生靈, 且到十分地頭矣, 謂
之奈何.
35) 『毅菴集』, 卷 9;『국역 의암집』 2, 의암학회, 2007, 111쪽. 答兪景善(무술년 10
월(1898)), 聞有所謂獨立協會, 效洋夷法, 亂賊成黨, 揚言他國多子弑父立而國治,
自是美事, 又有女人會, 言他國女亦幹外事.

우리나라의 산천이 다 그들에게 점령되고, 우리나라의
재물이 다 그들에게 이용되고 있으며, 우리나라 사람들
이 그들에게 끌려다녀 짐승이 되고 어육이 되니, 그들
을 천 번 만 번 죽여야 합니다. 저 개화당의 무리가 수
십 년 나라를 다스린 끝에 이 지경이 되었습니다.[36]

　특히 갑신정변을 주도했던 개화당들에 대해 매우 날카로운 비판
을 하였는데, 간찰을 통해 여러 곳에서 보인다. 또한, 1894년에 진행
되었던 갑오개혁과 1896년에 세워졌던 조선 최초의 사회정치단체인
독립협회[37]와 독립협회에서 진행했었던 민중 계몽운동에 대해서도
부정적인 시각을 가지고 있었다. 1904년 의암은 국외로 가서 거의할
것을 계획하였으나 국내에서 수의하기로 마음을 바꾸었다. 이렇게 생
각을 바꾸게 된 계기는 의당 박세화(朴世和1834－1910)[38]에 보낸 간
찰을 살펴보면 알 수 있다.

　　처음에는 수의하여 중화를 보존하려면 나라를 떠나야
할 수 있다고 여기고 일국의 사우들과 함께 수의하려고
했는데 재고하니 국내에서도 수의할 수 있다고 여겼습
니다. 대체로 한 나라의 유생들이 한 곳에서 한마음으
로 수의 하면 저 오랑캐 짐승들이 아무리 흉악하더라도
우리의 대의정기(大義正氣)를 어떻게 하겠습니까? 이렇
게 하면 중화맥락(中華脈絡)을 보존할 희망이 있어 사람
이 예의로운 사람으로 돌아오고 나라가 예의로운 나라

---

36)『毅菴集』卷 17;『국역 의암집』3, 의암학회, 2007, 38쪽. 答李敬器(갑진년 9월
　　(1904)), 一國全財貨, 盡爲其用, 一國 全人 民, 盡爲其驅率, 禽獸之而魚肉之, 萬
　　戮億斬哉, 彼開化輩數十年經綸, 乃至此也.
37) 독립협회는 1896년 서울에서 조직되었던 사회정치단체이다.
38) 韓國精神文化研究院,『한국인물대사전』, 중앙일보 · 중앙M&B, 1999, 728쪽.

로 돌아올 수 있습니다.[39]

　이때 의암은 나라의 존위가 위태로워 재차 망명하기 위해 잠시
해서(海西) 지역에 머물러 있었다. 많은 유생이 모여 있고 그들과 교
유하면서 함께 국내에서 수의하기로 한 것으로 생각된다. 나라의 존
위가 위태로워도 모두가 한마음으로 수의를 결정한다면 난국을 해결
할 수 있다고 믿었던 의암의 생각이 담긴 간찰이다. '대한십삼도의군
의암 류인석 도총재 순국 100주년 기념어록비'에는 다음과 같이 쓰여
있다.

　　　　아! 우리 이천만 동포는 지극히 스스로 통탄(痛嘆)해야
　　　　할 것입니다. 한결같은 마음으로 죽음을 무릅쓰고 대대
　　　　로 피맺힌 원수 왜적을 이겨 없애야 합니다. 우리의 임
　　　　금을 지극히 높은 지위로 되돌려 모시고 우리 백성을
　　　　쾌활한 땅으로 올려놓아야 합니다. 의석은 다만 죽음을
　　　　무릅쓰고 영원히 의병의 깃발을 굳게 잡을 뿐입니다.
　　　　융희(隆熙) 4년(1910년) 음 7월 21일 동포인(同胞人) 13
　　　　도의군도 총재 류인석이 통곡하고 멀리서 바라보며 재
　　　　배합니다. 1910년 8월 25일「다시 십삼도의 대소 동포
　　　　에게 통고함(『毅菴集』 再告十三道大小同胞)」중에서[40]

39) 『毅菴集』, 卷 6, 與朴毅堂(갑진년 10월(1904));『국역 의암집』1, 의암학회,
　　2002. 444쪽. 初謂守義保華, 去國乃可, 而欲與其一邦士友矣, 更思之, 在國亦可,
　　蓋一邦士類會一處而齊一心守之, 彼夷也獸也雖凶獰也, 如吾大義正氣何, 此一華
　　脉庶幾得保, 而人還他禮義之人, 國還他禮義之國矣.
40) 『毅菴集』, 卷37, 再告十三道大小同胞(융희 4년 7월 25일(1910));『국역 의암집』
　　5, 의암학회, 2009. 35쪽. 而顧此地寓居萬千同胞, 有以心輸, 有以力助, 有以身擔,
　　誠不可沒其爲國家尙忠義之善, 方設立義案, 列書姓名, 以著其實, 竊念彼中同胞君
　　子豈異於此, 但聲氣未之有通耳, 恭請僉尊以奮忠仗義之心, 先許尊姓名同此義案,
　　蓋此義案, 聲氣相應, 一心 星圍, 以爲伸大義濟大事之地, 惟僉尊執事垂諒焉, 謹玆

우리 대한의 인민(人民)된 자는 인민의 책임을 다하고
인민의 역량을 다 바쳐야 마땅합니다. 전국 인민은 인
민의 단체(聲明會)를 조직하여 민의(民議)를 결정하고 이
로부터 어떤 방법과 수단을 쓰더라도 대한인민의 지위
를 절대 잃지 않고 일본과 싸워서 기필코 대한의 국권
을 회복할 것입니다.[41]

　의암은 거의의 자세에 대해 그것은 "측은한 마음을 다하는 것일
뿐이다, 나는 惻怛 … 之心을 다할 뿐 일의 성(成), 불성(不成)은 하
늘에 맡긴다"[42]라고 하여 선비의 의는 내면의 순수한 인의 발로여야
한다고 하였다. 이러한 선비정신은 예기(禮記)에서 "선비란 충과 신
을 갑옷으로 입고, 禮와 의를 방패로 들고, 인을 머리에 쓰고 행하며
의를 가슴에 품고 처하는 것"[43]이라고 한 정신을 계승하는 것이다.
그러한 의는 협기(俠氣)나 혈기(血氣)와 구분하여 "의가 의로울 수
있는 것은 하늘에 본원을 두고 마음에 뿌리를 두며, 일함에 마땅함을
얻는 것"[44]이라며 참된 의의 의미를 말하고 있다. 그러므로 거의의
자세도 마땅함을 구하여 실천해서 나오는 '호연지기'이어야 의이며,
협기(俠氣)나 혈기(血氣)로는 그 정당성을 말하기 어렵고 생명력도
없는 것이라고 하였다. 이러한 정신이 당우(唐虞) 삼대(三代)이래 우
리나라에 전해지는 전통이라고 하면서 다음과 같이 말하였다.

　通告.
41) 1910년 8월 聲明會「宣言書」.
42) 『毅菴集』, 卷 12, 書,「與禹仲悅」, 上책; 경인출판사, 1973, 296쪽. 復國活人以終
　　保華 要盡惻怛而已矣 盡我惻怛 事成不成天也.
43) 『禮記』, 儒生, 儒有忠信以爲甲冑禮義以爲干櫓戴仁而行抱義而處.
44) 『毅菴集』, 卷 42, 書 記,「集義堂記」, 下册; 景仁文化社, 1973, 300쪽. 眞知義之
　　爲義 爲原於天 而根於心 制乎事而得乎宜.

도가 강상대경(綱常大徑)이 되고, 예의대법(禮儀大法)이
되는 것은 그것이 하늘에 근원 하여 나와서 행해지기
때문이다. 당우삼대와 한당송명의 전통이 우리나라에
이르기까지 전해왔다.[45)]

  의병이 대의가 되려면 도와 인의에 대한 자각과 도의(道義)의 전
통에 대한 자부심이 바탕이 되어야 한다. 오늘의 거의는 만고의 대의
이다. 반드시 마음을 독실하게 하고 일 처리를 정대하게 하여 사람들
을 감동하게 하고 그것이 하늘과 신명에까지 이르게 하여야 한다. 그
래서 우리나라에서 신망을 얻고 더 나아가 다른 나라에도 신망을 얻
어야 한다. 그래야 대의라는 이름에 부끄럽지 않게 되고 마침내 성공
할 날이 있을 것이다. 그리고 전날 '심심유성사사유정(心心由誠事事
由正)'이라는 글자를 써서 申장군에게 주었다[46)]라고 하였다. 그리고
의병의 자세에 관해 돈독한 마음으로 정당한 처사를 했을 때 사람들
과 나라와 세계의 신망을 얻을 수 있고, 그것이 대의로서 정당성을
확보할 수 있다고 하였다. 그는 의병에 임하는 자세로 "마음을 정성
으로, 일마다 바름으로"라는 것을 제시하였다. 박길수는 호연지기의
배양에 관하여 다음과 같이 말하였다.

  호연지기를 배양해야 하는 까닭은 의지(志)와 기운(氣)
  의 상호 작용과 영향 때문이다. 이때 의지는 주로 주체

45) 『毅菴集』, 卷46, 祭文, 「祭死節十賢文」, 下册; 景仁文化社, 1973, 391쪽. 道之爲
   綱常大經 禮義大法 其原出於天而行之 唐虞三代 漢唐宋明 至于我東焉傳之.
46) 『毅菴集』, 卷14, 書, 「答趙都事」, 上册; 景仁文化社, 1973, 320쪽, 吾儕今日之擧
   乃萬古大義也 旣爲萬古大義 則必其居心篤實 處事 正大 感於人 而至於天神 信於
   吾國 而至於信他國 然後可以無愧其名 而經有成功之日矣 故前日 以心心由誠 事
   事由正 八字 僞書 與申將.

의 마음에서 촉발되는 자율 의지를 지칭하는 데 반해, 기운은 대체로 신체에서 비롯되는 개체의 욕구와 욕망을 가리킨다. 일반적인 상황에서는 의지가 대체로 개체의 욕구와 욕망을 주재하는 역량을 갖고 있지만, 욕구와 욕망이 특정 대상으로 전적으로 편향되어 있거나 몰입해 있을 때는 의지의 주재 능력을 압도하기도 한다. 그러므로 이러한 경우가 발생하는 것을 예방하려면 평상시에 의지를 견고하게 단련시키고 기를 안정시키는 노력을 병행해야 하는데 바로 이것이 집의를 통한 호연지기의 양성 공부이다.[47)

이는 의지와 기를 통하여 마음의 안정 작용을 반복하는 것은 곧 호연지기 함양의 방법이라는 것이다. 즉, 의암의 대의란 이름에 부끄럽지 않고 끝내 성공할 날이 있으리라는 것은 곧 호연지기 함양의 방법을 의미하는 것이다.

3. 관일약과 공동체(共同體)사상

공동체적 삶을 살아가는 인간에게 규칙은 질서 있는 삶의 초석이 된다. 유학에서는 수신을 최우선 과제로 삼아 그 후에 제가와 치국 그리고 평천하를 말하고 있다. 의암은 관일약을 통해 어지러운 사회에서 하나 된 마음과 약속으로 애국심을 고취하였다. 관일약은 매달 초하룻날에 '작은 모임'을 열고, 3월 3일과 9월 9일에는 '큰 모임'

---

47) 박길수, 「도덕 심리학과 도덕 철학의 이중적 변주」, 『철학연구』 제48집, 고려대학교 철학연구소, 2013, 54쪽.

을 열어 '망국단(望國壇)'에 나아가 본국을 향하여 절하였다. 나이 순서대로 앉아 집례(執禮)가 읽는 「관일약약속」을 경청했다. 특히 큰 모임에서는 집례가 오륜과 남전향약(藍田鄕約)의 네 조목[덕업상근·과실상규·예속상교·환난상휼]을 읽었다. 약장이 지명한 사람들이 나와 중국 삼국 시대의 제갈량(諸葛亮)이 국운을 걸고 위(魏)를 정벌하기 위해 출정하면서 촉(蜀)의 황제에게 올렸던 「출사표(出師表)」, 주나라 선왕(宣王)이 전쟁에 나설 때의 상황을 노래한 것이라는 『시경(詩經)』의 「채기(采芑)」를 각각 읽게 하였다. 이로써 군대를 길러 나라를 살리려던 중국적 질서 속에서 그것을 시도했던 그들의 각오를 짐작할 수 있다. 의식의 말미에는 기록해 놓은 약원들의 잘잘못, 즉 선적(善籍)과 과적(過籍)을 내놓고 당사자를 불러내어 권면하고 책망하도록 하였다.[48]

　　의암이 관일약을 추진할 당시 난제가 많았다. 그러나 공동체의 가치를 고취하기 위해서 관일약을 확대하고자 했던 그의 의지는 분명하였다. 국내·외의 갑작스럽게 닥친 망국의 상황은 관일약의 확대에 결정적인 타격이었다. 의암은 관일약을 통해 장기전을 기획하고 십삼도의군의 도총재로 추대되었지만, 뚜렷한 성과를 내기도 전에 이뤄진 한일병탄은 큰 충격이었다. 병탄 무효를 위한 외교적 선전 활동도 별다른 성과를 내지 못하였으며, 우병렬이 의암의 노선에 이의를 제기하고 떠나간 것도 그 무렵이다. 강제 병합이 있고 나서 1년 동안 관일약 가입자가 거의 없었던 것은 그 충격이 얼마나 컸는지를 보여준다. 1911년 초에 의암이 거처를 운현(雲峴)으로 옮기고, 2년 뒤에 다시 목화촌(木花村)으로 옮긴 것은 의병봉기의 가능성이 점점 멀어

---

48) 『毅菴集』, 卷 36, 雜著, 「貫一約約束」, 「讀約小會儀節」·「讀約大會儀節」 및 제천의병전시관 소장 자료인 「小會讀約笏記」, 「大會讀約笏記」 참조.

져가는 상황을 의미한다. 이 시기에 관일약에 들어오는 이들이 다시 있었고, 1912년 이후 1년간 20명이 넘는 새로운 회원을 확보했지만, 목화촌 시절의 관일약 모임은 간신히 명맥만 유지할 뿐이었다.[49] 의병봉기와 관련한 구체적 기록도 거의 나타나지 않는다.

　국내 정치만이 아니라 국제적인 여건도 의암에게 가혹했다. 중국에 공화정(共和政)의 수립을 뜻하는 신해혁명(1911)이 일어났다는 소식은 중화 문화의 복권을 꿈꾸는 그에게 놀라운 것이었고,[50] 3차 러일협약(1912.7)을 거치면서 러시아의 일본 협조 관계가 강화되자 연해주에서의 의병 활동은 거의 불가능하게 되었다. 연해주를 거의의 공간으로 선택했던 그는 그곳에 더 머물 수 없었다. 1914년 봄, 의암이 요동으로 수의(守義)·자정(自靖)의 길을 떠나면서 의병과 관일약을 함께했던 이들에게 자신의 실패를 인정하고 연해주 한인들이 국적을 러시아로 옮기는 것을 막아달라고 호소했지만 이미 힘없는 한탄에 가까웠다.[51] 의암의 고민은 의병에 대한 민중적 열기를 다시 일으키는 것이었다. 1907년 7월에 이르러 의암은 이러한 문제를 '관일약'을 통해 해결책을 모색하고 있다.[52] 관일약은 「관일약서」와 「관일약약속(貫一約約束)」을 통해 해결책을 모색하고 있다. 이중 「관일약약속」은 관일약의 세부 규칙으로 볼 수 있는데 27개의 본항(本項)과 2개의 별항(別項)으로 구성되어 있다. 각 항목의 중심 주제를 정리하면 다음과 같다.

49) 『毅菴集』, 卷 16, 書, 「答許政舜鳳儀」(1913.9.10.); 『毅菴集』 卷3, 詩, 「木花村九日小會讀約」
50) 『毅菴集』, 卷 3, 詩, 「寄語中華民國」·「題中華民國文字」; 『毅菴集』, 卷12, 書, 「與中華國袁總統世凱」(1912.2); 『毅菴集』, 卷55, 附錄, 「연보」 신해년 윤6월, '秋聞中華國新起退淸조.
51) 『毅菴集』, 卷 14, 書, 「與同義同約」(1914)
52) 『毅菴集』, 下册, 「年譜」, 景仁文化社, 1973, 701쪽.

[표 6] 「貫一約」의 內容 構成54)

1항 (기본강령: 目, 要 實)	2항(四目)	3항(公正)
4항(斷金透石)	5항(正義, 至誠)	6항(人心貫一)
7항(知, 仁, 勇)	8항(一國同約)	9항(組織 構成)
10항(標章)	11항(約長)	12항(別有司)
13항(掌議)	14항(掌務)	15항(司規)
16항(贊議)	17항(幹務)	18항(直月)
19항(司籍)	20항(司貨)	21항(約員)
22항(約員入約)	23항(約事準的)	24항(準的三事基本)
25항(約事:置身安固)	26항(軍中 講學)	27항(讀約束)
별항 1(讀約小會儀節)	별항 2(讀約大會儀節)53)	

의암은 관일약의 목적에 대해 국권을 회복하고, 화맥의 문화를 보존하며, 백성을 멸망에서 구하는 것으로 요약된다.55) 그리고 의암은 관일약의 성공 여부는 국권 회복의 성공과 직결되어 있다고 강조하였다. 관일약의 실천 강령(綱領)은 공동체의 가치를 중시하는 내용으로서 첫째 '목(目)', 둘째 '요(要)', 셋째, '실(實)'의 세 가지이다. '목(目)', '요(要)', '실(實)'의 개념은 다음과 같다.

① 목(目): 애국심(愛國心), 애도심(愛道心), 애신심(愛身心), 애인심(愛人心). ② 요(要): 마음을 4가지 애(愛)에 두어 모든 사람이 같은 마음으로 관일(貫一)이 됨. ③

53) 『毅菴集』, 下冊, 「貫一約 約束」, 景仁文化社, 1973, 141-147쪽.
54) 『毅菴集』, 下冊, 「貫一約 約束」, 景仁文化社, 1973, 141-147쪽.
55) 『毅菴集』, 下冊, 「貫一約序」, 景仁文化社, 1973, 295쪽 참조. 왜 貫一約을 실시하는가. 부득이하여 실시하는 것이다. 왜 부득이한가. 지금 섬 오랑캐의 禍가 極에 달하여 國家가 亡하고 道德이 滅하며 신체를 보존치 못하며 사람은 모두 盡滅하였으니 이 約을 실시하는 것이다.

실(實): 정성(精誠)을 하나로 하여 금석을 단투(斷透)
함.56)

　　관일약의 조직은 약장(約長)을 최고의 위치에 있고 그 아래 별유
사(別有司), 장의(掌議), 장무(掌務), 사규(四規), 찬의(贊議), 간무(幹
務), 직월(直月), 사적(司籍), 사화(司貨) 등을 두었는데 각각의 임무
는 다음과 같이 규정되어 있다.

　　① 약장(約長): 약사(約事)를 총재 한다. 덕량(德量), 병의
　　(秉義), 이직(吏職), 사체(事體)가 있고 중망(重望)이 있는
　　자를 약장(約長)으로 삼는다. ② 별유사(別有司): 덕의(德
　　意)와 개방(開望)이 있어 사람들의 신앙(信仰)을 받는 자
　　로 삼는다. 약장과 더불어 제반 약사를 논의한다. ③
　　장의(掌議)(2인): 논의(論議)를 주발(主發)하고 약사(約事)
　　를 주섭(周涉)한다. 모든 임원은 장의가 약장에 추천하
　　고 모든 일은 장의가 약장에 질의(質議)한다. ④ 장무
　　(掌務)(2인): 사무(事務)를 통변(通辯) 한다. ⑤ 사규(司
　　規)(2인): 一人은 찰법(察法)(司正)에, 一人은 집례(執禮)를
　　담당한다. ⑥ 찬의(贊議)(정수(定數)는 없음): 일국(一國)
　　에서 견식(見識)이 있고, 의논(議論)이 있고, 지간(智幹)
　　이 있고, 사무(事務)를 풀 수 있는 사람을 취하여 정한
　　다. ⑦ 간무(幹務)(2인): 근민(勤民), 근실(勤實)한 사람으
　　로 정한다. 사무를 간집(幹執) 한다. ⑧ 직월(直月)(1인):
　　약사를 모두 기록한다. 매월 한 사람씩 바꾸되 공정한

---

56) 『毅菴集』, 下冊,「貫一約 約束」(1항), 今當萬古天下所無之大禍 至於國亡道蔑 身
　　不保 而入盡滅 入此貫一約 約有目曰 愛國心 愛道心 愛身心 愛人心 約有要曰 心
　　乎四愛 貫以一之 衆萬同心 貫以一之 約有實曰 會精團誠 斷金透石 旣立約 有以
　　盡其目 致其要 極其實 期免大禍事, 景仁文化社, 1973, 141쪽.

사람으로 정한다. ⑨ (사적) 司籍: 서적(書籍)을 관장한
다. 서적은 매우 긴중(緊重)하므로 반드시 신밀(愼密)한
사람으로 정한다. ⑩ 사화(司貨): 재용(財用)을 관장한
다. 반드시 간변재(幹辨才)와 공정심(公正心)이 있는 사람
으로 정한다.[57]

　　위의 조직은 기본적으로 전통(傳統), 향약(鄕約) 조직과 유사하
다. 1904년 제천(堤川)지방의 향약 조직을 보면[58] 이와 유사하다. 즉
의암은 향약 조직을 발전시켜 이를 의병조직으로 활용하려 했던 것
인데 전통 민간조직(民間組織)을 의병조직(疑兵組織)으로 연계시킨
것은 유학자적 특징을 보여주는 것이었다.

　　의암의 관일약과 공동체사상은 충의정신(忠義情神)에서 비롯되
었다. 유가의 이념에서 볼 때 의암이 살았던 시대에 택할 수 있었던
길이 자연에의 은둔, 학문 몰두, 현실 참여를 통해 유가적 이념 실천,
사상적 방향 전환 등이었는데 의암은 현실 참여를 통한 이념 실천 쪽
을 택한 인물이다.[59] 의암은 장기적인 의병항쟁을 위한 구상으로 관
일약을 제시하였는데, 관일약은 향약제도의 일종으로 관일약 실시의
이유를 다음과 같이 설명하였다.

　　　관일약은 어찌해서 만들었는가. 어쩔 수 없어서였다.
　　　어찌하여 어쩔 수 없었는가. 지금은 섬 오랑캐의 화가

---

57) 『毅菴集』, 下册, 景仁文化社, 1973, 141－145쪽.
58) 당시 제천향약의 조직구성은 都約長, 副約正(2인), 直月(21인), 副直月(27인),
　　掌議(2인), 司正(2인), 執禮(4인), 讀笏(5인), 相禮(6인) 등으로 조직되었다. 崔
　　在虞, 「韓末 堤川 地方 鄕約의 衛正斥邪의 性格」, 『忠北史學』 제2집, 51－53면,
　　1989.
59) 서준섭, 「의병장 유인석의 한시」, 『의암 유인석연구논문선집 I』 2004, 217쪽.

극에 달해 나라가 망하고 도가 없어져 몸은 보존하지
못하고 사람이 모두 멸망할 지경까지 이르렀다. 그래서
이 약속을 맺었으니 이 약속은 장차 화(禍)를 벗어날 방
법을 꾀하려고 하는 것이다.[60]

　　이처럼 관일약 실시의 최종적 목적은 국권 회복을 위한 것임을
밝히고 있다. 이 관일약은 그의 독립운동 근거지 구상과 전통 조직을
접목한 것이라는 점에서 그 의미가 크다고 하겠다.[61] 약속의 노목
[目]이 있으니 그것은 나라 사랑하는 마음, 도를 사랑하는 마음, 자신
을 사랑하는 마음, 사람을 사랑하는 마음이다. 약속의 핵심이 있으니
네 가지 사랑에 마음을 두어 하나로 꿰고(心乎四愛 貫以一之), 대중
이 마음을 같이하여 하나로 꿰는 것이다[衆萬同心 貫以一之], 대중이
마음을 같이하여 하나로 꿰는 것이다(衆萬同心 貫以一之). 약속의 실
질적 효과[實]가 있으니 정성을 묶어 모으면 쇠도 끊고 돌도 뚫을 수
있다(會精團誠 斷金透石). 이미 관일약을 세웠으니 그 조목을 다하고
(盡其目) 그 핵심에 도달하고(致其要) 실질적 효과를 극대화하면[極
其實] 큰 화를 면할 수 있을 것이다.[62] 이것이 관일약의 기본 논리이
다. 제시한 내용을 이어지는 「관일약」의 항목을 통해 보완하면 대략
다음과 같이 요약할 수 있다.

---

60)　『毅菴集』, 卷42,「貫一約序」,貫一約 何爲而爲也 不得已也 曷爲不得已 今島夷之
　　禍 抵極于國亡而道蔑 身不保而人盡滅 故爲是約 是約也將謀所以免禍 其可得以
　　已乎『國譯 의암집』5, 의암학회, 2009, 279쪽.
61)　『毅菴集』, 下册, 景仁文化社, 1973, 295쪽.
62)　『毅菴集』, 卷36, 雜著. 下册,「貫一約約束」, 今當萬古天下所無之大禍, 至於國亡
　　道蔑, 身不保而人盡滅, 立此貫一約, 約有目, 曰愛國心, 愛道心, 愛身心, 愛人心,
　　約有要 曰心乎四愛, 貫以一之, 衆萬同心, 貫以一之, 景仁文化社, 1973, 141쪽.

먼저, '약속의 조목'에서는 나라와 도와 몸과 사람이라는 사랑의 대상을 설정했다. 그것은 상호 의존적이기 때문에 불가분(不可分)의 관계이고, 어느 하나를 빠뜨릴 수 없는, 항상 함께해야 하는 존재라고 설명하였다. 다음에 제시한 '약속의 핵심'은 실천 과제를 말한다. 네 가지 대상 중 어느 하나에 치우치지 않은 고른 사랑을 항상 마음에 새겨 하나로 꿰고(貫一), 대중들과 더불어 마음을 같이하여 꿰어야 한다는 것이다. 엽전도 꿰어야 편하게 쓸 수 있는 것처럼 사랑도 하나로 묶어야 한다는 것이다.[63] 마지막으로 제시한 '약속의 궁극적 효과'는 네 가지 사랑의 마음을 한 줄로 꿰고 지극한 정성을 기울이면 결국 큰 세력을 이루게 되어 불가능한 일이 없다는 주장이다. 그리고 이러한 삼 단계의 논리는 관일약 약원들이 지니도록 한 '약표(約標)'에 그대로 반영되었다.[64]

　　의암은 '나라'와 나라의 명맥인 '도', 도를 실천하는 '몸'과 삶과 가치를 함께하는 공동체인 '사람'에 관한 사랑 (애국심 · 애도심 · 애신심 · 애인심)이 불가분의 관계라는 것을 깨달아야 하고, 그렇게 깨달은 이들이 굳게 단결하여 고난의 역사와 맞서야 한다고 본 것이다. 관일약을 확대하여 모든 사람을 하나로 묶을 수 있으면 나라와 도와 몸과 사람이 제자리를 찾는, 즉 성리학적 세계가 복구될 것이라고 본 것이다. 따라서 관일약은 애국 계몽운동 세력과 사상적인 대립을 해소하자는 것이 아니었다. 그것은 분명 연해주 한인 세력의 결집을 주

---

63) 『毅菴集』, 卷42, 序.「貫一約序」(1907.7.1.)
64) 『毅菴集』, 卷36, 雜著.「貫一約約束」, '取約之所以爲目'조 '약표'는 『용연김정규일기(龍淵金鼎奎日記), 上』, 독립기념관 한국독립운동사연구소, 1994, 545쪽.

4장 의암 애국사상의 분석　149

장하는 분위기 속에서 태동했지만, 현실의 대안으로 떠오르고 있던 애국 계몽운동 세력과의 차별성을 오히려 분명히 했다. 멸망의 위기에서 보존해야 할 나라만이 아니라 보존해야 할 도, 보존해야 할 몸, 보존해야 할 사람이 뗄 수 없는 존재하는 그것을 강조하였을 뿐 아니라 그것을 반드시 '바르게' 사랑해야 하고, 존재의 가치를 포기하면 안 된다고 강조했다. 다음은 「관일약약속」의 내용이다.

> 약사(約事)의 요점(要點)은 공정(公正) 두 글자보다 뛰어난 것이 없다. 나라를 사랑할 때 반드시 정(正)으로 사랑하고 도를 사랑할 때도 반드시 정(正)으로 사랑하며, 자신을 사랑할 때도 반드시 정으로 사랑해야 한다. 남을 사랑할 때 역시 정으로 사랑해야 한다. 만약 정으로 하지 아니하면 나라는 중화를 숭상하고 예의를 숭상하는 것을 버리는 까닭에 토강(土疆)을 존속하는 데 그치고, 도는 강상(綱常)과 仁義를 버리면서 그것을 도로 여기는 까닭에 겨우 몸만을 보존할 뿐이다. 사람의 정대(正大)와 귀현(貴顯)을 버리는 까닭에 금수(禽獸) 같이 된다. 이를 어찌 사랑이라 말하겠는가? 오늘날의 화(禍)는 그 정(正)을 잃었기 때문이다. 지금 화를 면하려고 하나 정을 가지고 아니 하면 마치 불로 불을 구원하는 것과 같아서 화는 더욱 화를 더할 것이니 면할 수 있겠는가?[65]

이처럼 관일약은 망국의 위기에 놓인 나라를 간절하게 건지려고 하면서도 중화 문화에 관한 깊은 애정 위에 설정된 목표를 향해 나아

---

65) 『毅菴集』, 卷 36, 雜著, 「貫一約約束」, '約事要不出公正'조. 『국역 의암집』 4, 의암학회, 2008, 406쪽.

가자는 운동이었다. '도(道)·국(國)·신(身)·인(人)'의 '四愛'와 인도
적 애국정신 그 논리 속에서 애국 계몽운동과 공존할 수 있는 여지는
별로 없었다. 그러나 정명적 논리로는 충분히 그 의의가 있다고 할
것이다.

　　의암은 『경시제임원(警示諸任員)』, 『경고(警告)』, 『시무아어(時
務雅語)』 등에서 "단결하여야(국권 회복을) 성공할 수 있다. 사를 버
리고 공을 회복하자"[66]고 여러 차례 강조하며 국권 회복 운동단체와
구성원들의 단결을 목적으로『관일약』을 제정 시행하였다. 이는 뜻을
함께하는 동지들이 먼저 한 가지로 단결하고 그 후 온 나라에 퍼지어
단결하기를 바라는 것이다. 그에 우선 자신을 보존하고 도를 지키며
결국, 국권을 회복하고 인류를 구하려는 기약이었다.[67] 또한, 그는
국권을 회복하기 위해 가져야 할 정신으로 '四愛心'을 제시하였다. 사
애정신은 당시 민족세력이 서로가 다른 사상과 세력 차이로 인해 단
결이 안 되는 것을 보고 민족의 단결을 위한 제시였다. 이렇게 모든
사람이 애국심으로 단결해야 한다고 호소하면서 애도에 바탕을 둔
愛國을 다음과 같이 말하고 있다.

　　　만약 사랑함이 나라에 미치는 데도 도를 사랑할 줄 모

---

66) 『毅菴集』, 卷36, 「貫一約約束」雜著, 下册, 景仁文化社, 1973, 156쪽; 『국역 의암
　　집』 4, 의암학회, 2008, 409쪽. 濟事之策, 結團體太上也, 備器械其次也 … 今日
　　知事 合而一則成, 古語曰合則强, 分則弱, 曰公則一, 私則殊, 今不合不一, 自弱而
　　私, 何能制莫强之敵, 何能伸大義而濟大事乎, 爲今計, 去私而恢公, 棄弱而圖强,
　　求斯而已, 無他事也.
67) 『毅菴集』, 卷37, 雜著, 通告, 下册, 景仁文化社, 1973, 168쪽; 『국역 의암집』 5,
　　의암학회, 2009, 31쪽. 麟錫不揆猥越, 設得一約, 曰貫一約, 約以愛國愛道愛身愛
　　人, 而同乎爲心, 貫以一之 也, 是將願 與同寓此地之僉賢, 先焉爲一心團體, 終致
　　一國之爲一心團體, 先焉爲保身守道, 終期有以復國權而救人類也.

르면 도가 나라의 명백이니 도가 없으면 나라가 존속할
수 있겠는가?[68]

나라 사랑은 그 영토나 주권만 중시하는 것이 아니고 그 나라의
전통 명맥을 사랑하는 것을 포함하는 것이다. 그리고 나라가 보존되
려면 국가의 명맥이 보존되어야 하는 것은 마땅한 것이며 국가의 정
신적 기반과 전통에 관한 기반 없이 단순하게 국가만을 위한다는 생
각은 진정한 애국이 아니다. 또한, 그는 자신만 사랑하고 인류애가
없으면, 그것은 사심이므로 진정한 사랑이 아니라며 다음과 같은 말
을 하였다.

> 사랑이 자신에 그쳐 남을 사랑할 줄 모르면 사람은 나
> 와 한 몸이니 사람이 없다면 몸이 홀로 보존될 수 있겠
> 는가? 사람이 모두 당한 일을 함께하고 애석히 여기는
> 것을 함께 하려면 마음 쓰는 것을 함께 해야 할 뿐이
> 다. 수많은 사람이 마음을 같이 하려면 하나로써 그것
> 을 꿰어야 할 뿐이다.[69]

이는 자기애를 인류애로 승화하여야 하며, 인류애에 근거하여 자
신을 사랑해야 한다는 것이다. 그는 사애사상으로 온 나라가 한마음
으로 단결하여 자신을 지키고, 도를 지키고, 국권 회복을 하고 마침
내 인류를 구하는 것을 지향하였다. 그러므로 나라사상, 진리사상, 자

---

68) 『毅菴集』, 卷42, 序, 貫一約序 下冊, 景仁文化社, 1973, 296쪽; 『국역 의암집』 5,
   의암학회, 2009, 280쪽. 如或愛國乃於國而不知愛道, 道爲國命脉, 無道國其得存乎.
69) 『毅菴集』, 卷42, 序, 貫一約序 『국역 의암집』 5, 의암학회, 2009, 280쪽. 愛止於
   身而不知愛人, 人爲吾一體, 無人身其獨保乎, 人皆同所遭 而同所愛, 同乎爲心而
   已. 衆萬同心, 貫以一之而已.

기사랑, 인류사랑의 내용을 담은 사애사상은 의병의 의무이며, 민족의 이념이었다. 이 사애정신은 그 설명에서 보았듯 애국심이나 자신을 사랑하는 마음이 인도적 보편성에 따라 성취되기를 추구하는 것이다. 그것은 우리의 전통인 윤리의 시와 인류애를 바탕으로 한 애국정신이었다.

의암은 명성황후시해사건과 단발령에 거의하였지만, 일제에 의한 국가의 멸망을 갑오왜란으로 인식하고 있었다. 1876년 우리나라 문호를 강제로 개방시킨 일제는 한국 내에 있었던 타국의 세력을 밀어내면서 한반도를 시작으로 대륙침략을 추진하였다. 1894년 동학농민운동을 기회로 일본군을 파견하면서 그 침략 의도를 노골화하였다. 1894년 5월 일제는 내정개혁안을 조선 정부에 강요하였다. 조선 정부가 이를 거부하자 6월 21일 경복궁을 강제 점령하는 갑오왜란을 일으켰다. 갑오왜란은 일제가 조선에 대한 야욕을 구체적으로 실행한 첫 단계의 침략이었다. 이렇게 일제가 경복궁을 강제 점령한 상태로 부일개화파(附日開化派)에 의해 소위 김홍집(金弘集) 1차 내각(內閣)이 수립되면서 갑오개혁(甲午改革)이 단행되었다.

의암은 을미거의 때의 격문『檄告八道列邑』에서 "갑오년 6월 20일 밤 우리 조선 온 나라 삼천리와 종묘사직이 없어졌다"[70]라고 했으며 나라가 갑오왜란으로 인해 멸망한 것이라고 보았다. 이에 7월 말 청풍(淸風)에서 서상철(徐相轍)이 의병을 일으켰고, 지평(砥平)에서는 안승우(安承禹)[71]가 의병봉기를 시도하였으며, 홍주(洪州)에서 승지직(承旨職)에서 물러난 김복한(金福漢) 등이 의병 봉기할 준비를

---

70) 『毅菴集』, 卷 45, 檄,「檄告八道列邑」, 下冊; 景仁文化社, 1973, 356쪽. 卒至于甲午六月二十日之夜更 無我朝鮮一國三千里方宗社.
71) 『毅菴集』, 卷 17, 書,「答書敬殷」, 甲午 九月, 上冊; 景仁文化社, 1973, 394쪽. 前後 聞 兄與安啓賢李輔卿 但不勝憤慨 欲爲義兵之擧 果然 否.

하였다. 유생들도 갑오왜란을 침략행위라고 인식하고 반침략 투쟁을 개시하였다.

갑오왜란으로 조선을 무력으로 장악하고 개화를 구실로 침략을 한 일본은 명성황후가 이를 반대하며 러시아 세력과 제휴하려 하자 1895년 8월 20일 명성황후시해사건을 일으키기에 이르렀다. 이에 대해 친일내각(親日內閣)은 폐비조서(廢妃詔書)를 강제로 내리게 하니 내각과 일제에 대한 분노가 전국적으로 일어 유성(儒城)에서 문석봉(文錫鳳)의 거의로 항일의병이 일어났다. 이때 김구도 11월 초 간도에서 김규현(金奎鉉), 김이언(金利彦)과 함께 거의하였다.[72] 같은 해 11월 단발령이 선포되자 변복령(變服令)에 이어 민족문화의 단절로 인식한 유생들이 대거 봉기하게 된다. 특히 단발령은 민족의 자존심을 꺾는 조치로 전 국민의 울분을 자아냈다. 이러한 일련의 상황에 대해 의암은 서북 장정(西北長征) 시 상소문에서 "일제가 우리나라에 들어온 지난 10년 동안 정부의 미봉책으로 어름어름 넘어가다 결국 나라가 망하였다"라고 국가정책을 비판하고, "나라가 망하지 않을 수 없다면 하필 이적되어서 망하고, 사람이 금수가 되어서 죽어야 하느냐?"[73]라고 한탄하였다.

의암은 1907년 7월 「여동지사우서(與同志士友書)」를 통해 전기

---

72) 김구, 『원본 백범일지』, 禹玄民 現代語 譯, 서문단, 2000 수정판, 66쪽.

73) 『毅菴集』, 卷4, 疏, 「西行時在旌善上疏」, 上冊, 景仁文化社, 1973. 80쪽; 李鍾尙 「毅菴 柳麟錫의 哲學思想 硏究」, 成均館大學校 大學院 博士學位論文 2002., 118쪽. 噫 姑順二字 實我國覆宗社 滅人類之基本也 在昔丙子通商之請 畏彼動兵 而姑順之 逮夫甲午犯闕之變 爲我忌器 而姑順之 其效至於國母遇害 而姑順之 君父被辱 而姑順之 念此十年來姑順之功 不爲不勤 而禍變之生日就窮極 臣愚以爲此一節之順 養成一節之禍 若初不順之則亦初 無其禍矣假令不順而取禍其與順之而免禍不可同日而語況其順幽不免者乎 國無有不亡 何必爲夷狄而亡 人無不死 何必爲禽獸而死哉.

의병시기(前期義兵時期)에 이어 다시 의병 근거지론(根據地論)을 제안하였다. 이 제안은 급하게 이루어진 것이 아니었다. 의암은 이미 1896년 만주로 망명하면서 국외 의병 근거지를 개척할 계획을 수립하였고, 1904년 2월 이후에 '한일의정서'의 체결 등 일제 침략이 속도를 내는 상황을 보고 1907년 7월 광무황제(光武皇帝)의 퇴위 문제까지 거론되는 정계(政界)의 파국에 대한 국권 회복방안을 찾는 과정에서 근거지론을 제안하였다.

의암이 「여동지사우서」에서 제안한 근거지론은 국외로 망명하여 그 지역을 차지한 후에 충의호걸(忠義豪傑)을 함께 할 현자(賢者)를 찾았고 일제를 구축(驅逐)할 세력이 형성되면 기괄(機括)을 점득(占得)하여 흥복(興復)을 이룬다는 계획이었다. 이와 같은 기본구상인 국외 근거지론은 원론적인 수준이었기 때문에 망명 지역은 제시되지 않았다. 국외 근거지론은 1908년 1월에 「흥제진별지(興濟陣別紙)」에서 국내 근거지론으로까지 연계되면서 확대되었다. 즉 의암의 근거지론은 국외 그뿐만 아니라 국내 근거지론으로까지 연계되었는데 이는 국외에 한정된 신민회(新民會)의 '독립군(獨立軍) 기지(基地)' 창건계획과 다른 점이다. 의암은 「여제진별지(興濟陣別紙)」에서 백두산을 중심으로 한 근거지 구축을 제안하면서 '북계(北計)'로 명명(命名)하였다. 의암은 '북계'의 유리함에 대해 지형적인 이점, 인적·물적으로 기반이 풍부한 점, 국내의 의병을 연계하여 지휘하기에 유리한 점74) 등을 들었다.

의암은 1908년 6월 26일에 연해주로 망명하고 연추(煙秋) 중별리(中別里)에 도착하였다. 이때 연추에는 1906년 초부터 이범윤이 이

---

74) 「義兵規則」에서는 북계의 유리함과 관련해 위의 내용 외 一當百의 지형적 유리함과 무기 조달 및 식량 저장의 유리함을 추가로 거론하였다.

주한 한인들을 모아 의병 활동을 전개하고 있었는데 의암은 그와 합세하였다. 그런데 의암의 망명을 전후로 동행한 인사가 많았고 이들이 후일 독립운동에 큰 흐름을 형성하였다. 망명 이전 의암이 「여동지사우서」, 「여제진별지」에서 제안한 국내, 국외의병 근거지론은 앞에서 논한 바와 같이 원론적인 구상이었다. 따라서 의암은 연추에 도착하여 의병규칙을 제정하고 의병 근거지론을 더욱 구체화하였다. 즉, 의병규칙은 37개 항목으로 구성된 계획서로써 크게 '조직론(組織論)'. '운용론(運用論)', '전술론(戰術論)'으로 나뉜다.

조직론에서는 의병조직의 체계를 구체화하였다. 지휘계통은 대위→총영장→대장→분대장→반장의 체계로 하였다. 그리고 총대장은 2명을 두어 2개 대 200명을 지휘하고, 대장은 1개 분대 50명을 지휘하며, 분대장의 휘하에는 5명의 우두머리를 배치하였다. 또한, 의병규칙은 조직적으로 의병이 독립군으로 체계화되어 가는 양상을 보였다. 운용론에서는 '단결', '기율', '화육', '신의'를 강조하고 있다. 10개 조의 참수(斬首)조항은 엄격한 규율을 강조하여 정규군과 다를 바 없었다. 의암은 의병 군자금을 백성에게 징발하여 의병항쟁을 '정규 전쟁'으로 인식했던 것을 시사한다. 전술론은 의병규칙에서도 핵심적인 내용에 해당한다. 전술론에서는 주요 응징대상과 전국적 의병봉기의 구상, 그리고 국내 의병 근거지론에 관한 것이었다. 응징대상으로는 일본 외에 관찰사(觀察使)와 군수(郡守) 그리고 일진회(一進會)로 하였다. 의암은 전 국민을 의병운동에 참여하도록 유도하려는 방안으로 군사교육의 필요성, 실농(失農)하는 일이 없도록 할 것, 무기는 민간의 생활 도구까지 모두 동원할 것, 병사 조직은 공격수(攻擊手)와 수비대(守備隊)로 나누어 적절히 배치할 것, 견고한 곳에 中央 根據地를 설치할 것 그리고 13도 도총재(道總裁)를 두어 전국의 의병조직을 체계화할 것을 제안한 것이다.

　의암은 의병규칙을 통해 망명 이전에 제안했던 근거지론을 더욱 구체화하였는데 주로 국외보다는 국내 의병근거지 구축에 비중을 두고 있었다. 국내 의병들은 백두산(白頭山)을 중앙(中央) 근거지로 하되, 백두산으로만 국한하지 않고 백두산이 이어지는 산악지대에는 곳곳에 근거지를 구축하도록 하였다. 이는 백두산 지맥이 전국의 각 산으로 이어지기 때문에 지형적 특징을 고려한 것이었다. 그렇게 중앙 근거지와 지방 근거지가 구축되면 그 산맥을 따라 연계하는 데 우선하여 지방 근거지에서 일본군을 섬멸하고 그 다음으로 서울의 일본군을 구축하도록 계획하였다. 이 같은 의병규칙은 1909년 12월 「의무유통(義務有通)」과 1910년 2월 「황견봉시약중제인(荒見奉示約中諸人)」을 통해 더욱 보충되었다. 「의무유통」은 '통제(統制)의 법(法)'으로 각 군례(軍禮)를 구체화한 규정이다. 그리고 「황견봉시약중제인」에서는 의병규칙에서 언급된 의병 부대의 운영에 관한 보완이었다. 여기에서는 유비(有備), 선성(宣聲), 흥병(興兵), 제병(濟兵), 해병(解兵), 제병(制兵), 통제(統制), 약사긴관(約事緊關), 제사별책(濟事別冊), 청지운기(淸地運器), 목하접제(目下接濟), 그리고 진력무잡(盡力無眨) 등에 관한 규정이다. 이러한 사상적 전환이 있었기에 의암은 십삼도의군, 성명회에서 계몽운동가들과 연합하여 활동을 전개할 수 있었다.[75)

　의암이 연해주와 북간도 일대의 변경지대 한인들의 항일무장세력을 규합하기 위해 관일약 시행을 구상한 것은 1909년 음력 7월경이다. 관일약을 시행하기 위한 서문을 이때 작성하였기 때문이다. 개인

---

75) 柳漢喆, 「柳麟錫의 義兵 根據地論」, 毅菴學會 『毅菴柳麟錫研究論文選集 Ⅳ』, 2016, 135-145쪽.

이나 집단들은 각각의 욕구와 능력을 달리하면서도 상호의존관계를 형성하고 있다. 『禮記』에서는 이상적인 사회를 다음과 같이 말하고 있다.

> 대도가 행해짐에는 천하를 공으로 삼는다. 어질고 유능한 사람을 뽑아서 충과 신을 가르치고 화목하게 다스리도록 한다. 사람들이 자기 어버이만을 친애하지 아니하고, 오직 자기 자식만을 사랑하지 않으며, 노인으로 하여금 그 삶을 편안하게 마치게 하고, 장년이 자기의 능력을 발휘하게 하고, 어린이가 의지하면서 안전하게 크게 하며, 홀아비·과부·고아와 늙고 자식이 없는 자와 폐질자들이 모두 부양을 받을 수 있게 한다. 남자는 일거리가 있고, 여자는 혼인할 수 있게 한다. 재화는 설속 없이 땅에 흩어지게 하지 않으며, 반드시 한 사람만 갖게 하지 않는다. 역량은 발휘하되 그 노력이 한 사람의 이익을 위해 쓰이게 하지 않는다. 그런 이유로 간사한 꾀는 나지 않고 절도나 난적은 생기지 않는다. 따라서 바깥 문을 닫지 않아도 안심하게 한다. 이런 세상을 대동 세상이라고 할것이다.[76]

유가의 대동사회는 개인에서 나아가 국가 전체로 확대되는 사회이다. 이처럼 유가의 대동사회 구현은 개인의 역할을 중요시하면서 "모든 사람에게 널리 사랑을 베풀도록 하는 데 있다."[77] 단순히 생존하기 위한 삶이 아닌, 공동체 구성원이 도덕성으로 연대와 협력해야

---

76) 『禮記』, 「禮運」: 孔子 曰, "大道之行也. 天下爲公. 選賢與能 講信修睦. 故人 不獨親其親, 不獨子其子, 使老有所終, 壯有所用, 幼有所長, 矜寡孤獨廢疾者 皆有所養. 男有分, 女有歸. 貨惡其弃於地也, 不必藏於己. 力惡其不出於身也, 不必爲己. 是故 謀閉而不興 盜竊亂賊而不作. 故外戶而不閉. 是謂大同."
77) 정병석·권상우, 「유가의 복지」, 『철학논총』 69권, 새한철학회, 2012, 475쪽.

할 것이다. 대다수 사람이 이렇게 되기 위해서는 사상적 연합이 전제되어야 한다. 사상적 연합을 위한 의암의 노력은 공동체 정신으로 관일하자는 애국정신이다.

4. 의병운동과 정명(正名)사상

　『論語』「顔淵篇」에서 노나라 상경(上卿) 계강자(季康子)가 공자에게 정치에 관하여 물어보자 공자는 다음과 같이 대답하였다. "정치란 바로잡는다는 뜻인데 당신이 솔선해서 바로잡는 것에 대한 본(本)을 보인다면, 누가 감히 따르지 않겠는가?"[78] 그리고 "임금은 임금다워야 하고 신하는 신하다워야 하고 아버지는 아버지다워야 하고 자식은 자식다워야 한다"[79]라고 말했다. 즉, 모든 사람이 자기 역할을 다 하고 명분에 맞는 덕을 실현하는 것이 공자가 논한 정명사상(正名思想)이다. 우리가 모두 각자의 직분(職分)을 다 한다면 질서가 회복되고 많은 사람이 평안하게 살 수 있을 것이다. 인한 사람은 관계적 상황에서 자신이 처한 상황에 적절하게 온전한 도리를 실현하는 사람이고, 그것은 곧 정명의 이념을 실현하는 사람이다. 앞에서 논한 바와 같이 의암은 1895년에 일어났던 명성황후시해사건과 단발령 등으로 인하여 의병투쟁을 시작하였다. 처변삼사를 논의한 의암은 중국으로 망명하여 수의하기로 하였으나 문인들의 부탁으로 인하여 1896년 호좌창의진 대장에 오르면서 의병투쟁에 뛰어들었다. 호좌창의진의 성립은 화서의 제자인 의암과 이필희(李弼熙), 이범직(李範稷), 이

---

78) 『論語』, 「顔淵」: 季康子問政於孔子 孔子對曰, "政者正也 子帥以正, 孰敢不正?"
79) 『論語』, 「顔淵」: 君君 臣臣 父父 子子.

춘영(李春永), 안승우(安承禹), 서상렬(徐相烈) 등이 모집한 지평 민병과 지평 검역 맹영재(孟英在) 휘하의 김백선(金伯先)이 이끈 포군 수백 명이 주류를 이루고, 의병조직은 안승우와 이춘영이 이끄는 지평의병이 중심이 되었다. 이들은 연합 의병 부대의 성격을 띤 것으로 제천에서 합류하여 1896년 2월 3일 호좌창의진으로 편성하였다.[80] 그가 한 애국 실현의 바탕에는 정명사상이 내재하여 있었다.

　　의암의 의병규칙은 의병 직분에 대한 정명사상을 강조한 것이다. 의병의 직분은 나라가 위태로울 때 더 강조된다. 그는 의병 전쟁의 과정에 병사에 관한 통제, 즉 제병(濟兵)을 해야 하는데, 이를 위해 엄격한 기상을 세우고 장차 대규모로 확대할 관일약과 결부시켜야 한다고 생각했다.[81] 이러한 생각은 의병 활동에서 염두에 두어야 할 요체를 규정한 '의사유요(義事有要)'에서도 그대로 되풀이되었으니, '흥병(興兵)보다 제병(濟兵)이 어렵고, 해병(解兵)이 더욱 어려우며 제병이 가장 어렵다'라는 평가도 똑같다.[82] 그 때문에 연해주 시절의 의암은 '시작을 신중하게 하여 마무리를 대비하라(慮始而要終)'라는 것을 의체, 즉 투쟁 노선으로 삼을 정도였다.[83] 이런 면을 제대로 염두에 두지 않으면 의병으로 시작하여 난군(亂軍)으로 마감하게 된다

---

80) 이상근, 「유인석 의병진의 북상과 항일투쟁」, 『毅菴學研究』 제5호, 毅菴學會, 2008, 77쪽.
81) 『毅菴集』, 卷 36, 雜著, 「荒見奉示約中諸賢」(1910.1.1.) 여기서 의암은 입장을 이리저리 바꾸면서 의병 일을 해치는 이가 아니면 모두 관일약에 가입하도록 하여 대세를 이루면 관일약이 주도권을 가질 수 있다고 주장했다.
82) 『毅菴集』, 卷 36, 雜著, 「義事有要」.
83) 『毅菴集』, 卷 36, 雜著, 「義事有要」(1908.10.) 의암은 1898년 여름, 요동으로 두 번째 망명한 구에 '만고 중화의 일맥(一脈)이 땅에 떨어진 나머지에 천신만고하여 그 전형(典型)을 보전하고 영원히 회복을 다지는 것이 진실로 바라는 것이다. 비록 하루를 더하더라도 그만두는 것보다는 낫다[萬古華夏一脈墜盡之餘 千辛萬古 準保其典型 永基來復 固其望也 雖加一日 猶愈於已]'라는 지침을 제시했다.

는 것이 의암의 걱정이었다.[84) 다음은 의암이 십삼도의군 도총재에 한규설(韓圭卨)을 추천하는 이가 있었을 때 의암의 생각을 대화체로 정리한 것이다.

> 무명: 당신은 십삼도의군 도총재 후보를 처음에 천거할 때 장신(將臣)인 한규설을 불러오자고 하는 사람이 있었지만 허락하지 않았습니다. 대저 한규설은 왜적에게 즐겨 복종하지 않아 명성을 얻었는데, 이를 허락하지 않은 것이 무엇 때문입니까?
>
> 의암: 머리를 깎았기 때문입니다.
>
> 무명: 그런 이들과 의병의 일을 함께하면서 이 경우에만 유별나게 허락하지 않은 것은 무엇 때문입니까?
>
> 의암: 의병을 함께 하는 것은 좋지만, 의병의 일을 주도하도록 하는 것은 안 됩니다. 이 사람이 의병의 일을 주도하면 나와 나의 동지가 그 사람의 밑에 있게 되고, 장차 온 나라와 온 나라 사람이 모두 그 밑에 있어 그의 지휘를 받을 것이니 그 형세가 과연 어떻게 되겠습니까? … 이것이 허락하지 않은 이유입니다. 만약 이 사람에게 이 일을 주관하게 하면 지금 대의를 일으키는 기본 의미에 크게 어긋납니다. 지금 대의를 일으키는 기본 의미는 단지 나라를 회복하려는 것만이 아니고, 장차 소중화의 나라가 되는 것을 회복하려는 것입니다.[85)

---

84) 『毅菴集』, 卷 36, 雜著, 「義事有要」.
85) 『毅菴集』, 卷 32, 雜著, 「散言」, ‘衆謀義事’조. 景仁文化社, 1973, 39쪽

의암에게 옳은 방향이란 소중화의 회복, 즉 전통적 질서로 돌아가는 것이었다. 결국, 의병 전쟁을 옳은 방향으로 끌고 나가기 위한 핵심 집단이 필요했고 그것이 관일약으로 표현된 것이다. 관일약을 결성하기 얼마 전인 1909년 초에 의암이 이승희(李承熙, 1847 - 1916)에게 보낸 편지는 그것을 정확하게 반영한다. 이승희는 영남 출신의 유학자로서 의암보다 한발 앞서 연해주에 건너와 국권 회복을 위해 노력하던 중이었다. 그는 이상설과 연결하여 재미 교포들과도 손잡으려고 했다. 이런 상황에 의암은 이승희가 애국 계몽운동 계열의 세력과 손잡는 것을 염려했다. 민회(民會)의 설립처럼 애국 계몽운동 노선을 걷는 이들과 함께하는 것보다는 '뛰어난 인물(英秀)을 모아 별도의 조직을 만드는 것이 낫다고 본 것이다. 뛰어난 인물이란 의암이 자주 말한 '유·속(儒俗) 구분의 한계를 분명히 하고(界破儒俗之分) 인·수(人·獸)의 판별(判別)에 엄격히 대처한다(壁立人獸之判)'라고 하였다는 표현으로 미루어 짐작할 수 있다. 『관일약약원록』과 「의안」에 수록된 이들의 숫자만 비교해 봐도 짐작할 수 있다. 「의안」에 수록된 이들이 539명인데 비하여 『관일약약원록』에는 121명이 나온다. 두 쪽 모두에 들어간 이는 이범윤·이병순(李秉純)·우병렬·이남기·김병진(金秉振) 등 57명, 관일약에만 가입한 이는 영남인으로 연해주에 망명했던 김재수(金載銖) 부자 등 64명인데 대개가 의암의 문인들이다. 「의안」에만 나오는 이는 최진해(崔珍海)·이재윤·이범린(李範麟)·이진룡·이승호(李昇鎬)·이범석(李範錫)·이규풍(李奎豊)·전제익(全濟益)·이치권·허근(許瑾)·홍범도·이상설·함동철(咸東哲)·전봉준(全鳳俊)·최덕준(崔德俊)·정재관(鄭在寬) 등 지명도가 높은 이들을 포함한 482명이다.

「의안」은 국권 회복을 위해 모을 수 있는 항일 역량을 총집결하자는 차원에서 작성한 것이다. 「의안」은 통합군단을 건설하는 과정에서 기획한 것이지만, 실제로는 애국 계몽운동 노선에 서 있는 이들과 머리 깎은 이들도 배제하지 않았다. 관일약은 국권 회복의 방향을 바르게 인도하기 위한 조직이었다. 통합군단의 핵심적인 지도력은 아무나 가질 수 없으며 성리학적 명분론을 굳건히 하는 핵심 세력이 통제하여야 한다고 믿었다. 그래야만 의병 전쟁이 중화적 질서를 회복하는 쪽으로 나아갈 수 있다고 보았기 때문이다. 이를 의암은 '의병 일을 성공한 후에 바른 데로 돌아가도록 하는 일'로 표현했다. 그것이 관일약을 결성한 이유다.

제천에서 의병을 일으킨 후 의암은 의병진을 이끌고 충주성으로 진격하여 점령하였다. 그러나 이어진 제천전투에서 패배함으로써 큰 타격을 입었고 점차 수세로 밀려 곤경에 처하게 되었다가 결국 단양으로 퇴각하게 되었다.[86] 이후 의암은 서행 길에 올라 황해도와 평안도를 거쳐 압록강을 건너 중국 봉천성 회인현 사첨자(奉天省 懷仁縣 沙尖子)에 이르렀다. 이때 의암은 「재격백관문(再檄百官文)」을 지었는데, 이 글을 통해 임금의 직책을 받들고 있는 무리가 앞장서 오랑캐와 결탁하여 나라를 위기로 몰아넣고 결국 금수의 나라가 되어가고 있음을 애통해하였다. 또한, 나라가 무너져가고 있는 이때 모두가 힘을 합쳐 의를 향하여 일어나야 한다고 주장하였다. 그러나 나라를 위하여 일어난 의병들을 비도나 역당으로 몰아가고 있는 그것에 대해 안타까움과 국경을 넘어가는 비통한 마음도 토로하였다.

의병이 반드시 비도(匪徒)나 역당이 아닌데도 반드시 비

---

86) 이상근, 「유인석 의병진의 북상과 항일투쟁」, 『毅菴學硏究』 제5호, 毅菴學會, 2008, 78쪽.

도 · 역당이라 한다면 당시의 이목과 훗날 사람들의 의론이 있을 것이니, 어찌 보탬이 되겠습니까? 설령 비도 · 역당이라 불림을 면치 못한다고 하더라도 이러한 변란을 당하여 이러한 행위를 하지 않는다면, 이와 같은 예의 바른 나라로서 진실로 크게 어긋나는 일입니다. 반드시 천하 후세가 우리나라를 의심하게 될 것입니다.[87]

국경을 떠나 이르러 고국을 돌아보니 비통함을 이길 수 없고 또한 여러 집사에게 끝내 바람이 없을 수 없습니다. 원수를 갚을 것을 맹세하면서 엎드려 바랍니다. 모든 집사는 지난 발자취를 경계하고 고쳐서 도모하십시오. 자신 몸보다 임금을 먼저하고 자기 집안보다 국가를 우선하여 원수를 토벌하며 오랑캐를 응징하여 천지의 경상(經常)을 끝까지 부축하며, 종묘사직의 전형(典型)을 끝까지 회복하여 공자님의 춘추대의에 영원히 죄를 짓지 않는다면, 지난날의 행위를 살펴봄에 선(善)과 불선(不善)을 누가 다시 추궁하겠습니까? 천지의 신명이 그 노여움을 그치고 선왕과 선철이 그 성냄을 풀고 군상(君上)이 그 충성을 인정하시고 뭇 백성이 그 현명함을 추앙하리니, 그렇다면 인석이 비록 만리 밖에 있으나 장차 기뻐하며 춤을 출 것이고 감격하여 후하게 하사할 것이니, 오직 여러 집사는 힘을 써주십시오.[88]

---

87) 『毅菴集』, 卷 45, 激文, 下冊, 景仁文化社, 1973, 362쪽; 『국역 의암집』 5, 의암학회, 407쪽. 聞其謂匪徒逆黨者而不之辨, 不惟不救不辨 乃或唯唯 欲其無成而不容 抑何故歟 豈以其力不能有爲而徒敗和事, 寧依强夷圖免, 何用彼爲, 爲不用則不可不擊, 旣擊則不可不以惡名加之乎, 夫義兵之力可强弱, 亦在乎巨室之處之如何耳, 揚而助之, 可强而有爲也, 抑而沮之, 可弱而不能爲也, 揚而助之, 使强其力, 與之有爲, 豈不有幸於國家,
88) 『毅菴集』, 卷 45, 激文, 下冊, 景仁文化社, 1973, 364쪽; 『국역 의암집』 5, 의암학회, 2009. 410쪽. 然當出疆, 回望故國, 不勝悲慟, 且不忍終缺望於諸執事, 又此

의암은 고국에 남아 있는 사람들에게 자신과 가정보다는 임금과 국가를 먼저 생각하여야 하며 원수를 토벌하자고 쓰고 있다. 국가가 위태로울 때 자신의 안위를 버리고 국가를 수호하는 것은 결국 자신과 가정을 지키는 방법이다. 국경을 넘는 그 순간까지도 나라의 안위만을 생각하였던 의암의 애국을 느낄 수 있는 내용이다.

의암은 향약 조직을 발전시켜 그것을 의병조직으로 활용하려고 했던 것인데 전통 민간조직을 의병조직으로 연계시킨 것은 유학자적 특징을 보여주는 것이다. 의병봉기를 주도하던 초기부터 그는 서북지역을 근거지로 해야 한다는 북계를 주장했다. 북계는 서북 지방과 연계한 국외와 국내의 의병투쟁 연합작전을 전개하고, 그를 통해서 국권을 회복할 수 있다는 구상이었다. 백두산 부근의 고을들을 근거지로 해서 청나라와 러시아를 연결한 의병투쟁을 구상하고 있는 「의병규칙서」의 언급에서 드러나고 있다.

> 우리나라의 지세 가운데 백두산 부근의 북도 여러 고을
> 은 근거지로 삼기에 적당한 매우 높고 험준하며, 건령
> (建嶺)[89]하고 당관(當關)[90]하는 지세이다. 또한, 청나라
> 와 러시아에 접해 있어 양식을 비축하고 무기를 갖출
> 길이 있으니, 근거지를 굳건히 세우면 충분히 장대하고

瀝血奉布, 伏願僉執事戒轍改圖, 先身以君, 先家以國, 讎賊是討, 戎狄是膺, 終扶天地之經常, 終復宗社之典型, 毋永得罪於孔子春秋之大義, 則其視前日之所爲, 善不善何如也, 果能如是 則前日之不善, 誰復追之, 天地神明息其怒, 先王先正解其慍, 君上與其忠, 衆人仰其明, 然則麟錫雖在萬里之外, 將歡欣蹈舞, 感激 厚賜, 卽日促駕還國, 遍謝於門屛之外矣, 惟僉執事勉之.

89) 옥상(屋上)에서 물동이의 물을 쏟는다는 뜻으로, 사세(事勢)가 아주 쉬움의 비유로 쓰인다.
90) 관(關)을 지킨다는 의미이며, 한대(漢代)에 새벽을 알리는 일을 맡은 벼슬을 말하기도 한다.

견고하게 될 것이다. 점차 널리 퍼지게 하되 우선 전도
(全道)에 미치게 하고 다음에는 서·동·남쪽으로 확대
하여 여러 도에 다 미치게 되면 천엽만엽(千枝萬葉)91)으
로 남는 곳 없이 두루 도달하게 될 것이다. 이와 같으
면 이룬 형세가 크고 치밀해서 적들이 약속하기를 두려
워하고 사기를 잃게 될 것이다.92)

    의암은 국내는 서북지역인 북도를 근거지로 하고, 연해주와 간
도까지로 확대한 의병근거지를 구상하고 관일약의 조직을 확대함으
로써 의병 세력의 전국적인 조직화를 완성해서 전면전을 전개하였
다.93) 그는 유생으로서 의병을 일으켜 나라의 위기를 바로잡고자
하는 것을 공자의 『춘추』와 주자의 『주자대전』을 근거로 제시하고
있다.

    춘추에서 말한 난신적자(亂臣賊子)는 사람마다 나서서
    주멸(誅滅)하여야 하며 난적을 주멸하려면 먼저 그 당여
    (黨與)들을 다스려야 한다.94) 국가의 존망에 대하여는
    평민도 말할 수 있는데, 하물며 도가 없어지려 함에 있
    어서이겠습니까?95)

---

91) 무성한 식물의 가지와 잎으로, 길이 여러 갈래도 갈려 많이 있음을 비유한다.
92) 『毅菴集』, 卷 36, 의병 규칙 32항;『국역 의암집』4, 의암학회, 2008, 403쪽. 盖
    我國地勢 白頭山附近北道諸邑 爲根柢所在 最高最險 有建領當關之勢. 又接淸連
    俄 有儲粮備械之路 立定根基 足致壯固 漸次 蔓延 先及全道 次西而東而南 盡及
    諸道 千枝萬葉 遍達無遺 如是則致勢之大 而密使賊畏約而失氣.
93) 李愛熙,「毅菴 柳麟錫의 沿海州에서의 義兵 鬪爭과 思想的 變移에 관한 연구」,
    『동양철학연구』제69집, 2012년, 137－138쪽.
94) 『昭義新編』, 卷 2,「因 召命入疆至楚山陳情待罪疎略」;『국역 소의신편』, 의암학
    회, 2006, 91쪽. 據春秋亂臣賊子人人得誅誅亂賊先治黨與之義,
95) 『昭義新編』, 卷 3,「答趙錫一龜元書」;『국역 소의신편』, 의암학회, 2006, 184쪽.

백성들도 나라를 혼란케 하는 관료와 침략자들에 대해서 응징할
수 있음을 피력하였다. 그리고 의암은 의병항쟁에 반대하는 유생들에
대해 다음과 같이 비판하였다.

> 큰 도적이 마을에 들어와 사람을 죽이고 물건을 빼앗으
> 며 못 하는 것이 없는데 어떤 사람은 피하고 어떤 사람
> 은 편안히 앉아서 상해를 입고 어떤 사람은 사람들을
> 불러일으켜 일장 혈전을 벌여 도적을 쫓아버렸습니다.
> 이때 피한 사람과 편안히 앉았던 사람이 혈전을 한 사
> 람을 상 주지는 않고 대신 그를 꾸짖기를 "재물을 빼앗
> 기고 피살될지언정 어찌 더러운 도적과 혈전을 벌여 체
> 모를 잃는가?"라고 하자 마을 사람들이 그들과 부화해
> 서 싸운 사람을 비난했습니다.[96]

도적을 몰아낸 자들의 의기는 소침될 것이요 도적이 그 내막을
안다면 거침없이 재침해 올 것이니 이러한 상황은 오늘의 형세에 비
유될 수 있다. 이처럼 의병항쟁에 반대하며 참여치 않은 유생들을 비
판하였다.[97] 일제가 점차 서구의 대표적인 세력으로 등장하게 되자,
이러한 척양척왜 운동은 일제를 배척하는 척왜운동으로 전환되었다.
당시 이 운동은 하나의 관념적인 것에 불과하였을 뿐, 의병운동과 같
이 무력과 실천력을 수반한 것은 아니었다. 그러나 명성황후의 시해
·단발령의 선포 등 일련의 격심한 국정의 변화가 일제의 강압 때문

然國家存亡, 韋布可言, 況於道亡乎.

96) 『昭義新編』,「與李文仲根元別紙」, 卷 3; 『국역 소의신편』, 의암학회, 2006, 170
쪽. 有一大盜犯村落者, 屠殺攘奪, 無所不至, 或避之, 或安坐受傷 或避之, 或安坐
受傷, 或呼衆一場肉戰而逐之, 於是避者安坐者, 不賞而叱之, 寧奪財被殺, 安可與
醜盜相肉戰失體貌, 一村人和而非之.

97) 이현희, 「의암 유인석의 민족독립운동연구」, 『의암학연구』, 의암학회, 2004, 15쪽.

에 일어나자, 이런 관념적인 척왜운동은 무력적인 의병 활동으로 발전되었던 것이니, 「운강선생창의일록(雲崗先生倡義日錄)」[98]은 바로 이를 두고 말한 것이다.

의암은 제천의병투쟁의 근거지였던 제천·충주 일대를 상실한 뒤 서행 길에 올라 황해도와 평안도를 거쳐 1896년 8월 28일 압록강 초산진에 도착하여 「재격백관문(再檄百官文)」을 발표하였다. 인석이 발표한 격문은 장문에 해당한 것으로 말미의 내용은 국경을 넘어가는 애통한 심정을 토로하였다.

> 국경을 나서며 고국을 돌이켜 생각하니 비통함을 견디지 못하겠습니다. 또 차마 여러분의 바람을 모른 체할 수 없고 여기에서 피를 쏟으며 받들어 포고합니다.… 지난날 행한 것을 보면 선과 불선이 어떻습니까? 이렇게 한다면 지난날 불선을 그 누가 다시 따지겠습니까? 천지신명이 그 노여움을 그치고 선왕·선정도 그 성냄을 풀며 임금은 그 충성을 허여하고 민중은 그 명철함을 우러러볼 것입니다. 그렇게 되면 인석은 비록 만 리 밖에 있더라도 기쁘게 춤추면서 후히 내려주신 은덕에 감격하고 그날로 수레를 재촉하여 환국하여 여러분의 문 앞에 나아가서 두루 감사를 드리겠습니다. 여러분 노력하십시오.[99]

---

98) 朴定洙「雲崗先生倡日錄」, 689쪽. 國朝 不幸, 倭冠之禍日深, 倭以通商修好, 眩幻 爲計 終焉有坤宮之變, 仍有剃緇之禍 於是, 坡平人李春泳·安承禹, 倡義人堤川 推毅菴先生爲將, 公同時倡義于所居聞慶縣.
99) 의암학회, 『의암 유인석의 항일독립투쟁사』, 「의암 유인석 연보」, 2005, 537쪽.

의암은 서쪽 지방에 계획대로 일이 추진되지 못하자 다시 압록
강을 건너 국경을 넘어가는 뜻을 고하고, 친일 개화파 관리들의 각성
을 촉구하였다. 정명사상이 공동체에 나아가 그 안에서 실현하기 위
해서는 교육을 통해서 가르쳐야 한다. 그리고 가르치는 사람과 배우
는 사람 사이에 신의가 있어야 한다. 이것은 자신과의 약속이면서 동
시에 좋은 성과를 내기 위한 발판이 된다. 『大學』에서 다음과 같이
말하고 있다.

> 옛날의 천하에 밝은 덕을 밝히려 하였던 사람은 먼저
> 그 나라를 다스렸다. 그리고 그 나라를 다스리려 하였
> 던 사람은 먼저 그 집안을 가지런하게 했다. 그 집안을
> 가지런히 하려고 했던 사람은 먼저 그 몸을 닦았다. 그
> 몸을 닦으려 했던 사람은 먼저 그 마음을 바르게 했다.
> 그 마음을 바르게 하려 했던 사람은 먼저 그 뜻을 정성
> 스럽게 했다. 그 뜻을 정성스럽게 하려던 사람은 먼저
> 그 지혜에 이르렀다. 먼저 그 지혜에 이름은 사물을 연
> 구함이 있어야 지혜에 이른다.[100]

어떤 일을 해내겠다는 강한 의지는 성취하려는 동기를 강화해
주는 원동력이 된다. 『大學』에서는 자기 뜻을 성실히 해야 하는 이유
에 대해 다음과 같이 말했다.

> 자기 뜻을 성실히 한다는 것은 자기 자신을 속이지 말

---

[100] 『大學』,「經文一章」: 古之欲明明德於天下者 先治其國. 欲治其國者 先齊其家.
欲齊其家者 先修其身. 欲修其身者 先正其心. 欲正其心者 先誠其意. 欲誠其意者
先致其知. 先致其知 致知在格物.

라는 것이다. 악을 미워하기를 악취를 싫어하듯 하고,
선을 좋아하기를 여색 좋아하듯이 해야 하니, 이를 일
러 마음과 정신이 저절로 편안하고 고요해지는 것이라
고 한다. 소인은 일없이 홀로 있을 때 좋지 않은 일을
함에 못 하는 짓이 없다. 그런데 군자를 본 뒤에 계면
쩍어하면서 자신의 좋지 않은 점을 숨기고, 자기의 좋
은 점을 드러내야 한다. 남이 자기 보기를 마치 그 마
음속을 꿰뚫어 보듯이 하니, 그렇다면 숨기는 것이 무
슨 보탬이 되겠는가? 이를 일러 마음속에 성실함이 가
득하면 몸 밖으로 나타난다고 한다. 그래서 군자는 마
땅히 그 자신이 홀로 있을 때 삼가야 한다. 101)

　　의욕은 그 특정한 원인이 없으면 아무것도 할 수 없고 아무런 영
향력도 행사할 수 없다.102) 의지의 활동이 원인 없이 발생한다는 것
은 이성을 거스르는 일이다. "의지의 성취에서 가장 근본적인 노력은
어려운 어떤 대상에 주의를 기울이고 그것을 마음 앞에 붙들어 놓는
것이다."103) 이렇게 하는 것이 '결단'이다. 이렇게 입지에 대한 주의
를 기울일 때 실천으로 이어지게 되는데, 의지의 노력은 정신세계에
서 일어난다. 어떤 일을 해내겠다는 강한 의지는 성취하려는 동기를
강화해 주는 원동력이 된다. "뜻이 있는 자에게만 학문이 탄생하고,
덕이 탄생하고, 공(功)이 탄생한다."104) 그래서 동기와 더불어 불퇴전

---

101) 『大學』, 「傳文六章」: 所謂誠其意者 毋自欺也. 如惡惡臭, 如好好色, 此之謂自謙.
　　故君子必愼其獨也. 小人閒居爲不善, 無所不至, 見君子而後厭然, 掩其不善. 而
　　著其善. 人之視己, 如見其肺肝, 然則何益矣? 此謂誠於中形於. 故君子必愼其獨
　　也.
102) 조나단 에드워즈(Jonathan Edwards), 정부흥 역주, 『자유의지』, 새물결플러스,
　　2017, 171쪽.
103) 윌리엄 제임스(William James: 1842－1910), 정명진 역, 『심리학의 원리』, 부
　　글북스, 2018, 590쪽.

(不退轉)의 의지가 필연적으로 수반되어야 할 것이다.

　　공자는 언행을 일치하라고 가르쳤으며, 말을 앞세우기보다는 실천을 더 강조하였다. 군자에 관하여 묻는 자공에게 공자는 "먼저 실천하고 그런 뒤에 말이 따라야 한다"105)라고 대답하였다. 이 글에 대하여 쌍봉요씨는 "군자의 행동은 말을 하기 전에 있고, 말은 행한 후에 뒤따르니 저절로 말과 행동이 서로 어긋나지 않는다"106)라고 하였다. 이 말은 실천하고서 그에 따라 말함으로써 실천과 말이 일치한다는 의미로 곧 언행일치를 말한 것이다. 공자는 군자의 언행일치에 관하여 말하기를 "말을 하기 전에 행한다면 그 행동은 전일하고 힘이 있으며, 이미 행한 후에 말한다면 그 말은 진실하고 신뢰할 만하니, 바로 군자가 덕으로 나아가고 수양을 하는 방도이다"107)라고 하였다. 행동을 주관 있고 힘 있게 하며 말할 때 진실하고 믿음 있는 것이 곧 군자의 덕목이다. 이러한 덕목 역시 언행일치에 있다고 할 것이다. 공자가 "옛사람이 말을 가볍게 하지 않는 것은 실천이 따르지 못한 것을 부끄러워했기 때문이다"108)라고 말한 것도 말과 행동의 일치를 가르친 것이다. 주자는 "군자는 말을 함에 부득이한 경우에만 말을 꺼내니, 말하는 것이 어려워서가 아니라 행하기가 어려워서이다. 사람들은 행하지 않으려고 생각하기 때문에 쉽게 말한다. 그러나 말이 그 행동과 같고, 행동이 그 말과 같아지려면 입으로 먼저 꺼내기는 어렵다"109)라고 하였다. 의암도 배운 것을 통해 실천하는

---

104) 김남홍, 「신사임당의 교육관과 예술관 연구」, 강원대학교 교육대학원 교육학석사학위논문, 2007, 21쪽.
105) 『論語』, 「爲政」: 子貢問君子. 子曰: 先行其言而後從之
106) 『論語集註大全』, 「爲政」: 雙峯饒氏曰 君子行在言前 言隨行後 自然言行不相違矣.
107) 『論語集註大全』, 「爲政」: 慶源輔氏曰 行之於未言之前 則其行專而力 言之於其行之後 則其言實而信 正君子進德修業之道也.
108) 『論語』, 「里仁」子曰: 古者言之不出, 恥躬之不逮也.

것을 역설하였고 언행일치를 가르쳤다. 그것은 정명의 실현을 강조한 것이라고 할 수 있다.

5. 저술 활동과 화해(和諧)사상

의암의 저술은 시대적인 영향을 받았다. 그리고 의암의 구국 활동이 지속해서 나타날 수 있었던 것은 가정적인 영향이 있었다. 특히 의암이 가정적인 환경에서 받은 것은 위정척사사상과 국난극복 정신이었다.[110] 의암은 의리와 명분을 중시하는 선비정신이었다. 의암은 1886년 병인양요에서 외세의 침략에 대해 민족의 전통과 국가를 수호해야 한다는 의견을 강조하며 개방을 반대하였다. 그리고 반제·반개화론을 강조하고 조선의 정맥과 전통을 보존해나갈 것을 주장하였다. 또한, 갑오경장의 목적으로 변복령이 내려지자 의암은 수백 명의 문인을 모아놓고 일본제국주의 침략에 대한 대응방안의 필요성을 강조하였다. 그 목적으로 선비의 신분으로 정당하게 처신할 수 있는 세 가지 방안을 제시하였다.

> 마침내 큰 화란이 이 지경까지 이르렀으니, 우리 유생으로서 처신할 길이 세 가지가 있다. 그 하나는 거의소정(의병을 일으켜 적을 소탕하는 길)이요, 둘째는 거지수구(절개를 지키기 위해 떠나는 길), 셋째 자정치명

---

109) 『論語集註大全』, 「里仁」: 范氏 曰 君子之於言也, 不得而 而後出之 非言之難而 行之難也. 人惟其不行也 是以輕言之 言之如其 所行 行之如其所言 則出諸其口 必不易矣.

110) 金祥起, 『韓末 義兵 研究』, 일조각, 1997, 183쪽.

(스스로 깨끗하게 몸을 지키는 길) 하는 일이니, 각자
가 알아서 자기 뜻대로 할 것이다.[111]

　공자는 學과 思 사이에 균형을 중요하게 여겼다. 여기에서 學은
배우고 익히는 것을 뜻하고, 思는 스스로 미루어 숙고함으로써 학으
로 얻어진 것을 재인식하고 확산해 나가는 과정을 말한다. 공자는 다
음과 같이 말하였다.

　　선생님께서 말씀하셨다. "배우는 것만 하고 생각하지
　　않으면 종잡을 수 없어 터득하지 못하고, 생각만 하고
　　배우지 않으면 위태롭다."[112]

　이는 배움과 사고의 관계를 잘 설명해준다. '배우는 것만 하고
생각하지 않으면 종잡을 수 없다'라는 말에 대하여 황간은 "학문의
방법은 이미 그 문헌을 배웠으면 또 그 뜻과 이치를 찾고 생각하여야
한다. 만약 경전을 배웠는데 그 뜻을 생각하지 않으면 그것을 쓰고
행할 때 아는 바가 없다"[113]라고 하였다. 여기서 황간은 배우는 것을
문헌이라고 한정하였다. 경전을 배우기만 하고 그것을 숙고하지 않으
면 막상 배운 것을 적용하려고 할 때 적용이 안 되어 아는 것이 없다
는 것이다. 이는 배운 후 숙고의 과정을 거쳐야 비로소 배운 것이 지

111) 『毅菴集』, 卷 27, 「雜著」, 上冊, 景仁文化社, 1973, 633쪽; 박성수, 「의암 유인
　　석의 학맥과 존화양이 사상」, 『나라사랑』, 제106집(외솔회, 2003), 182쪽. 弘
　　集諸賊行勒削, 麟錫丞會士友, 議處變三事, 曰擧義掃淸, 曰去之守舊, 曰自靖遂
　　志, 或曰, 處一變也, 宜一道, 今三事焉, 誰使各事, 事必優劣焉.
112) 『論語』, 「爲政」子曰: 學而不思則罔, 思而不學則殆.
113) 『論語 執說(漢文 大系)』「爲政」皇侃云 學問 地法 旣得 奇文 又宜精思其義 若
　　唯學舊文 而不思義 則 臨用行之時 罔罔然無所 知也.

식이 될 수 있다는 것이다. 주자는 "학은 그 일을 배우는 것이다"[114] 라고 하여 배움의 대상을 문헌에만 한정하지 않고 그 범위를 넓혀 말하였다. '생각만 하고 배우지 않으면 위태롭다'라는 것에 대하여 하안은 "배우지 않고서 생각만 하면 마침내 얻지 못하고 한갓 사람이 정신이 피곤하게만 한다"[115]라고 하였다. 공자의 가르침은 실천궁행으로서 도덕을 확립하는 것이 바로 학문하는 핵심이다. 즉 공자가 중요하게 여긴 교육의 목적은 이론적 지식을 쌓는 것이 아닌 배운 바를 실천하는 자세이다.[116] 공자 교육에서 실천을 중요하게 여겼다는 것을 다음의 문장으로 알 수 있다.

> 선생님께서 말씀하셨다. "가르쳐 주면 게으름 피우지 않는 사람은 안회가 아닐까?"[117]

이 글에 대하여 주자는 "'말해주면 게을리하지 않는다'라는 말로써 진정 실천의 측면에서 안자가 게을리하지 않았음을 알 수 있다."[118]고 해석하였다. 안자는 배운 것을 통하여 실천하는데 성실하였으니 실천궁행이고 그것이 학행일치라고 할 수 있다. 안회는 그가 죽었을 때 공자가 깊게 슬픔을 표현할 만큼 아끼는 제자였다. 그만큼 아끼던 제자의 일면인 '가르쳐 주면 성실하게 실천하는 것'을 말하면서 다른 제자들을 격려한 것은[119] '배운 것은 실천하라는 공자의 견해를 이해하

---

114) 『論語集註大全』,「爲政」: 朱子 曰 學是學其事.
115) 『論語 執說(漢文 大系)』,「爲政」: 何晏 曰 不學而思 終卒不得 徒使人精神疲殆也.
116) 이광소,「孔子의 敎育 方法的 原理」,『Journal of Korean Culture』29집, 한국어문학국제학술포럼, 2015, 192쪽.
117) 『論語』,「子罕」: 子曰, 語之而不惰者, 其回也與!
118) 『論語集註大全』,「子罕」: 語之而不惰 惟於行上見得顔子不惰.
119) 『論語集註大全』,「子罕」: 雙峯饒氏曰 惟其心解 所以 逆行 夫子稱顔子 所以勵

는 근거가 될 수 있다. 또한, 공자는 덕행과 문의 관계를 제자들에게 말하면서 지식을 쌓기 전에 먼저 인간으로 해야 할 도리를 실천하라고 하였다.

> 선생님께서 말씀하셨다. "젊은이들은 집에 들어가면 부모에게 효도하고, 밖에 나가면 어른을 공경하며, 말을 삼가되 말하게 되면 미덥게 하고, 널리 사람들을 사랑하며, 어진 사람을 가까이 해야 한다. 이처럼 몸소 실천하고 여력이 있으면 문헌을 배운다."[120]

이 문장에서 말하는 여섯 가지의 실천 덕목을 주자는 '제자들의 직분'[121]이라고 하였다. 배우는 사람들을 대상으로 하였으니 이를 제자의 직분이라고 할 수 있겠지만 '제자'가 일반적인 젊은 사람들을 범칭 한다고 보는 것이 타당할 것이다.[122] 여섯 가지 덕목을 실천하고 나서 배워야 한다는 문은 옛사람들이 남긴 문헌이다.[123] 위 문장에서 말하고 있는 '몸소 실천하고 여력이 있으면 문헌을 배운다'라는 말은 언뜻 보기에 실천을 우선하고 문헌을 배우는 것은 뒤로한다는 것으로 보여 공자의 교육이 실천을 우선하는 것으로 여겨지는 면이 있다.[124] 의암의 의병운동을 위한 지도력도 공동체 구성원이라는 동일성을 문무의 조화를 통해 표현하고 있다. 의병 전쟁에 나가서는 선봉

群弟子也.

120) 『論語』「學而」: 子曰, 弟子, 入則孝, 出則悌, 謹而信, 汎愛 衆, 而親仁. 行有餘力, 則以學文.

121) 『論語集註大全』,「學而」: 程子 曰 爲弟子之職……, 朱子 曰 無弟子之職以爲本 學得文 濟甚事.

122) 동양고전연구회 역주, 앞의 책, 26쪽.

123) 『論語 執說(漢文 大系)』「學而」: 馬融日 文者古之遺文也.

124) 장승희, 『유교와 도덕교육의 만남』, 제주:제주대출판부, 2013, 62쪽.

에 서서 싸우고 동지들의 쾌거에는 격려를 아끼지 않았다. 의암은 안중근 의거 이후 1909년 10월 3일 이범윤에게 다음과 같은 내용의 서신을 보냈다.

> 하얼빈에서의 한 방으로 왜적은 기가 꺾이고 우리는 기운을 내게 되었습니다. 안응칠(安應七) 혼자서도 '삼호(三戶)'의 뜻과 기상을 충분히 고동쳐 일깨웠으니 그 어떤 대단한 일이 이만하겠습니까? 이는 만고의 으뜸가는 의협이니 온 세상의 나라가 놀라 기리게 하였습니다. 대단하구나! 안응칠이여! … 이 일이 분명 계기가 될 것이 있을 듯하니 우리가 조용히 앉아만 있어서는 안 될 것 같습니다. … 러시아 사람들이 이 사건 이후 우리를 돕고 특별히 대한다고 합니다. 그것이 교섭하는 일에 아마도 도움이 될 듯하니 이 기회에 교섭을 더욱 다그치는 것이 어떻겠습니까?[125]

이처럼 의암은 안중근 의거 이후 연해주 의병의 중심인물인 이범윤에게 의병 거의를 촉구하는 서신을 보내 연해주 의병을 다시 결집하도록 권유하였다. 암울한 상황에서 연해주의 한인 사회에서는 분열한 한인 세력의 결집을 촉구하는 분위기가 형성되었다.[126] 한 사회

---

125) 『毅菴集』, 卷 13, 書; 『국역 의암집』 2, 의암학회, 2007, 328쪽. 哈爾濱一砲, 倭也有摧却氣, 我也有發出氣, 安應七 一身, 足以鼓動起三戶意像, 何奇如之, 是爲萬古居首義俠, 是致萬國吐舌稱誦, 奇哉安應七也…此事似必機括所在, 吾輩不宜寂寞而坐…擧事遲速, 未可預期, 而宜自今日做起事端, 做端則事可漸集, 集事在好謀竭力也, 聞俄人此事出後奬異我人, 其於所營交涉事, 似亦有效, 因更緊着做交涉如何.

126) 유한철, 「십삼도의군의 설립과정과 조직상의 성격」, 『한국독립운동사연구』 10, 1996, 10–13쪽. 여기서는 『대동공보』를 통하여 1910년 초 이래 민족 대동단결에 관한 논의 하였다.

의 윤리적 가치는 인간다운 삶을 지향하는 이념적 보편성이 갖추어져야 한다. 그리고 그것을 현실에 적용할 때는 문화·역사·시대적 배경을 참작해야 한다.

우리나라 윤리의 근간이 되는 유학사상은 2,500년 이상 동양사상의 역사발전과 정신문명에 지대한 역할을 하여 왔다.[127] 유학의 가장 큰 역할은 "개인의 인격 형성과 완성을 추구하는 것과 사회적 교화(敎化)를 통한 질서와 예속의 확립"[128]이라고 할 수 있다. 유학은 기본적으로 인간을 도덕적이라고 본다. 그래서 인의 실현이나 군자가 되는 것이 남에 의해서 되는 것보다는 자신이 하고자 하는 의지 때문에 실현된다고 보는 것이다. 그리고 유학에서는 인간 주체의 자기 수양을 매우 중요시했다. 이런 점에서 "수기(修己) 또는 수신(修身)을 인간 주체의 자기 성실이요, 자아실현(自我實現)이라고 여기며 내가 깨끗해야 남을 깨끗하게 할 수 있다는 점에서 수신(修身)을 강조하면서"[129] 제가(齊家)를 말하며 그 이후에 치국(治國)과 평천하(平天下)를 말하고 있다. 의암이 애국하는 방법은 정명사상에 기반한 화해의 실현이다. 화해하려면 자신에게 내재한 신념에 정명사상이 전제되어야 한다. 그는 의병 활동을 하면서도 끊임없이 사람들과 소통하고 설득하였으며 저술 활동을 통해 역사적이고 사상적인 기록들을 남겨서 화해적인 애국사상을 실현하였다.

---

127) 변원종, 『동양의 삶과 지혜』, 글누리, 2009, 80쪽.
128) 류승국, 위의 책, 304쪽.
129) 황의동, 『위기의 시대 유학의 역할』, 서광사, 2004, 23쪽.

제5장

의암 애국사상의
권미(卷尾)

*제5장 사진: 의병 규칙 관일약 제정

의암은 국가 위기 상황이라도 선비의 절개와 자세는 굳건해야 한다며 일제의 침략에 의병운동으로 저항하였다. 그는 1895년 12월 제천 의병운동을 시작으로 청풍·단양·충주 등에서 활약을 하였다. 의암은 1896년 2월에 호좌의진창의대장으로 추대되어 3,000여 명의 의병과 함께 일본군 병참을 공격하는 등의 활동을 주도하였다. 그러나 1896년 의병 해산이 강요되고 제천전투가 실패로 끝난 뒤 상심하였지만, 이에 굴하지 않고 지속해서 의병운동을 하였다. 의병운동에 내재한 의병문화는 구성원의 의사와 삶을 일체화시키는 역할을 하였고 의병의 정신과 태도를 반영하고 있다. 그리고 민족의 불굴 의지와 끈기, 민중의 애환을 반영하고 삶의 분노를 표출하며 일제를 거부하였다. 그런 점에서 의암의 의병운동에서 보여준 애국적 표현은 구성원들의 화합과 구국 의지를 다지는 데 정신적인 영향을 주었다.

　　의암이 저술한 「우주문답」의 곳곳에 유교 경전의 구절이 있으며 사람들을 설득할 때도 자신의 주장을 강화하고 그 진리성을 확보하기 위해 경전의 문구를 인용했다. 특히 『맹자』의 문구를 많이 사용하였다. 인한 사람은 관계적 상황에서 자신이 처한 상황에 적절하게 온전한 도리를 실현하는 사람이고, 그것은 곧 정명의 이념을 실현하는 사람이다. 유학은 인간 자아의 본질을 성리로 파악하며 모두에게 있는 인간 본성을 자기의 수양을 통해 타인과의 조화를 지향한다. 타인과의 조화를 위해서는 공동체 정신이 바탕이 되어야 한다. 일제의 침략 앞에서 의암은 사람에 대해 몸을 잘 지키고 나아가 사회적 가치를 함께하며 함께 살아가는 존재, 즉 상생의 공동체를 지향하였다. 그리고 공동체의 가치를 고취하기 위해서 '관일약'으로 해결책을 모색하고자 하였다. 「의안」은 통합군단을 건설하는 과정에서 기획한 것이지만, 실제로는 애국 계몽운동 노선에 서 있는 이들과 머리 깎은 이들도 배제하지 않았다. 그의 의지는 분명하였으며 이는 장기적인 의병 항쟁을 위한 구상으로 제시한 것이다. 공동체적 삶을 살아가는 인간에게 규칙은 질서 있는 삶의 초석이 된다. 의암은 관일약을 통해 어지러운 사회에서 하나 된 마음과 약속으로 애국심을 고취하였다.

모든 인간은 남의 자주성을 침해하지 않으면서 자기의 자주성을 자기가 가져야 한다. 만약 강도가 내 집 대문을 부수고 집안에 들어와서 물건을 강탈하고 식솔의 목숨을 위협하는 일이 있다면 우리는 강력하게 대응하고 저항해야 한다. 이는 국가 간 관계에도 마찬가지이다. 불의와 무도에 대하여는 대항하는 것이 의이다. 의암은 내적으로 사회정의를 주장하면서 외침에 대해서는 단호하게 민족을 수호하였다. 즉 그의 애국사상은 나와 남의 자주성을 긍정하는 바탕 위에 불의에 대해서는 저항하는 정신이다. 학문을 좋아했던 의암은 소년기와 청장년기에 부귀와 공명을 멀리하고 학문연구와 우국충정으로 보냈고, 노년기에는 객지에서 모진 고생을 하면서도 오로지 민족의 지도와 구국을 위한 투쟁에 헌신하였다. 그는 위정척사와 존화양이의 사상을 평생의 신념으로 삼았다. 그리고 국가와 민족이 위기를 당하자 호좌의병대장이 되어 3,000여 명의 의병을 지휘하여 제천·영월·단양·충주·원주·평창 등의 지역을 점령하고, 충주관찰사 김규식을 비롯한 수십 명의 친일파를 처단하였다.

의암은 국가와 민족이 위기를 당하였을 때 선비들이 행동해야 할 세 가지, 즉 처변삼사(處變三事)를 제시하고 세 가지 중에서 어느 것을 선택하여도 다 옳은 것이니 각자가 알아서 선택하라고 하였다. 국내에서 항일투쟁이 불가능해지자 국외로 망명하여 의병 기지를 건설하고 의병을 양성하는 한편, 국내외를 넘나들며 조선인은 물론 중국인들까지 항일구국정신을 고취했다. 또한 민족이 하나로 단결하기 위한 계(契)와 향약을 조직하여 친일 세력을 배척하는 민족운동을 끊임없이 추진하였다. 의병 규칙을 제정하여 의병들의 기강을 확립하고 의무유통을 제정하여 모든 국민이 의무적으로 의병이 되어 국가와 민족을 구하자고 호소하였다.

의암은 1915년 1월 29일 방취구 취호여사에서 오직 국가와 민족을 위하여 헌신하다가 그 결실을 보지 못하고 74세를 일기로 쓸쓸하게 서거하였다. 그는 세상을 떠나는 전날 감기를 심하게 앓았고 당일에는 식사도 하지 못한 채 누웠는데 주변 사람들은 그가 운명할 것을 예상하지 못하였다. 그는 기력이 떨어지자 베개와 이불을 정리하고 곧 한 많았던 세상을 떠났다. 의암의 임종을 지켜본 사람은 수발을 들던 한사람(김형태)뿐이었다. 의암의 유해는 2월 8일 환인현 팔리전자 취리두 남산마을의 재종형 유홍석의 댁으로 옮겨 빈소가 차려졌다. 그 후 4월 16일, 100여 명의 문인과 사우들이 모여 장례를 거행한 후 난천자 남산에 있는 부인 정씨 묘 우측에 안장하였다.

의암의 대표작이라고 할 수 있는 『우주문답』은 중국 홍경현 평정산 난천자 고려구에서 목판으로 간행하여 김기한이 800부를 인쇄했지만, 일본 경찰에게 모두 몰수되었다. 사우 박병강, 김두운은 문인 이소응과 백삼규에게 각 곳에 널려있는 의암의 서간문과 책들을 수집하여 활자로 인쇄하여 반포할 것을 건의했다. 이소응과 백삼규가 각지에 흩어져 있는 의암의 유작을 수집하는 사업을 벌였고, 백삼규, 김기한, 이현초 등이 난천자 고려구에 있는 산속에 인쇄소를 설치하고 편집하여 1917년 1월 활자판 『의암집』 29책 54권을 출판하였다. 그 후 김기한이 이 책을 중국 남방과 조선에 보내 반포하게 하였다. 그러나 이 책이 출판된 지 얼마 되지 않아서 일제는 이를 1918년 정월에 동북 군벌과 결탁하여 40여 질을 몰수하고 그중 한 질만 조선총

독부 도서관에 보관했을 뿐 그 외는 모두 소각하였다. 그러나『의암집』57권이 보전되어 1973년 경인문화사에서 영인본 상·하 두 권으로 출판하여 세상에 널리 알려지게 되었다.

　　의암의 유해는 1935년 가족과 제자들에 의해 강원도 춘천시 남면 가정리 현 묘역으로 이장하였다. 그리고 그를 선양하기 위하여 보훈처, 강원도, 춘천시가 공동으로 유적지 조성사업을 하였다. 그중 2001년에 창립된 의함학회는『국역 의암집』과『소의신편』그리고 『의암학회총서』에 이르기까지 1차 자료뿐만 아니라『의암유인석연구논문선집』을 내는 등 꾸준한 노력을 하고 있다. 또한, 매년 의암 연구의 발전을 위해 학술대회를 개최하고 있다.

　　의암의 애국사상을 계승 발전하려는 의암류인석기념관은 항일의병투쟁을 주도하고 해외 독립군 기지를 개척한 의병장 의암을 기리는 기념관이다. 이곳은 의암의 숭고한 학문과 호국 이념에 걸맞은 기념관으로서 그의 민족정신을 기리고, 청소년들의 민족정기 함양과 심신 수양 시설로 활용하며 주변의 관광지와 연계된 문화유적지의 필요성에 의해 설립되었다.[1] 이곳에서는 청소년들을 대상으로 근대 의병과 항일 독립운동사를 배우고 체험하도록 함으로써 역사에 대한 올바른 인식을 배우고 바른 국가관을 형성하는 목적으로 다양한 프로그램을 운영하고 있다.

　　우리는 일제강점기를 통하여 일제로부터 다양한 영역에서 재산·명예·신체 등의 피해를 보았다. 심지어 우리나라 외교권을 일제가 행사하는 치욕을 당했다. "일제의 식민지 노예교육은 그 어느 식민지주의 국가의 그것보다도 철저했고, 무자비하였다."[2] 일제가 국권피탈

---

1) 강원도 춘천시 남면 충효로 1503. http://ryu.or.kr/guid/summary#lnk
2) 윤진현,『한국독립운동사』, 세종출판사, 2005, 356－357쪽.

을 하는 과정에서 우리 민족정신을 말살하기 위해 우민화 정책을 강행했는데 조선교육령 사립학교 규칙을 개정하고 민족교육을 금지했다. 앞에서 논한 바와 같이 "맹자는 사람들에게 차마 타인의 고통을 외면하지 못하는 마음이 있다고 하였고, 인의는 누구나 지켜야 할 도덕 준칙이기 때문에 모든 관계가 인의로 맺어져야 한다고 하였다. 그리고 공자도 자기가 하고 싶지 않은 일을 남에게 시키지 말라고 하였다. 그러나 우리나라 사람은 이 세상에 타인의 고통을 외면하는 사람들, 인의를 모르는 사람들도 있다는 것을 일제강점기를 통해서 확인하였다."[3] 일제의 한국 식민지 통치의 첫 번째 특징은 '민족말살정책'이었다. 그 목적을 이루기 위하여 일제는 우리나라 사람의 애국정신을 적극적으로 강압하여 말살하고자 하였다. 그러나 우리나라에는 이에 굴하지 않고 국권을 되찾고자 헌신한 다수의 위인이 있는 나라이다. 글로벌이라는 말 안에는 세계가 공동체라는 의미가 내포되어 있다. 세계의 국가가 모두 잘 살기 위해서는 각 국가가 천리를 따르며 인의로서 다른 국가와 화해하여야 한다. 그것이 국가적 정명이다.

혹자는 의암이 일제에 맞서 의병운동을 하였으니 유학의 인(仁)에 반하는 것이라고 말한다. 그러나 인인지 인이 아닌지는 분별할 수 있다. 인은 반드시 의(義)에 맞아야지만 그것을 인이라고 할 수 있다. 예컨대 사람을 사랑하는 것을 인이라고 할 때 그 마음가짐과 표현이 의에 맞아야만 올바른 사랑이라고 할 수 있다. 사람을 사랑하되 의에 맞지 않으면 결국 사랑하는 사람을 해치고 자신을 해치는 결과를 가져올 수 있다. 『論語』「憲問」에서 누군가 공자에게 원한을 덕으로 갚는 것이 어떤가(以德報怨, 何如?)를 물었을 때 공자는 "그렇다면 어떻

---

3) 하윤서, 「남궁억(南宮檍) 교육사상에 대한 유학적 함의 연구」, 『퇴계학논집』 25 호, 영남퇴계학연구원, 2019, 14쪽.

게 덕을 갚겠는가? 정직한 마음으로 원수를 갚고, 덕으로서 덕을 갚아야 한다(何以報德? 以直報怨, 以德報德)"라고 하였다.『孟子』「告子上」에서도 "인은 사람의 본심이고, 의는 사람의 바른길이다(仁人心也義人路也)"라고 하였으니 인은 인간에게 있어서 주(主)가 되고, 의는 인간이 반드시 가야 하는 길(路程)이 된다. 의암의 의병운동은 우리나라를 수호하고자 일제에 맞서 투쟁하였으니 공자가 말한 '以直報怨, 以德報德'와 맹자가 말한 '仁人心也 義人路也'를 행한 것이므로 그의 의병운동은 인이면서 동시에 의이다.

參考文獻

■ 經典, 文集, 資料集類

『論語』『大學』『孟子』『孟子集註』『論語集註大全』『毅菴先生文集』
　　『禮記』

『毅庵集』, 景仁文化社, 1973.

『萬雲 柳然益先生 寄贈 春川 高興柳氏 家傳 資料』, 강원대학교 중앙
　　박물관, 2013.

『昭義新編』, 국사편찬위원회, 1975.

『畏堂集』, 「增補 畏堂先生三世綠」, 애국선열 윤희순 의사기념사업추
　　진위원회, 1995.

　金九, 『白凡金九全集』8, 대한매일신보사, 1999.

　박은식, 『박은식전서』, 단국대학교 동양학연구소, 1975.

『韓國獨立運動史資料集:義兵篇』, 한국정신문화연구원, 1994.

『韓國獨立運動史資料』, 국사편찬위원회, 1968－1990.

『韓國獨立運動史資料集』3: 의병편, 한국정신문화연구원, 1999.

『韓國史』, 국사편찬위원회, 1999.

『역사용어사전』, 서울대학교 역사연구소, 2015.

『한국인물대사전』, 한국정신문화연구원, 1999.

■ 단행본

姜大德, 『華西李恒老의 時代認識』, 신서원, 2001.

安秉直 외 1인, 『韓國近代民族運動史』, 돌베개, 1980.

강만길, 『한국역사강좌 I』, 한길사, 1987.

姜在彦, 『근대한국사상사연구』, 한울, 1983.

_____, 『韓國近代史研究』, 한울아카데미, 1992.

國史編纂委員會, 『한국사』 38 개화와 수구의 갈등, 1999.

_____, 『한국사』 43 국권회복운동, 1999.

_____, 『한국사』 41 열강의 이권침탈과 독립협회, 1999.

_____, 『한국사』 51 민조문화의 수호와 발전, 2001.

강재언, 『한국근대사연구』, 한울, 1992.

권호영, 『개화파의 현실인식과 개화운동』, 나남출판. 2003.

琴章泰, 『華西學派의 철학과 시대의식』, 태학사, 2001.

구완회, 『한말의 제천의병』, 집문당, 1997.

『국역 소의신편』, 의암학회, 2006.

『국역 의암집』, 의암학회, 2007.

『국역 의암집』, 제천문화원, 2009.

금장태, 『화서학파의 철학과 시대의식』, 태학사, 2001.

김 구, 『원본 백범일지』, 禹玄民·現代語 역, 서문단, 2000.

김상기, 『한말의병연구』, 일조각, 1997.

김세규, 「의암 유인석의 반개론」, 『경주사학』, 1982.

김세민, 『한국 근대사와 만국공법』, 경인문화사, 2002.

김운태, 『일본제국주의의 한국통치』, 박영사, 1988.

金義煥, 『義兵運動史』, 博英社, 1986.

金義煥, 『항일의병장열전』, 정음사, 1975.

김후경, 「의암 유인석의 학문과 사상」, 『사학연구』 34, 1982.

독립운동사편찬위원회, 『獨立運動史資料集』1, 1984.

류수현, 『韓國近代政治史』, 정음출판사, 1986.

류승국, 『한국유학사, 유교문화총서 9』, 유교문화연구소(성균관대학
　　교 동아시아학술원), 2009.

민족운동총서편찬위원회, 『의병들의 항쟁: 민족운동총서 제1집』, 햇
　　불사, 1980.

박성주, 『한국민족운동사연구』 5, 한국민족 운동사연구회 편, 지식산
　　업사, 1991.

박충석, 유근호 『조선조의 정치사상』. 평화출판사, 1987.

박한설, 『畏堂集』, 1995.

변원종, 『동양의 삶과 지혜』, 글누리, 2009.

신용하, 『韓國近代民族主義의　形成과　展開』,　서울大學校出版部,
　　1987.

愼鏞廈, 『韓國近代民族主義의 形成과 展開』, 서울대출판부, 1987.

_____, 『의병과 독립군의 무장독립운동』, 지식산업사, 2003.

安秉直·朴成壽 외, 『韓國近代民族運動史』, 돌베개, 1980.

역사문제연구소 민족해방운동사 연구반, 『민족해방운동사』, 돌베개,
　　1980.

원용정, 『昭義新編』, 탐구당, 1975.

尹炳奭, 『韓國史와 歷史意識』, 仁荷大學校出版部, 1989.

유인석, 『우주문답』, 나라사랑 106집, 2003.

_____, 『나라사랑』 외솔회 106집, 2003.

尹炳奭, 『李相卨傳』, 일조각, 1984.

毅菴學會, 『毅菴 柳麟錫의 抗日獨立鬪爭史』, 毅菴學會, 2005.

_____,『毅菴柳麟錫研究論文選集』1－2, 毅菴學會, 2004.

_____,『毅菴柳麟錫資料集』2, 毅菴學會, 2005.

_____,『의암 유인석: 백절불굴의 항일투쟁』, 毅菴學會, 2009.

이구용 외,『춘천항일독립운동사』, 춘천문화원, 1989.

李東俊,『儒敎의 人道主義와 韓國思想』, 한울아카데미, 1997.

李炳注 외 2,『世界文化史』, 일조각, 1991.

이상익,『서구의 충격과 근대 한국사상』, 한울아카데미, 1997.

이구용 외,『춘천항일독립운동사』, 춘천문화원, 1999.

이택휘,『한국사 38』,「Ⅲ.위정척사운동」, 국사편찬위원회, 1999.

이현희,『韓國近代女性開化史』, 한국학술정보, 2001.

유인석,『우주문답』, 나라사랑, 106집, 2003.

유한철,『유인석의 사상과 의병활동』, 독립기념관 한국독립운동사연구소, 1992.

윤병석,『한국사와 역사의식』, 인하대학교출판부, 1989.

_____,『增補李相卨傳』, 일조각, 1998.

장승희,『유교와 도덕교육의 만남』, 제주: 제주대출판부, 2013.

정옥자,『조선후기 조선중화사상 연구』, 일지사, 1998.

조나단 에드워즈(Jonathan Edwards), 정부흥 역주,『자유의지』, 새물결플러스, 2017.

趙東杰,『한말의 의병전쟁』, 독립기념관 한국독립운동사연구소, 1989.

조지훈,『조지훈전집 7: 한국문화사 서설』, 나남, 1999.

조동걸,『한국사 43』「항일의병전쟁, Ⅳ」, 국사편찬위원회, 1999.

춘천문화원·의암류인석기념관,『의암류인석기념관 소장유물·상설전시안내 도록』, 2020.

춘천시, 『윤희순의사항일투쟁투쟁사』, 산책, 2005.

하윤서·정춘후, 『의암 류인석의 교육철학』, 한국학술정보, 2021.

한국민족 운동사연구회 편, 『의병전쟁연구(상)』, 지식산업사, 1990.

페어뱅크·라이샤워·크레이그, 全海宗·閔斗基 譯, 『東洋文化史』하, 을유문화사, 1989.

■ 학위논문

김성인, 「공자의 교육철학과 그 실현에 관한 연구」, 강원대학교 일반 대학원 박사학위논문, 2017.

박문영, 「毅菴 柳麟錫의 義兵活動에 대한 一研究」, 성신여자대학교 대학원 석사학위논문, 1986.

심옥주, 「尹熙順의 民族運動에 관한 研究」, 부산대학교 대학원 박사 학위논문, 2011.

오영섭, 「화서학파의 보수적 민족주의 연구」, 한림대학교 대학원 박 사논문, 1997.

李鍾尙「毅菴 柳麟錫의 哲學思想 研究」, 成均館大學校 大學院 博士學 位論文 2002.

장공우, 「의암 유인석의 항일운동연구」, 단국대학교 교육대학원 역사 교육전공, 1990.

정춘후, 「毅菴 柳麟錫의 儒學 思想과 實踐 研究」, 강원대학교 일반대 학원 박사학위논문, 2021.

하윤서, 「신사임당의 가족복지관(家族福祉觀) 연구」, 강원대학교 일 반대학원 박사학위논문, 2019.

■ 연구논문

金南伊,「毅菴柳麟錫의 民族自尊論과 女性認識」,『대동한문학』제18
　　집, 한국유교학회, 1996.

김남이,「의암 유인석의 민족자존론과 여성 인식」,『대동한문학』18,
　　2003.

金度亨,「한말 의병전재의 사상적 성격」,『한국민족 운동사 연구 5』,
　　한국민족운동사연구회, 1991.

강만길,「한국민족운동사에 대한 기본 시각」,『한길역사강조』, 한길
　　사, 1987.

金文基,「義兵柳麟錫一家의 義兵活動과 義兵歌辭」,『유교사상연구』
　　제8집, 한국유교학회, 1996.

구완희,「연해주 시기 유인석의 의병 노선과 '관일약'」,『대구사학』
　　126, 2017.

곽효문,「조선조의 가족복지정책에 관한 연구」,『한국행정사학지』11
　　권, 한국행정사학회, 2000.

권오영,「이항로의 위정척사이념과 그 전승 양상」,『화서학논총』, 화
　　서학회, 2012.

김용덕,「주자학적 민족주의론」, 역사학회편,『韓國史의 反省』, 新丘
　　文化社, 1990.

김효경,「간찰의 산문 문체적 특징」,『대동한문학』제28집, 대동한문
　　학회, 2008.

_____,「조선후기 간찰의 피봉과 내지 정식」,『동양예학』제16집,
　　동양예학회, 2007.

노관범,「1910년대 한국 유교지식인의 중국 인식: 유인석, 박은식, 이
　　병헌을 중심으로」,『민족문화』40, 2012.

문성혜, 「의암 유인석의 의병항쟁」, 『제주사학』 1, 1985.

박민일, 「한말 최초의 의병가와 의병아리랑 연구」, 『나라사랑』 제106
    집, 외솔회, 1986.

박길수, 「도덕 심리학과 도덕 철학의 이중적 변주」, 『철학연구』, 고
    려대학교 철학연구소, 2013.

박민영, 「연해주 의병명부 『義員案』 해제」, 『한국독립운동사연구』
    45, 2013.

_____, 「의암 유인석의 위정척사운동 : 『소의신편』을 중심으로」,
    『청계사학』 3, 1986.

박성수, 「의암 유인석의 학맥과 존화양이 사상」, 『나라사랑』 외솔회,
    2003.

박성순, 「위정척사파의 반제논리와 의병항전을 둘러싼 환경의 재검
    토」, 『온지논총』 28, 2011.

방용식, 「유인석의 문명인식과 위기대응론 고찰」, 『정신문화연구』
    39(2), 2016.

박이정, 『민족문화와 의병사상』, 안동문화연구소, 1997.

배형식, 「의암 유인석의 학통과 의병활동」, 『의암 유인석연구논문선
    집 II』, 2004.

習齋研究所, 『(國譯)習齋先生文集』5, 卷 33, 「心性理氣說」, 春川文化
    院, 2009.

서굉일, 「일제하 만주 북간도의 민족교육」, 『한국교육의 재인식』, 한
    신대학출판부, 1987.

서준섭, 「의병장 유인석의 한시」, 『의암 유인석연구논문선집 I』, 의암
    학회, 2004.

손승철, 「의암 류인석 사상의 현재적 의미」, 『의암학연구』 14, 2016.

송기섭, 「의암 유인석의 시에 나타난 충의정신 연구」, 『화서학논총』 5, 화서학회, 2012.

_____, 「의암 유인석 시에 나타난 척사의식과 현실대응에 관한 연구」, 『어문논집』 61, 2015.

_____, 「의암 유인석의 시에 나타난 중국과 우리의 관계 연구: 『화동음』을 중심으로」, 『퇴계학논총』 25, 2015.

_____, 「의암 유인석의 망명로정에서의 보화와 국권회복운동 고찰」, 『의암학연구』 14, 2016.

오영섭, 「의암 유인석의 동양문화 보존책」, 『강원문화사연구』 9, 2004.

_____, 「의암 류인석의 국외 항일투쟁지에 대한 재조명」, 『의암학연구』 제17호, (사)의암학회, 2018.

俞成善, 「習齋 李昭應의 義理情神과 心說論爭 讀解」, 『한중인문학연구』 40집, 한중인문학회, 2013.

_____, 「華西學派 衛正斥邪論의 義理精神 一考察」, 『화서학논총』 7, (사)화서학회, 2016.

_____, 「화서학파 한·중지역 독립운동의 사상적 가치 및 전망」, 『한중인문학연구』 66, 한중인문학회, 2020.

유한철, 「십삼도의군의 설립과정과 조직상의 성격」, 『한국독립운동사연구』 10, 1996.

柳漢喆, 「柳麟錫의 義兵 根據地論」, 『毅菴柳麟錫硏究論文選集 Ⅳ』, 毅菴學會, 2016.

吳瑛燮, 「위정척사 사상가들의 사유구조와 서양 인식」, 『숭실사학』 30, 숭실사학회, 2013.

윤대식, 「한국 위정척사의 보수응변(保守應變): 유인석(柳麟錫)의 국권(國權) 관념 변화를 중심으로」, 『한국인물사연구』 21, 2014.

윤병석, 「昭陽新編에 나타난 春秋義理」, 윤병석, 『한국사와 역사의
식』, 인하대학교출판부, 1989.

원영환, 「의암 유인석의 생애와 구국 투쟁」, 『나라사랑』 106, 2003.

이광소, 「孔子의 敎育方法的 原理」, 『Journal of Korean Culture』 29
집, 한국어문학국제학술포럼, 2015.

이동우, 「의병장 유인석 의병운동고」, 『成大史林』 제2권, 1977.

이선우, 「韓末 義兵情神과 民族意識의 再照明」, 『毅菴學研究』 제4호,
의암학회, 2007.

이애희, 「의암 유인석의 연해주에서의 의병투쟁과 사상적 변이에 관
한 연구」, 『동양정치사상사』 69, 2012.

이향배, 「화서 이항로의 시에 나타난 도의사상」, 『화서학논총』 2, 화
서학회, 2006.

이현희, 「의암 유인석의 민족독립운동연구」, 『의암학연구』 2, 2004.

李愛熙, 『의암 류인석의 국외근거지론의 구상과 이론적 추이』, 한말
춘천의병의 전개와 의암류인석 의명장의 해외 항일의병투쟁 (제
15회 의암학술대회보), (사)의암학회, 2014.

윌리엄 제임스(William James: 1842−1910), 정명진 역, 『심리학의
원리』, 부글북스, 2018.

毅菴學會, 『毅菴柳麟錫資料集−간찰문을 중심으로−』 1, 2004.

장현근, 「중화질서 재구축과 문명국가 건설: 최익현·유인석의 위정
척사사상」, 『정치사상연구』 9, 2003.

정수철, 「율곡의 친친(親親)사상 실천 연구」, 『철학·사상·문화』, 동
국대학교 동서사상연구소, 2020.

정옥자, 「화서학파의 위정척사론에 대한 새로운 조명」, 『화서학논총』

7, 2016.

조동걸, 『한말의 의병전쟁, IV』, 독립기념관 한국독립운동사연구소, 1999.

정병석·권상우, 「유가의 복지」, 『철학논총』 69권, 새한철학회, 2012.

潘炳律, 「러시아 당국과 韓人民族運動」, 『아시아문화』 13, 한림대학교아시연구소, 1975.

하윤서, 「남궁억(南宮檍) 교육사상에 대한 유학적 함의 연구」, 『퇴계학논집』 25호, 영남퇴계학연구원, 2019.

■ 기타자료

桂奉瑀, <의병전> 二, 상해 「독립신문」, 1920년 4월 29일 자.

『長潭講錄』, 韓國精神文化研究院도서관 M.F. No. 16-00136 문서 No. 4261.

성명회 「宣言書」 중 (1910년 8월).

한국학 종합 DB(毅菴集), http://db.mkstudy.com/mksdb/e/korean-literary-collection/book

※ 도서 사진 출처: 의암류인석기념관 이홍권 박사

연도 (연령)	주요 내용
1842	강원도 춘천 남면 가정리 우계(牛溪)에서 아버지 류중곤(柳重坤)과 어머니 고령신씨(高靈申氏)의 3남 3녀 중 둘째 아들로 태어난다.
1844 (3세)	글공부를 시작하다.
1849 (18세)	『소학(小學)』을 읽다.
1855 (14세)	족숙(族叔) 류중선(柳重善)과 덕수이씨(德水李氏)의 양자로 입양되다.
	경기도 양근(양편) 벽계(蘗溪)의 화서의 문하에 입문하다.
1859 (18세)	김평묵을 주빈으로 관례(冠禮)를 치른다.
	여흥(여주) 군수 민종호(閔宗鎬)의 딸과 혼인하다.
1860 (19세)	봄에 조광조(趙光祖)를 모신 미원서원(迷源書院)을 찾아가 뵙다.
1862 (21세)	1862. 주자(朱子)·송시열(宋時烈)의 화상(畵像)을 제작하여 삭망(朔望)으로 배향하다.
1863 (22세)	양가의 증조부 류영오 별세하다.
1864 (23세)	화양동(華陽洞) 만동묘(萬東廟)가 훼철되자 족숙 항와(恒窩)와 시사(時事)를 통탄하는 글을 쓰다.
1865 (24세)	부인 민씨 별세하다.

---

1) 하윤서·정춘후, 『의암 류인석의 교육철학』, 한국학술정보, 2021, 248-255.

1866 (25세)	경주 유생 정문구(鄭文龜)의 딸과 혼인(재혼)하다.
	병인양요(丙寅洋擾)가 일어나자 척사(斥邪) 상소 차 이항로를 따라 서울에 한 달 동안 체류하다. (병인척사운동)
1867 (26세)	가평 현리에 있는 현등사(懸燈寺)를 유람하다.
1868 (27세)	이항로 별세하다. 이후 중암(重菴) 김평묵(金平默)과 성재(省齋) 류중교(柳重敎, 의암의 족숙)에게 수학하다.
1872 (31세)	김평묵을 따라 한포(漢浦)의 대강회(大講會)에 참가하다.
1874 (33세)	봄에 가평 조종암(朝宗巖) 대통단(大統壇)을 찾아가 배향하다.
1876 (35세)	김평묵·홍재구(洪在龜) 등과 함께 한일수교 반대(병자척사운동) 상소문을 올렸으나 무시된다. 여름, 류중교를 따라 양근 자잠에서 가릉군(嘉陵郡, 가평) 북쪽 옥계(玉溪) 부근 자리촌(자리촌)으로 이사하다. 류중악 외 친척들도 함께 이주하다. 김평묵도 근처 구곡리(龜谷里)로 이사하다. 「옥계구곡」을 짓는다.
1877 (36세)	류중교의 지시로 홍무향음례(洪武鄕飮禮)를 주관하다. 겨울, 성재의 지시로 운곡암(雲谷庵)에서 겨우내 『강목(綱目)』을 독서하다.
1878 (37세)	류중교와 병 치료를 위해 양구 해안(亥安)으로 따라간다.
1881 (40세)	김평묵이 영남 유림에 척사상소를 지지하는 서신을 보낸 것 때문에 유배되자 서울의 남교까지 동행하다.
	본가 부친 류중곤 별세하다.
1882 (41세)	김평묵이 귀양에서 돌아오다.
1883 (42세)	본가 모친 고령 신씨 별세하다.

1884 (43세)	춘천 가정리 왕동(旺洞)으로 이주하다.
	조정의 변복령(變服令)을 듣고 통탄한다.
1886 (45세)	여주(驪州) 대노사(大老祠)를 참배하다.
1887 (46세)	삼종제(三從弟) 류의석(柳毅錫, 류중교의 장자)의 아들 제함(濟咸)을 양자로 삼는다.
	가정리 향음주례(鄕飮酒禮)에 참가하다.
1888 (47세)	청주 화양동 만종묘를 찾아가 참배하다. 이 해에 홍사백(洪思伯)에게 류중교를 무척(誣斥)에 대해 항의서한을 보낸다.
1891 (50세)	아들 제춘(濟春, 海東)이 태어난다.
1892 (51세)	스승 김평묵이 별세하다.
	김평묵의 사위 홍재구와 함께 이항로의 '심설'을 놓고 류중교를 무척(誣斥)한 유기일(柳基一)과 척절(斥絕)하다.
1893 (52세)	제천(堤川)으로 이주(1889.8)하여 강학하던 류중교 별세하다.
	가정리 류중교의 옛 강단(講壇)에서 강회(講會)를 열다.
1894 (53세)	김홍집 내각의 개혁 소식(갑오개혁)을 듣고 통탄하다.
1895 (54세)	흑복령(黑服令) 소식을 듣고 통탄하다.
	스승 류중교의 유업을 잇기 위해 제천 장담리 구탄(九灘)으로 이사하여 거의(擧義) 직전까지 강회를 열다.
	급히 4군(郡)의 사우(士友)들을 모아 『춘추』를 강의하고, 다음날 향음례를 행하다.
	양모 덕수 이씨 별세하다.

	명성황후 시해에 이어 단발령(斷髮令) 공포로 '처변삼사(處變三事)'를 논의하다.
1896 (55세)	이춘영(李春永)·안승우(安承禹)·김백선(金伯善) 등이 원주 안창리에서 지평(砥平) 포군(砲軍)을 중심으로 의병을 일으키다.
	지평 의진이 제천에 입성하여 장담에 이필희(李弼熙)를 대장으로 하는 지도부를 조직하다.
	지평의병이 단양 장회촌(長淮村) 전투에서 승리한 후, 죽령·풍기·영춘과 제천·주천·평창을 거쳐 영월에 집결하다.
	(음, 12.24) 영월에서 의병의 추대로 호좌의진 창의대장(湖左義陳 倡義大將)에 오른다. 이어 「檄告八道列邑」·「檄告內外百官」을 전국 각지에 발송하여 의병봉기를 촉구하다.
	(음, 12.28) 제천에 진군하여 유진하다.
	(음, 1.3) 단양군수 권숙(權㴐)과 청풍군수 서상기(徐相耆)를 처단하다.
	(음, 1.5) 충주성에 입성하여 2월 20일 충주부 관찰사 김규식(金奎植)을 처단하다.
	(음, 1.7) 중군장 이춘영 수안보(水安保) 전투에서 전사하다. 전 삼화부사(三和府使) 이경기(李敬器)를 중군장으로 삼는다.
	(음, 1.10) 주용규 충주성 전투에서 전사하다.
	(음, 1.22) 충주성을 포기하고 이튿날 제천으로 회군하다.
	(음, 1.24) 이경기가 귀향하자 중군장에 안승우를 임명하다.
	(음, 2.6) 유격장 이강년(李康秊)이 수안보에 이르다. 선봉장 김백선이 가흥(可興) 전투에서 일본군에 참패하다.
	(음, 2.14) 김백선이 중군장 안승우에 항거하자 대장소

	에서 처형하다.
	(음, 3.13) 관군 장기렴 참령이 충주 북창에서 「의병해산 권유문」을 보내온다.
	(음, 3.15) 의병을 해산할 수 없다는 답신을 보낸다.
	(음, 4.13) 제천 남산성을 빼앗기다. 이 전투에서 중군장 안승우와 그의 제자 종사(從事) 홍사구(洪思九)가 전사하다.
	(음, 4.16) 장의장(仗義長) 이완하(李完夏)를 중군장에 임명하다.
	(음, 4.23) 단양을 거쳐 수산(壽山)에 유진하고 이후의 의병활동을 논의하다.
	(음, 4.27) 음성에서 관군을 크게 무찌른다.
	(음, 4.29) 원주 강천(康川, 여주)에 주둔하고 서북 대행군을 결정하다.
	(음, 5.9) 원용석(元容錫)을 중군장으로 삼는다.
	(음, 5.10) 재천 모산(茅山)으로 이동, 선유위원 정언조(鄭彦朝)를 꾸짖는다.
	(음, 5.23) 정선으로 이동, 「서행시재정선상소(西行時在旌善上疏)」를 올린다.
	(음, 5.24) 중군아장 이원하(李元夏)를 중군장으로 삼는다.
	(음, 6.13) 낭천(화천) 전투에서 소토장(召討將) 서상열(徐相悅)과 종사 김선이(金仙伊) 등이 전사하다.
	(음, 6.14) 양구 전투에서 승리하다.
	(음, 7.1) 원세개(元世凱)에게 군사지원을 요청하기 위해 이필희, 유치경(俞致慶), 송상규(宋尙奎) 등을 중국에 파견하다.
	(음, 7.14) 평강·영흥·덕천을 거쳐 청도와 영변싸움에

	서 승리하다.
	(음, 7.16) 평안도 운산(雲山)을 거쳐 초산(楚山) 싸움에서 승리하다.
	(음, 7.20) 초산 아이성(阿夷城)에서 「재격백관문(再檄百官文)」을 발송하다.
	(음, 7.21) 중국 회인현(懷仁賢) 파저강변(波瀦江邊, 현재 요녕성(遼寧省) 恒仁縣 沙尖子鎭)에서 무장 해재 당해 의병 240명 중 21명만이 중국으로 망명하고 나머지 219명은 귀국하다.
	고구려의 옛 땅인 통화현(通化縣) 오도구(五道溝, 현재 吉林省 柳河顯 五道溝鄉)에 정착하다.
	「여동문사우서(與同門士友書)」를 발송하다.
1897 (56세)	환인현 影璧山 葫蘆頭溝로 거처를 옮기다.
	광무황제(光武皇帝)의 초유문을 받고 귀국하여 초산에서 「진정대조소(陣情待罪疏)」를 올린다.
	국내에 「정동지제공서(呈同志諸公書)」를 보낸다.
	춘천 가정리로 귀가하여 모친 대상(大祥)에 참가하다.
1898 (57세)	재차 중국 망명길에 오른다.
	통화현 오도구에 도착하다. 「재입료동약정의체(再入遼東約定義諦)」를 지어 척사의지를 밝히고 의병 재기를 다짐했다.
	통화현 팔왕동(八王洞)으로 이주하다.
1899 (58세)	한국 역사서의 일종인 「동국풍화록(東國風化錄)」을 저술하다. 전국 각지의 유림에게 보내는 글, 「통고경성급팔도각읍사림문(通告京城及八道各邑士林文)」을 발송하여 자신의 사상을 천명하다. 3월에 아들 제춘(濟春)이 찾아온다. 여름에 「출처설(出處說)」과 「국병설(國病說)」을 지어 그의 위국(爲國)사상을 전개하다.

1900 (59세)	그곳 거류 동포 간에 향약(鄕約)을 설치 시행하여 상부 상조와 단합을 도모한다.
	의화단 난으로 국내로 귀국하다.
	평산 산두재(山斗齋)에 머물다.
1901 (60세)	관서지방을 순회하고 강화하다.
1902 (61세)	문인들이 『소의신편(昭義新編)』을 간행하다.
	용천(龍川)에 강화소를 설치하다.
	「석계구곡」·「구산지결」을 짓는다.
1903 (62세)	제천에 돌아오다.
1904 (63세)	해서지방을 순회하다. 은율 흥도서사(興道書社)에 머물다.
	「흥도서사약속」·「납량사의의목강변」을 짓는다.
	「칠실분담」을 지어 거의를 촉구하다. 평산에 머물다.
	최익현(崔益鉉)에게 거의를 촉구하다. 사림(士林)에게는 국외거수(國外去守)를 보낸다.
	제천에서 향약을 조직·실시하다. 「수의의체통고방내사우서(守義義諦通告邦內士友書)」를 통고하여 수의론(守義論)을 펼친다.
	전국에 「통고일국진신사림서(通告一國縉紳士林書)」를 보내 의병봉기를 촉구하다. 친척과 사우들에게 중국에서 망명할 그것을 권유하다.
1905 (64세)	「혹인대(惑人對)」를 짓는다.
	제천으로 가다.

	관서지방으로 가다.
	을사5조약 체결 예정 소식을 듣고 전 국민이 항거하도록 촉구하는 서신을 발송하다.
	중국의 연성공(衍聖公)에 사람을 보낸다. 「고친척사우서」를 보내 친척과 사우들에게 중국으로 망명할 것을 권유하다.
1906 (65세)	춘천 곡운(谷雲) 산중으로 거처를 옮기다.
	춘천 가정서사(柯亭書社)에서 『송원화동사합편강목(宋元華東史合編綱目)』 33권을 편찬하고, 「서악문답(西嶽問答)」을 지어 수의론을 제시하다. 4월(음)에 「여동지사우서(與同志士友書)」를 지어 국외 근거지 개척에 유림이 적극적으로 동참할 것을 촉구하다.
	춘천 가정리로 돌아오다. 「再告縉紳士林書」를 보낸다.
	『宋元華東史合編綱目』의 서문을 짓는다.
1907 (66세)	정미7조약의 소식을 듣고 서울에 가다. 봄, 고종황제의 밀지(密旨)와 밀부(密符)를 받았으나, 의병을 그만둘 수 있는 형편이 아니라는 이유를 들어 돌려보낸다. 5월(음)에 만세사(萬世祠)에 공자 외 10 성현의 영정을 봉안하다.
	(음, 7.15) 연해주를 향해 출발하여 원산(元山)에 이르다. 음력 8월에 「여각도창의소서(與各道倡義所書)」를 발송하다. 러시아 망명이 실패하여 경성(京城)에서 신병을 치료하다.
1908 (67세)	13도창의대진소(十三道倡義大陣所)에 「與諸陣別紙, 北計論」를 통해서 국내 의병 근거 지론(백두산 일대 근거지론: 北計)을 주장하다.
	세 번째 국외 망명지 러시아 연해주 해삼위(블라디보스토크)로 떠난다.

	연추(煙秋, 현재 크라스키노)의 중별리(中別里, 현재 추카노위)로 가서 최재형·이범윤 의병부대와 합류하다.
	「여수청거인제인서(與水淸居人諸人書)」를 발송하여 의병활동을 격려하다.
	의병규칙 35개 조를 제정하다.
1909 (68세)	서계동(西溪洞)으로 옮기다. 3월(음) 시지미촌(柴芝味村)으로 이주하다.
	한일 동포의 결속을 위한 「관일약」을 제정 시행하다.
	맹령(孟嶺, 현재 몽구가이)에 이주하다. 이때 이상설이 내방한다.
	「통고북도사림서(通告北道士林書)」를 발송하여 「관일약」의 실시를 독려하다.
	의병의 「의무유통(義務有統)」을 지어 통제(統制)의 법을 세운다.
1910 (69세)	지신허(地新墟, 티진헤) 재피거우(梓皮溝)에서 13도의군 도총재에 추대되다. 「격고13도대소동포」를 발송하다. 이후 블라디보스토크로 이동하다.
	광무황제에게 연해주로 망명하도록 상소문을 올린다.
	한일병탄(韓日倂呑)이 늑결되자, 항일투쟁을 전개하기 위해 조직한 성명회 회장에 추대되고, 「재고13도대소동포」를 발송하다.
	이상설 등 성명회 임원 20여 명이 러시아 당국에 피체되다. 「치고일국서(致告一國書, 與一國同胞)」와 「토죄왜정부서(討罪倭政府書)」를 발송하다. 이때 국내 지사들은 모두 망명하도록 촉구하다.
1911 (70세)	유정구(柳亭口, 노보샤크린스키)로 피신하다. 2월에 운현(雲峴, 크레모보)산 속에 은거하다.
	의암의 가족·친척·사우들이 대거(45가구) 중국 요령성 흥경현 난천자촌(暖泉子村)으로 망명하다. 「산언(散言)」

	을 저술하다. 5월에 시양단(蒔陽壇)을 지어 습례(習禮)하다. 윤6월에「고동반사우(告同伴士友)」를 쓰다.
	한인의 실업 권장을 목적으로 조직한 권업회(勸業會) 수총재에 추대되다.
1912 (71세)	「통고아령유우동포」를 지어 발송하다. 장차 중국지역으로 들어갈 뜻을 굳히고 이에 대비하다.
1913 (72세)	『우주문답』을 저술하다. 목화촌(木花村, 마와카프예카)에 머물다.「니봉고소초(尼峰稿小抄)」를 짓는다.
	부인 정씨(鄭氏) 별세하다.
	「병상기어(病狀記語)」·「한등만필(寒燈蔓筆)」을 짓는다.
1914 (73세)	러시아에서 중국 서간도로 이동하여 요령성(遼寧省), 서풍현(西豐縣)에 이르다.
	흥경현(興京縣)에 정착하다.
	관전현(寬甸縣) 방취구(芳翠溝)로 옮겨 거주하다. 겨울에 최후의 저술인「道冒編」을 짓는다. 아울러「우주문답」800여 권과 니봉고소초를 발간·배포하다.
1915 (74세)	방취구에서 74세를 일기로 서거하여 난천자 평정산 부인 저씨 묘소 옆에 안장하다.
1917년	문인들이 『의암집』을 간행하다.
1935년	춘천 남면 가정리 현 묘역으로 이장하다.
1962년	제천 자양영당(紫陽影堂)에 배향하다.
2000년	대한민국 건국훈장 대통령장을 추서하다.
	의암 묘역을 강원도 기념물 제74호로 지정하다.
2003년	의암 선생의 사상과 업적을 선양하기 위해 의암 묘역을 중심으로 조성된 '의암 류인석 선생 유적지 조성사업 (1996~2003)'이 완료되다.

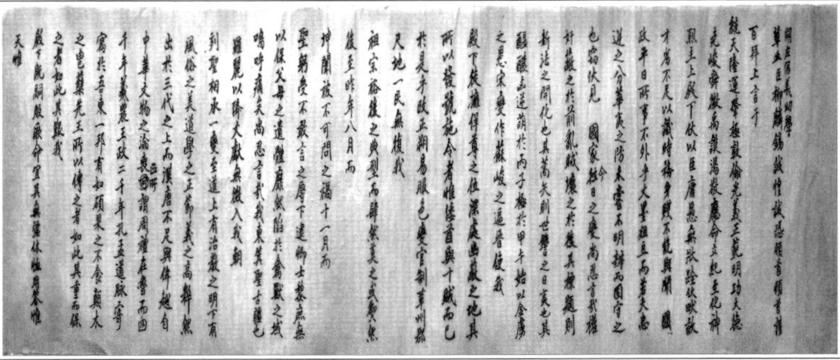

[사진1] 의암의 상소문(1896)
1896년에 작성된 것으로 명성황후가 시해되고 일제에게 투쟁할 것을 권고하는 상소문.

湖左倡義幼學
草臣柳麟錫誠惶誠恐 頓首頓首 謹
百拜 上言于
統天隆運肇極敦倫光義正範 明功
大德
堯峻舜微 禹謨湯敬 應命立紀至化神
烈 主上殿下 伏以臣庸愚無狀 跧
伏畎畝
才劣不足以識時務 身賤不能與聞國
政 平日所事 不外乎文墨俎豆 而
若夫忠
逆之分 華夷之防 未嘗不明辨而固
守之
也 竊伏見國家今日之變 尙忍言哉 權

祖宗裕後之典型 而肆然莫之或禦 然
後至昨年八月 而
坤闈被不可問之禍 十一月 而
聖躬受不忍言之辱 下逮卿士黎庶 無
以保父母之遺體 靡然陷於禽獸之域
嗚呼痛矣 尙忍言哉 我東箕聖古
疆也
羅麗以降 文獻無徵 入我朝
列聖相承 一變至道 上有治敎之
明 下有
風俗之美 道學之正 節義之高 粹然
出於三代之上 而漢唐不足與侔 越自
中華文物之淪喪 正所謂周禮在魯
而四

---

1) 춘천문화원 · 의암류인석기념관, 『의암류인석기념관 소장유물 · 상설전시안내 도록』, 2020을 기반으로 도표화하였다.

奸蔽之於前 亂賊壞之於後 其標題則
新法之開化也　其嚆矢則世讎之日
夷也 其
醞釀凶逆 萌於丙子 極於甲午 始
以金虜
之愚宋 變作蘇峻之逼晉 使我
辨殿下徒擁伴尊之位　深處幽蔽之
地 其
所以發號施令者 惟倭酋與十賊而已
於是乎改正朔易服色 變官制革州郡
尺地一民　無復我

千年羲農王政 二千年孔孟道脉 寄
寓於吾東一邦 有如碩果
之不食 顚木之㫗蘖 先王所以傳
之者如此其重 而保之者如此其艱 我
殿下旣嗣服厥命 宜其無疆休恤 用
答惟
天惟

[사진2] 의암의 의병 격문(1896)

명의는 호좌의병대장 류인석이다. 의암이 충주성을 점령한 후, 1896년 1월 14일에 충남 목천지역에 발송한 의병봉기 촉구 격문이다. 크게 두 부분으로 구성되어 있는데, 앞부분은 목천의 二公兄에게 전령하는 형식으로 되어 있고 뒷부분은 1895년 12월 의병을 봉기하면서 발표한 격고문이다.

傳令 木川二公兄
爲知委 擧行事復讐保形 今日之大義也 獨
東土凡有血氣者 執不沬血飮泣 或詛將先
擧義 號梟首 觀觀察圭載與淸風丹陽物也着
守令傳檄四方 到處募兵 若有不應者 此賊
黨參患 令到之日 官炮與閑散炮軍 區
區抄出侍陣 到着之日 無至違漫地宜乎
向事丙申元月十四日 義兵軍募將李
檄告文
嗟惟我八域蒼生 忍任他一局黑死地 自乃祖

不可說 惟爾國賊之輩 頂踵毛髮賴誰而生
慟寃奈何 國母之讎已是切齒 慘酷尤甚 君
父之尊又見毀形 破冠裂裳之餘 又遭此罔測
之凶禍 翻天倒地之極 莫保我各受之秉彝
禽獸我父母之身 此何事也 草薙我父母之
髮 此何變耶 堯舜禹湯帝王之傳至今日而
墜絕 孔孟程朱聖賢之脉 更無人而扶持 長
安父老 爭思漢官之儀 新亭豪雄空作楚囚
之泣 君臣父子 宜有背城之心 天

乃父 莫非五百年遺民 爲吾國吾家
胡無
一二人義士 慘矣憾矣 運耶命耶
猗我本朝
自國初悉遵先王 而天下皆稱小華
民俗與
唐虞三代可比 儒術以洛閩諸賢爲
師 雖夫
婦之愚 皆尙禮義之敎 於君父之急
必有赴
救之心 肆昔壬辰 不限擧義之士
逮夫丙子
亦多殉節之臣 盖自神州之陸沉
幸有我國
之乾淨 不過爲海外片土 足以當
剝上得輿
嗚呼痛矣 誰知海外通商之謀 實爲
天下亡國
之本 開門納賊 所謂世臣家甘作虎
前之
倀 殺身成仁 只此疏儒輩得免牛
後之恥 愚
宋之金謀莫測 在魯之周禮難全 所
以草野
匹夫之微 徒切漆室嫠婦之歎 卒
至于甲午
六月二十日之夜 更無我朝鮮一國
三千里之
方 宗社如髮危 孰爲李若水之抱主
州縣皆
肉食 不見顏眞卿之募兵 以昔區區
勝國之
作下句麗 尙云羞恥 矧今堂堂正
邦之爲小

地鬼神 豈
無面陽之理 微管仲 吾其左衽矣
誅淖齒 誰
果右袒乎 凡我諸路忠義之人 均是
聖朝培
養之物 避患有甚於死者 待亡其孰
如伐之
地雖當萬分之頭 人可增百倍之氣
天不共戴
尤切薪膽之思 時何等危 難免魚肉
之禍 吾
未聞變於夷者 其何以立於世乎 以
公以私
萬無生全之望 於禍於福 一守死字
之符 歃
馬血而同盟 成敗利鈍非吾所覩 擇
熊掌而
斯取 輕重大小於此焉分 衆心皆趨
詎無百
靈之休佑 國運復啓 將見四海之永
清 仁者
之無敵勿疑 士師之用誅何待 茲
敢爲先擧
之地 遂以此布告于人 上自公卿
下至士庶
孰無哀慟迫切之志 此誠危急存亡
之秋 各
自寢苫枕戈 亦皆赴湯蹈火 期區
宇之再造
見天日之復明 奚但爲功於一邦 實
是有辭
於萬世 如是馳書曉諭之後 有或
違令遲慢
之人 卽是黨逆之同歸 斷當移兵而

日本　寧不慟傷　噫彼島夷之酋　約　先討　各
信法理　初

宜銘肺　母至噬臍　　用盡微誠　共

伸大義

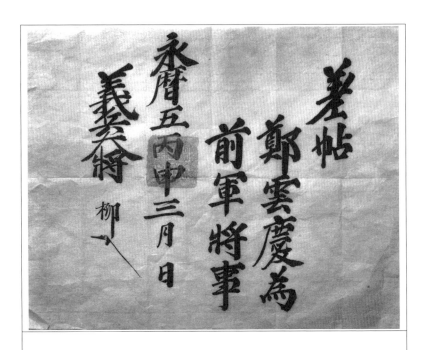

[사진3] 의병 임명장 차첩(1896)
의암이 정운경을 전군장으로 임명하는 문서이다. 정운경(1861
~1939), 호는 송운, 자는 화백이고, 정철의 후손으로 제천 출신이
다. 의암과 함께 의병에 참여하였고, 1896년 3월 13일 전군장에 임
용되었다.

差帖	차첩(임명장)
鄭雲慶爲	정운경을 전군장으로 임명한다.
永曆五丙申三月日	영력5년 병신(1896)3월
義兵大將柳(署押)	의병대장 류

[사진4] 주용규대적전황문(1896)
의암의 제자인 입암 주용규가 작성한 1896년 의병 전투 전황 보고
문이다.

對敵戰況文
陣中奉別脩備 一旬瞻仰彌切 付未重
比來
師母 主寢啖諸節 不瑕有損
侍餘體度 遠謀萬康 寶覃均吉否 玆
切付慮 不任憧憧 死生 頑喘苟支 而
丈席主諸節 枯爲安寧 豈非宜幸耶
本陣事 再昨日 與倭接戰而中軍不
幸被

禍 砲軍死者四五名 心甚痛恨 然
亂中之有
豈無一人傷者乎 倭酋死者數十餘
名矣
此亦不幸中幸耶 死生之辨 已爲
係陣則
家事專恃主軒 須一一祥探 使或
有天錫
或有過誤 隨處警責 無至視之路
人 千企萬
望 且所急事 婚事最急 一一祥探
以副
遠外專倚之情 千萬至望 餘恩恩
不備上爲
書 丙申五月十三 □生 燼不敢姓名

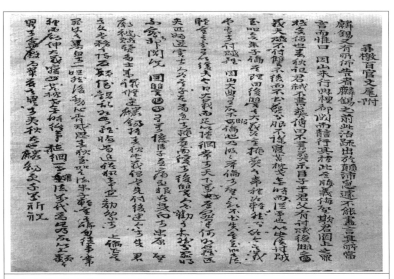

[사진5] 재격백관문미부(1896)
의암이 서간도로 망명하여 '다시 백관에게 고하는 격문'을 저술하면
서 덧붙여 지은 글이다.

再檄百官文尾附
麟錫又有所仰告者 麟錫之前此 治
疏 出
於顚沛急遽 不能盡言其 所當
言而惟日 因山未行 典禮都 闕而
請行其
禮 此其晦義侮聖欺 君 罔上之罪
極矣 何也 春秋記 君弑不書葬 傳
日 不書
葬 示臣 子于君父有討賊 復讐之
義 夫賊 不討讐而不書葬 則服不
除 寢笘
枕戈 無時而從爭也 以此法討賊
至嚴矣 朱子論其理日 復讐之大
義爲重
掩葬之常禮爲輕 然則爲 今之義

夫匹婦 遇害於人 苟急於掩葬而
緩於復讐
人爲勤 之 亦然則罪將
不容於鄕閭 況國 讐臣有萬億 臣
子至痛
亟報者哉 向於忠原 聖
廟被賊燹 多士來議 修建 麟錫推
春此
義 謂當先討 後建 今於告君
之文 當務言陳 反顚倒錯辭 爲此
雖悔 葛
進 諸 執事宜劾稟於上 論正其
罪使之 暴白於一國 然後動心胥
戒 思春
秋至嚴之法 朱子輕重之論 勿徒
事常

尙專於討賊 雖因山大典 有所不暇
論也
及汲汲擧論於聖 人記不書 失其至
嚴之法
輕重之 分 有以緩矣 今日大義而
足以墮
綱常於天下萬世 其罪果何如也 雖匹

禮 而斯伸大義 寢苫枕戈 無時終
事 植綱
一世 垂法萬代焉 此爲所以人類之
異於禽獸 爲華 夏之異於夷狄者
也 麟錫
更千萬 祈祝

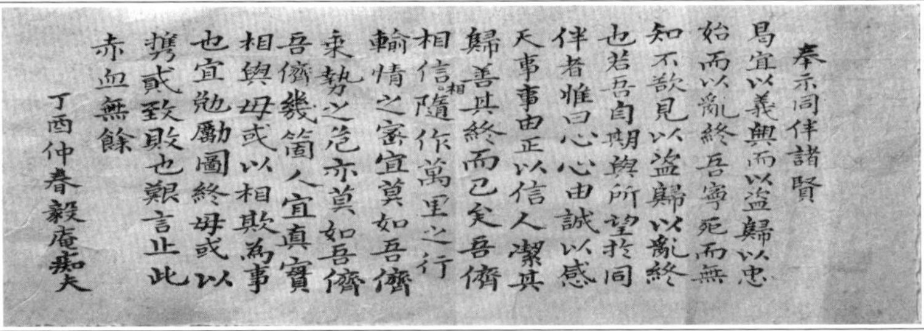

[사진6] 봉시도반제현(1897)
의암이 함께 의병 활동을 하던 동지들에게 일본을 물리치기 위해서
는 서로 시기하지 말고 힘을 합쳐 투쟁하자는 내용을 담은 친필 호
소문.

奉示同伴諸賢
曷宜以義興而以盜歸 以忠
始而以亂終 吾寧死而無
知 不欲見以盜歸以亂終
也 若吾自期與所望於同
伴者 惟曰心 心由誠以感
天 事事由正 以信人潔其
歸善其終而已矣 吾儕
相信相隨 作萬里之行

輸情之密 宜莫如吾儕
乘勢之危 亦莫如吾儕
吾儕幾箇人 宜眞實
相與 毋或以相欺爲事
也 宜勉勵圖終 毋或
以携貳致敗也 艱言止此
赤血無餘
丁酉仲春毅庵痴夫

[사진7] 운현맹질(1911)
의암이 운현에서 동지들과 맺은 서약서.

雲峴盟質
辛亥二月卄四日(1911년 3월 24일)
書 毅菴毛抄親書
今日當辦死心盡死
力辦死心盡死力 可
以恢復本邦恢復
本邦可以經紀中華
經紀中華可以整
頓乾坤辦死心而
有一分餘地 盡死力
而有一分餘地 則無復
可望 今日將質辦死
心盡死力於諸老少士友
吾老少士友願下一言
而許實心而施實力
也 千萬泣望

自量
不辦死心死力辦而有
或餘地 直書不字 辦
死心死力 又肯不有餘地 乃
書爲字 書爲字而有
不爲 則吾不知其可也
朴□菴 爲
禹史山 爲
□無□ 爲
李錫模 爲
金斗運 爲
李重熙 爲
石鎭哉 死
嚴基福 爲
康喆黙 爲

[사진8] 답가야(근대)
의암이 집안을 걱정하며 보낸 서신.

答家兒
茲里見手字安得□□
從叔母主經患腦瘇甚
劇方臻復常下情先懼
後喜汝兩處省事俱安
汝身汝弟妹皆無最
是汝得忠州崔友共處
稍勤讀奇甚矣然惹人稍
勤便不新奇須是能自志
立不勤不得方好汝須念자
學淵源是如何宜自棄幼
志而植立圖終繼述又宜
念吾良貝而思其益之也
始吾欲善置汝士友舊中

期使成就世故旣如彼吾
事又如此遂成瓦解汝則
念之而自謀萬端家憂從此
叢置汝幼身 上汝又身弱唯
其疾之可憂是皆吾念慮
不置處凡百愼之愼之吾來
與 老少同伴無擾過春
夏最辛䆫齋丈始終
保重爲資警益得會
未有準保華夏典型
以基來復是所定大義
諦也止此
八月卄七父 在遼上
書

[사진9] 옥산려사(근대)
의암이 습재 이소응과 제천지역을 여행하던 중 도움을 주었던 옥산
(玉山) 이정규(李正奎)에게 보낸 감사 서신.

玉山旅史
奉書用下至
旅體懋甚 仰仰慮承 兼花
樹款洽可賀 損末 同習齋
遺旣江北 留伴亦無警
責 完延接之事 可感厚意, 强
友旅力益不易也 敢不勉從
但愚當先往 卽勢又不可與强友同
行 日間當與習齋伴往 賢須
坐待也 忙書不備
八月九日 損末麟錫 拜謝

[사진10] 숙주전상서(근대)
의암이 숙부에게 보낸 문안 서간.

叔主前上書
旬日來春候 尤乖沍
人多受厠此時伏日 慮政
深
卽書至伏一審
雖候萬安 閤度鄕口丁
於百情태态 慰芽新樹
凡百勞法 旣有愁亂 且況此
爲秕寅則非目前愁亂
而止也 此國勢使惱神
之過 度極爲 伏泙從姪
八域來辛無恙 惟心定
省稍曠問耳 湖庄事趣
公 日前招罷 議 前所成說
多夕 又居同人不在 無門受
凝事而 惟亭合方有意,
向未知路當如何矣 吾庄
院不卽賣則紫庄 必爲
他人物故 思不得又以借

胡田案典當出債以之 買
得矣 攸事極不穩當 愁
不如此 分不成事 故爲之如此
矣 □自金判書家作書
金知平家使卽空舍云 分
目今事勢成邊各多 而
幸不幸固未可知矣 但此
假太翔高似反不及謝庄
分數 是 可問也 時耗制無
可聞者 而申轍均諸罪
人已 受刑矣 請洞丈居問
耳已破□云而此旣爲 然分
與金加平 向議事亦已自
□云矣 聞林韓山家有意 向公 果
□遲□可問也 付不備白
丙子三月六日從姪麟錫上書
弘丈씨□文化伏呈耳 姪麟錫
在事□日十晩如何矣

[사진11] 축문(1935)
1935년 의암의 제자 한명호가 지은 축문.

維
永曆五乙亥三月戊午
毅菴先生自遼返葬于春川故山淵下 小子淸州
韓明鎬以祖父命遠來視窆 越六日甲子謹奠菲
具于
墓前而告以文曰 嗚呼 先生在世道有以持千聖之正緒
義有以戢八域之夷禍 而今焉不在二十有一年矣
遺魄出人間 含生悲慕 固靡由限 而明鎬則父若
朝會盟親從而及門杖屨亟臨門有餘輝 明鎬雖
未承於光霽 曷任懷於江漢山川 慣耳如或見之
復念 先生昔遼 祖父往而服事 終焉由海而遼 父
往受言 今玆異域葬還 胡若是甚 明鎬迎哭于輀前 上下三
十年間人事變遷 胡若是甚 而明鎬情私世深而層
切 寔冥如在亦儻俯憐而鑑其意 嗚呼尙
饗

[사진12] 김구의 고유문(1946)
백범 김구가 귀국한 후 의암의 묘소를 찾아가 절하며 올린 고유문.

大韓民國二十八年八月十七日　金九는 삼가
柳麟錫 先生 英靈께, 告하나이다.
儒學이 衰
한 지, 오래라, 공부하는 이, 文字의 末에, 헤매여, 實地로, 用工함을 생각하지 아니하얏슴으로, 性을 놉히고 心을 나추어, 정작 着力할 자리는, 버리고 悠悠泛泛히 高談을, 일삼아, 마츰내 獨知하는 一路하여금 荒蕪함에 이르게 하매, 萬事가, 이에서 隨壞하얏나이다. 近古에, 華西先生이, 나시여, 비로서, 心卽理로써 門第를 가르쳐, 風氣一變하야, 節義輩出함을, 보게되니, 先生이, 곳 그 한분이시라. 先生은 가장, 나중이시니만큼, 力山劍水의 困苦와, 荊棘虎豹의 危艱을, 그중, 더, 골고로 지나섯스되, 倭敵과, 一天을, 戴치아니

本心으로 살고, 本心으로 죽으라, 하시매, 本心이 밝음이, 百邪를 却滅하신지라. 이루신바, 이러틋, 偉然하시엿나이다.
倭敵을, 心報의 讐로 아심은, 先生의 마음이
시요, 異域風霜에서, 혼자 彷徨하실 때, 누가 보는 바도, 아니엇마는, 造次라도, 노치 아니하심은, 先生의 마음이시라. 이 마음을, 저바리지못하야, 저 고생을, 달게 여기심이, 아니오니까, 華夷의 論과 尊明의 說에 이르러는, 民族意識이, 了別되기 前이라, 幾百年間傳襲도, 잇스려니와, 適을 排退하기에, 急하던 때라, 論을, 華夷에 쓰러왓스니, 文字 비록 舊를 承하나, 敵을 치는 反面, 國家에 對한 忠이 매츠니, 우리는, 선생의 衷를 깁히헤치여, 皮膜을 넘

하시랴는, 一念은, 갈수룩, 구드시매, 몸이 崎嶇쏙에, 맞추고, 말엇스되, 드뜻은, 日星가치, 비치어, 지금까지 後輩로하야금, 우러러, 바라게, 하시엇나이다. 이가치, 하오심이, 무엇시릿가, 오즉, 내 마음을, 저바라지못하심으로, 아나이다. 그런즉, 先生一生의 節義는, 실로, 師學을, 身證하시고, 남음이, 잇는줄, 아나이다. 뉘, 倭敵을 讎視치 아니하리요마는, 現前身家私計의 苟且로조차, 가림을, 바드매, 마츰내, 스사로, 汚穢에 더러짐을, 覺得하지 못한者가, 거의 城中에 瀰漫하거늘, 先生홀로,

어, 그 內含한 民族的忠誠을, 先發코저하나이다. 九는 後凋先生의 弟子로서, 일즉부터, 先生을 慕仰하야, 萬犯一生 가운데도, 항상, 붓들고 나아감이 잇섯스니, 이는 곳 幼時부터 박히어진 九世必報의 大義라, 이제, 白首殘年으로, 故國에 도라와, 先生의 舊仰을 차즈니, 感懷 엇지 새롭지 아니하오릿가, 一炷의香으로써, 無限한 心事를, 하소하노니,
英靈은, 압길을 가르치소서,

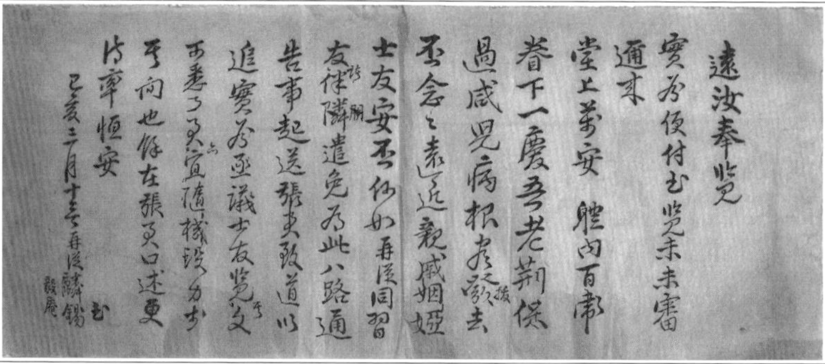

[사진13] 의암의 친필 관찰(1899)
의암이 국내에 있는 원여 류의석에게 보낸 안부 서간.

遠汝奉覽
實爲便付書覽未未審
邇來
堂上萬安 體內百衛
眷下一慶 吾老荊保
過 咸兒病根盡發拔去
否 念念遠近 親戚姻婭
士友安否何如 再從同習
友諸伴朋隣遣免 爲此八路通
告事 起送張君 致道以
追實爲亟議 士友覽其文
可愁事君亦宜隨機設力於
其間也 餘在張君口述更
付 率恒安
己亥三月十三日 再從 麟錫書 毅菴

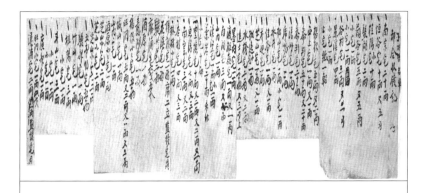

[사진14] 군자금 명단(1907)
1907년 가정리에서 작성된 군자금 명단.

軍資金 名單
都合收錢記 一心
南宗宅二十兩
恒谷宅十兩又五分
桂陽小宅十兩
盤湖宅二兩
蘭谷宅五兩又五兩
小宅一兩
小宅一兩
谷村宅三兩又二兩
愚溪宅四兩
小宅一兩
上宅紙一軸
楊根宅五兩又二兩
西上宅一兩又一兩
參判五十兩又二十兩
參判宅二十兩
淸州宅一兩
虎鳴宅一兩
松山宅一兩小宅一兩

藥岩宅二十兩米納
小宅十兩
豊壤宅十兩又二兩又一兩
思陵宅七兩又三兩
南雲宅三兩又二兩
杏村宅사兩又三兩
林村小宅一兩
楊根宅一兩席二立監役宅用
花溪宅一兩
驪州宅二兩
麻浦宅六戈五分
酒原宅一兩
蘽峴宅一兩
楊根小小宅五兩
旺洞宅五兩又二兩又一兩又二兩
城山宅一兩
山內宅一兩
酒原小小宅一兩
芝山中宅二兩
芝山小宅二兩

水井宅一兩　　　　　　　　芝山小宅三兩

桂谷宅一兩又一兩　　　　　五衛將宅五兩

秀峴宅一兩　　　　　　　　驪州宅一兩

芝山宅一兩又一兩　　　　　竹山宅一兩

俳逸小宅一兩　　　　　　　桂陽宅三兩

水橋宅二兩又二兩　　　　　桂陽소宅一兩

進士宅二兩三兩上　　　　　斗山宅三兩

墨內宅一兩　　　　　　　　斗山小宅一兩

濟救嶺宅一兩又一兩　　　　斗山小宅一兩

南湖宅三兩又二兩　　　　　廣州宅一兩

山內宅一兩　　　　　　　　旺洞小宅一兩四戈

漢□宅一兩小宅一兩　　　　漢浦宅二兩□一兩監役宅□

[사진15] 주일당중수기(1956)
김윤동이 주일당을 중수하면서 작성한 문서.

主一堂重修記
維春川洽之柯亭邨寔高興柳氏累世堂斧
族位之鄉而其子姓之所聚居也舊有書社以
爲子弟輩肄之所而昔省齋先生柳公嘗卜
築於濱陽之漢浦題壁曰主一今於此堂仍
揭舊楣盖堂之名義已有前記玆不贅陳
而多歷炎涼爲風雨所漂畜棟榱欄楯腐
敗摧析日就傾圮闔宗詢謨釀損若干財撤而
改之始於丙申孟夏訖至於秋茸而新之屋
凡幾楹中爲堂安先生眞影以致後學景
行之思左右爲室榜以克復博約講修游
息眅望之宜具焉柳君海東徵記于不佞
辭不獲遂爲之說曰嗚呼顧此世降敎弛
絃誦之聲不絕呂綫而今日此擧也棠斯文
之盛事況乎不去其鄉而桑梓之敬寓焉
敎育群才而菁莪之樂在焉讀先生之
書講先生之道擧一事而衆美具若此堂
者可謂知所本矣柳門諸彦無怠無貳
幼而學父子長幼之序長而惇詩書禮
樂之敎近而宗族遠而鄉□相修以睦相
磨以義不至爲玍生之歸則異日者聞
關東之士有以文學孝弟興焉吾必曰此
柯亭之柳也諸彦念之敬之蓋各勉勗
是役也終始奔走效力勞最多者柳君
勳相也另出私財而助其成者柳君濟
安然國也可備此堂之一故事故附記之
云爾
丙申八月　下澣永嘉金潤東紀

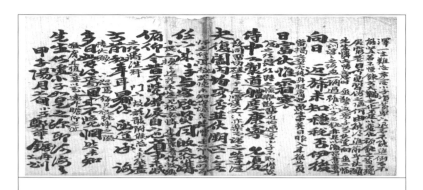

[사진16] 정화용의 간찰(1864)
1864년 양월 상순 정화용이 보낸 서간.

向日 返旆未知穩稅否伊後
日富伏惟霜寒
侍中而製道體度講寧允憂
夬復閤內均安否並伏溯區區無
任下誠小子与安啓賢同胑粢講
俯仰今昔不覺涕淚自下也省事未減
於前私幸耳曩侍函筵承誨
多日如有得焉退來不覺惘然知
先生何愛小子如是之深耶河海之
澤一生難忘第念小子資質卑下退而
不能進倒而不
能竪若不恒鍊於大輔之化不足以變
化頑鈍之質而獨
居窮巷日聞見習俗之陋何由能得進
前乎伏願

先生憐此情意時垂警誨焉千萬伏
望向垂二幅
之訓淳淳之誨每一踊過雖以小子
之鈍亦足以激昂奮發耳
當揭之壁間終身服膺也魚生中善
日昨人來欲爲負
笈之行畏行路之險難欲留近地過
冬小子不知借妄
欲同留切磋告于長潭諸丈諸丈亦
樂而諾之然違從
師之行誠極罪悚未知怒諒否　長潭
近節依前耳
小民之擾擾迄茲未定見極哀憐李
景春作故鄕
之行將往拜門下故茲敢附候念念
未能盡
情伏願願下怒焉餘只祝純坤之際
猛膺來復之基以慰遠外膽仰之誠
甲子陽月上旬　小子鄭華鎔　再拜上
書

228　의암 류인석의 애국사상

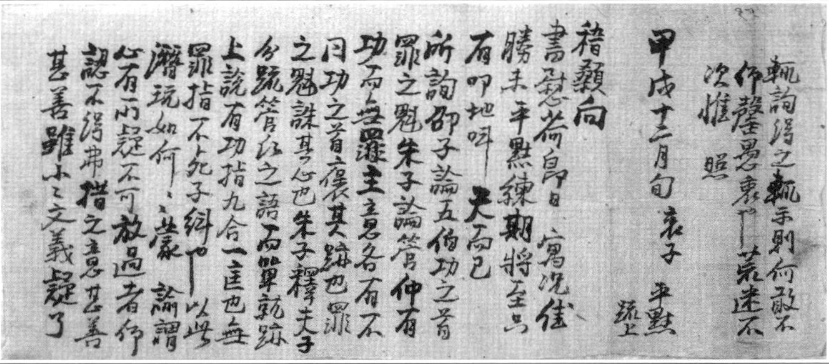

[사진17] 김평묵의 간찰(1874)
1874년 12월 10일 애자 김평묵이 보낸 서신.

稽顙向
書慰荷卽日 寓況佳
勝未平黙練期將至只
有叩地叫 天而已
所詢邵子論五伯功之首
罪之魁朱子論管仲有
功而無罪主意各有不
同功之首褒其跡也罪
之魁誅其心也朱子釋夫子
分疏管氏之語而單就跡

上說有功指九合一匡也無
罪指不死子糾也以此
潛玩如何如何蒙 諭謂
心有所疑不可放過者仰
認不得弗措之意甚善
甚善雖小小文義疑了
輒詢得之輒示則何敢不
仰聲愚哀也荒迷不
此惟 熙
甲戌十二旬 哀子 平黙 疏上

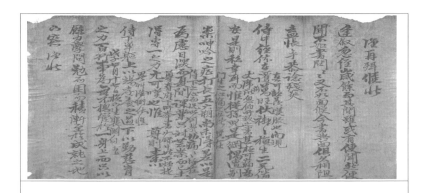

[사진18] 배연백의 간찰(1888)
1888년 7월 17일 손하생 배연백이 보낸 서신.

謹再拜候狀
逢敍忽經歲餘而其間雖或有便聞然便
聞不如書問書問又不如面候今書與
面俱久相耶
盍悵悵乎恭詢殘炎
侍中經体連護萬旺伏禱之損生二兄偕
安是則私幸耳而惟從孫兒是綱偶遭別
崇呻吟之症打長五六朔尙未得差以是
爲慮日深而夏間課業只對芸案而已未
得專一之力尤可歎也惟 尊則素以
侍下單軀上以竭孝養之道下以勤慈育
之力百行事爲無不摠管於一身上
而只以
餘力學問勉而困而積漸至於成就
之地
眞可歆美嘆服也向觀
丈席前洪思伯所致之書甚極可痛
爲
門生之心痛之如此 其在
侍下之心而況如何哉切痛切痛餘
在
尊春府下所奉書小錄中姑不煩提
罟艸謹例伏惟
下察謹狀
戊子七月十七日 損下生 裵淵白
拜上

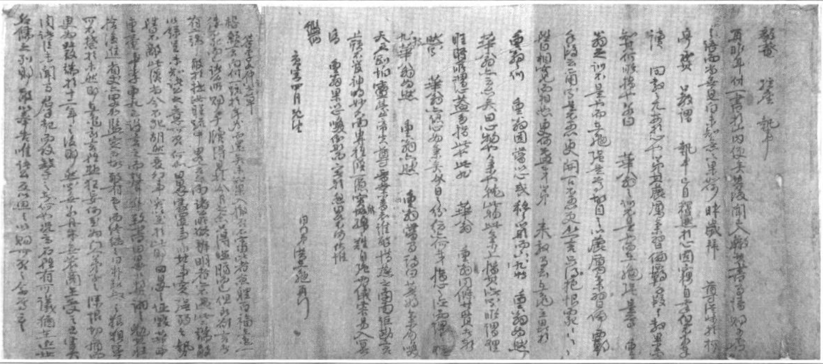

[사진19] 홍재구의 간찰(1890)
1890년 4월 동문제 홍재구가 의암에게 보낸 서신.

毅菴 經座 執事
再昨年 付一書於山內便矣 其後聞已入轍其書 有請賜可否
之語 而尙無皁白 未知意下果如何 昨歲拜尊從叔於柯
亭 承其口敎 謂執事已自釋然於心 固竊自幸 但不若奉
讀 回敎之尤安於心也 第其麤厲氣習偏覇手段之敎 果未
知其何所指也 若曰華翁之訓不是也 而在龜强是焉 重
翁之訓不是也 而在龜强是焉 故目之以麤厲氣習偏覇
手段云爾 則是不可以更開問 不可以更加一言 只得抱恨而死 抱恨而死
雖曰相寬而相怒 便何益哉 弟來敎有云 在龜立昆於
重翁之訓 重翁固嘗以心或私之以形而下 非特重翁爲然
華翁亦云然矣 曰心物也氣也 就此物此氣上 指其德 則所謂理
聖賢所謂心 蓋多指此也 此非華翁重翁同條共貫者歟
然則 華翁 亦認心爲氣矣 今日之紛紜 亦何哉 指心之德而謂理
非特 華翁爲然 重翁亦然 重翁嘗有詩曰 莫將氣局喚
天君 剛怕靈臺帝失尊 晋業靑衣誰解惜 燕之南面詎勘言
上頭不管神明妙 下面專推溪一源 實體錦錦難自强 兩儀容易入冥
昏 重翁果以心喚做形而下者歟 忽略不備 伏惟
鑑納
庚寅四月旣望 同門弟 洪在龜 再拜
稽顙言 向付一疏於牟谷而環矣 未知果入撤否 不審比者僉體百福 在龜一
縷不死而已 諸公所賜手牘 得見於今月之念 只得 제 而已 但所欲言者

有二端　敢於抵汝聖疏中　略言之　向諸公所欲辨明者　亦不過此二端　敢
以錄呈　未知諸公之意可否何如　田愚處置事　非其事實　强弱之勢
雖曰不敵　此漢尙今不死　胡然變幻事實　而至於此耶　田愚之誣毁華西
重菴事　李重九已祥言之　而聲集致書　田愚以漿詡之勉　其收
拾後進省丈　亦略加監定云　故敢有云云　而終繼之曰　朴和叔之狼狽　寧
可不禁於未然耶　在龜所言　雖極狂妄　何至爲門人弟子之深恨切痛　而
更爲發端於十二年之後耶　然則無若丹朱　無若商王受之云　虞
周諸臣　未聞有群起　而攻擊之者何也　況玄石雖有可議　猶在近世
明儒之列耶　敢以奉告　唯諸公反以思之　以賜可否之命焉云云

[사진20] 홍재구의 간찰(1891)
1891년 8월 30일 동문제 홍재구가 의암에게 보낸 서신.

毅菴執事
在龜之付書 執事要覽 一言之賜答數度矣 종사廖廖 未
知綠何而然也 在龜之不遜於省丈 固不敢自以爲是也 有所疑
而 不敢苟從 則又不敢自以爲不是也 不敢自以爲是者 則與之可
也 不敢自以爲不是者 則容之可也 不敢自爲是 而不之興焉
□□謂之開其自新耶 不敢苟從 而不之容焉 果不可謂訑訑
□□耶 轉眄之頃 已過數歲 不審伊間
尊體多福 廣魚之事 想已聞知 未知執事之意如何 愚則謂
執事諸公之意 必以爲當然何也 夫省丈之事 執事以爲千是
而百當矣 所以勉台之事 執事旣謂之不韙衣 性存與此漢之事 執
事又謂之 不韙矣 攻擊崔台者
執事安得不謂之當然也 攻擊性在與此漢者 執事安得不
謂之當然也 盖攻擊勉台 卽所以攻擊於函席也 攻擊性存與
此漢 卽所以攻擊於函席也 況其下所云不明 華夷不判 人
獸之云 九仞山井 終歸虧棄之稱 所以攻擊之及於函席 者
不一其端哉 執事果以爲當然哉 愚則以爲執事之於斯也
翁之異議於省丈也 以其重翁之窩主於三人也 執事如以爲
未然 何不以自明之辭 公誦於師友之間乎 盖重翁之於
省丈也 或以背師斥之(其師 有失 而不從 則非背師也 乃尊師也 以其
盖前
人之愆也 其師無失 而棄去 則非特背 師也 乃反道也 一則如朱子於屛

山是也 一則
如陳相之於陳良是也)或以
誣師譏之(省丈之於先師心說擬之 以釋氏本心 告子生之謂性 是誣師
也)以性
存之事謂爲
師長救遇也 謂爲華翁卜誣也 且曰華翁之爲師也 如父祖之
尊也 省丈之爲師也 如兄長之尊也 以兄長而誣父祖 其弟安
得不卜而明之 以兄長而害父祖 其弟安得不挽而救之 以弟而
諫止其兄父助 得其安 而兄與弟幷受其福 以弟而唯諾其兄
父祖阽於危 而兄與弟同得其咎 所以不得不以諫止爲義矣
是其大體之不得不然者也 其枝葉去處 遣辭之過 當是不
能修辭之致 所謂薄物細故也 言之可也 不言亦可也 愚則以爲
重翁此訓 可以爲天下之法言 何以知其爲法言也 觀乎省丈之言 不
是不當而知之矣 可以知其不是不當也 考之孔孟程朱之訓 而
知之矣 孔子則以爲人能弘道 心兼善惡 則其善者 固可以弘道也
惡者如之 何其弘道也 省丈
則 以爲心兼善惡 孟子則以爲從其大體爲大人 省丈則以爲大體
兼善惡 程子則以爲心無遠近 以爲心也性也天也一理也 省丈則
以爲可 且自爲一說 朱子則以爲心爲太極以爲人心 太極之至
無極 省丈則以爲不可持守較重 張子則以爲一 故神兩在 故不
□省丈則以爲兩 故神 兩立故不測 朱子測以爲理 則神而莫測 省
丈則以爲氣 則神而莫測 朱子則以爲神 是理之發用 而乘氣而
出入者也 省丈則以爲神 是氣之發用 載理而出入者也 朱子則以
爲帝 是理爲主 以爲莫尊於理 故以帝名之 省丈則以爲帝 是
氣爲主 以爲莫尊於氣 故以帝名之 凡此諸說 是有稽之辭
乎 無稽之辭乎 無稽也則 曰知之罪之已 俟後世之公議 有稽也
則 曰釋氏之本心也 告子之生之謂性也惡 可曰是當乎 至於以師
說調補師說之云 尤見其滋惑也 華西全集二十餘卷之中 只
此四條心說爲無病 餘皆調補而後成說乎 以是自主力
戰而不已 夫省丈固不攻擊於重翁矣 廣魚之事 謂不是 省
丈爲之張本 果可以成說乎 今日而有一魚焉 明日而有二魚焉
又明日而有三魚焉 若是不已 斯文事 果將稅駕於何地也耶 何
不反而思之 以求防患之道乎 今日而不之防焉 魚爛而河決
而勢必將無所紀極矣 如之何不競競乎 向在雲潭有不忍

聞之嚴敎 若因循蹉跎 不能解怒於 重翁 在世之日 則
無可以爲執事畫計者矣 所謂愛莫助之也 在我之道 須
是一審告語於執事諸公 以審可否之如何 伏惟執事矜其意
而垂仁察納焉 雖然亦不可曰枉道 不可曰徇私 只是遵吾道
理之當然者耳 何必以聽從鄙說謂是當乎 餘非書可
旣 掛一漏萬 伏惟熙亮
辛卯八月晦日 同門弟 在龜 拜手

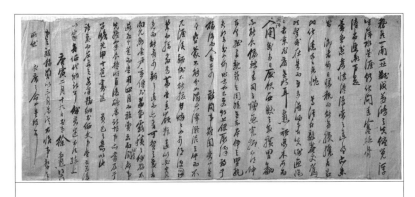

[사진21]　서상렬의 간찰(1890)
1890년 2월 19일 최제 서상렬이 보낸 서신.

稽顙一南一北 翻成燕鴻之失 儘覺浮

生萍水是涯 仍伏問春寒砭骨

侍省連衛萬晏

萱堂患候 快得復常之道耶 亦未知御者何日歸稅 而能無損攘否 并切伏溸區區哀忱 尊從叔毅菴丈駕次 想或在是 而身未得歸 有失倒仰 悒

悒者哀 尤庸無斷耳 相烈頑忍木石而

因訟入闌幾多日 厭飫西獸之交橫胃翻

不陵食 偏被有司之憎惡 冤抑不得伸

奈何 雖有親戚之周旋 無奈本倅之堅執

矣 姑未知如何出末也 已更欲上使厥漢期于

猛治 而人多不可 敢問事體 固當

見涯決 顚倒不能拔 自憐者憐 如可得便開

裂 而指敎焉 第當春嶺粮道 似必窘

急 而能有可辦之道 而亦有可貿之處否

向見鄙査尹宣傳 則翁堂露積之餘存不

過五十苞 而當用四月 而放買云 而杜倉閔都事

先將拏食待時 直後酬爲計 故弟亦書及于

子瞻旣申十苞劃送 貴邑之意 以此諒處 而左右之若果輸納 則價文弟當下去後

以家舍價代納計耳 餘荒迷 不次疏上

庚寅二月十九日 罪弟 徐相烈 拜又拜

如是
耶 昏蒙不能分 如陷大澤淤泥之中
而不

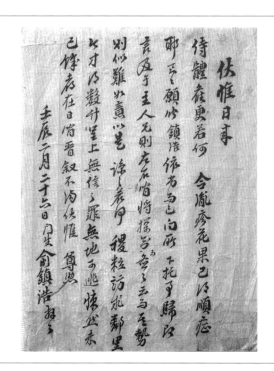

[사진22] 유진호의 간찰(1892)
1892년 2월 26일 문생 유진호가 보낸 서신.

伏惟日來
侍體候更若何 令胤疹花果已得順症
耶區區願聞鎭浩依劣而已向所下托事歸卽
言及于主人兄則左右間將探知而圖圖云而其勢
則似難如意以是諒之若何稷粒訪求鄰里
今才得數升呈上無信之罪無地可逃悚然未
已餘都在日間晋叔不備伏惟 尊熙
壬辰二月二十六日 門生 俞鎭浩 拜拜

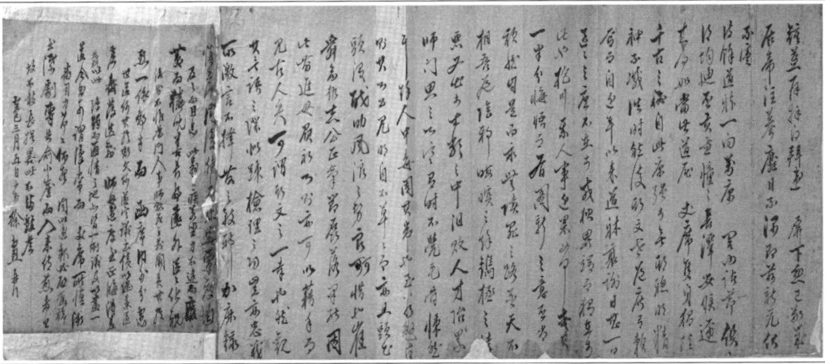

[사진23] 서상렬의 간찰(1893)
1893년 3월 5일 소재 서상렬이 보낸 서신.

鍾益再拜白 拜違屏下 忽已數歲
居常注慕 靡日不深 卽玆新元 伏
不審
侍餘道體一向萬康閤內諸節 俱
得均迪否 貢慮憧憧 長潭安候 邇
來何如 當此道屈 丈席隻身獨任
千古之秘 自此康强於無期 聰明精
神 不滅往時 然後斯文世道 庶有
賴
焉 而自近年以來 道體衰謝 日甚
一日
區區之憂 不在於戎狄異端 而獨在
於
此也 抱川某人事 近果如何 或其
一半分悔悟 而有圖新之意否 尙
頑然自是 而永無贖罪之路否 天不
相吾道 陰邪晦暝之餘 鐍拯之□
[悖]
惡又出於士類之中 沮敗人才胎累
師門 思之心寒 有時不覺毛骨悚然
耳 餘人中毒 固其常也 至若勉台

見古人矣 可謂斯文之一辛也 然觀
其言語之際 似疎檢理之功 豈亦忠
義
所激 言不擇發之致耶 加麻綠
□‥□
□‥□
愼節間復 侍況珍毖 覃度均
慶 而撥兒善長耶 遠外區區伏祝
忽一依鄙劣而_函席內外分 患
候齊發迭劇 師母患度至正晦得差
道 今則可謂復常 而丈席所愼漸
至添劇 專告兪小崖 而入來侍煎者
已
□‥□
及之 而且念此翁之疾 若坐力不逮
而廢
治 則不惟爲門人事師 欽死之義闕
矣 其於
世道 何其於斯文 何遂定議出債
以繼藥道
爲料 以此諒燭 而通情之地 亦皆

則 其心公見明自 不草草而亦且頭
出
頭沒 職助風浪之勢 良可惜也 崔
舜命執志公正 氣節磊落 果能因
此前進 毋負初心 則亦可以藉手
而

一例議及 以盡一
審用力如何 仰想聞此患報 必啓駕
旆
故不敢長提 略此不備數候
癸巳三月五日 少弟 徐相烈 再拜

[사진24] 주용규의 간찰(1893)
상인(喪人) 2월 주용규가 보낸 서신.

起居而未曾以一字奉問 甚悵悚 后
又踰月 伏洵
侍經體 神佑萬相 盛課日就篤實否
顧今山頹
樑摧復誰在矣 幸興恒窩老兄 倍百
勵精以富
遠近士友之亡焉 雖愚劣如庸奎者
亦不無附尾之
願矣 恒窩近節又何如 聞衰頹日甚
誠非細憂 立
軒從氏夏秋來執喪讀禮之外 更無
他事 天下詩
名 又在杜家門庭 從此不寂莫 士
友間所望 執大於
此 先師遺蕙 與西州士友 向有鑄
字之議
尊從氏想已進達矣 此不爲迂闊張
大否 世變不可測
可速圖則□·····□結
梢 而或以加采爲好 或以墨本爲好

爲虐 可痛可哀 庸奎父師見背之餘
五月又見弟慽兒慘
而一縷尙且不絕 甚矣其頑認也 畏
堂所占山塚
徐圖爲不妨 故案山無是非處 八月
十一日 借得兩塚
之地而權厝矣 科外又遭山訟 今雖
至無事 見辱則
不少 客地寒蹤着處 痛哭而已 本
生喪答慰狀 或想
有定例 得後便祥示之如何 諸士友
許 忙未作書 書亦不
過如此 相見達此意是望 輔卿方造
門下 故草草 謹狀上
癸未重陽日 喪人 朱庸奎 杯狀

何如斯可謂得當耶
黃人之夏間遣使 亦想入聞 而朴養
菴輩助桀

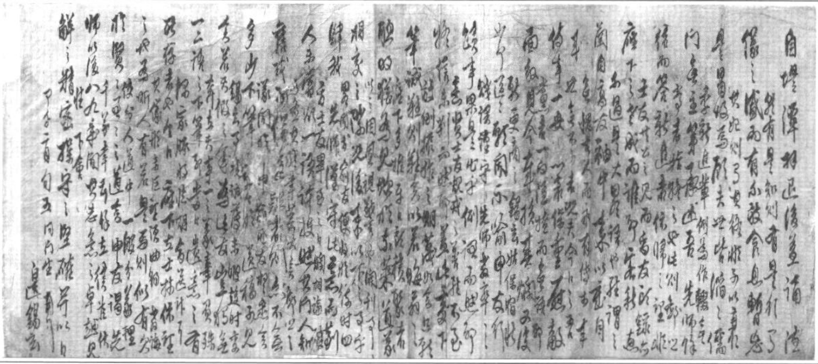

[사진25] 변석현의 간찰(1894)
1894년 2월 15일 변석현이 보낸 서신.

自堤潭拜退後益誦 德
儀之盛 而有不敢食息暫忘
是曷故焉 顧夫世皆滔滔 儒
門無主 第承述吾先師餘
緒 而答新進者依歸之望 非
座下之老成而誰耶 客秋惠
圅自高友袖中來以慰 自
成
侍事一安 心喪保重 慰敵
面敍 見今歲換春爛 又復
如何 區區願聞示喩 申友行
蹟事 果是出乎例謙而然耶
疑信未判而然耶 盖此處下
筆誠難則難矣 以若晦翁之
聰明 猶爲見欺於東萊道義
相交之際 況後來以下人之事乎
肆我先師謹守此意 而對
人未嘗欲一語許投 然其門人知
舊 或不信透疑者 則亦不無

就 有是知則有是行 有
其始則有其終 非不以衰
季新進輩例爲作輟無
常者 指疑之也 此則鄒鄕
士友共公之見 而禹友頭錄 亦
不過是大略語也 雖謂之
無愧古人 而永有傳於來
世無不可也 況夫今日之吾
黨者 一向隱掩而無語耶

願更商之 錫玄姑保宿狀
賤課 謹守先師敎率之
意 賢士友規戒之善 雖不至
放倒振作之期 蔑如矣 只願
座下多推平日所積聚者
以之因風視警也 開刊事
署聞於兪友便 將於彼時四
方士友畢至之日 爛相論確
以圖其終 幸莫大矣 鄒鄕之
議 聞於申兪兩友 想悉矣

多少下筆 當今於遺稿不見
矣 若天假之年 爲此友豈獨無
一二論之 下筆耶 當日遺意之有
所在者也 今日座下在士林依望
之地 爲斯人有若是焉 則似有欠
於賢賢善善之道矣 申友謁先
師以後八九年間 其志意之卓越見
解之精密操守之堅確 幷以日

錫玄事撓誠薄 未暇趨時委
奔 在夫事一之義 辜負殊
沈 家豚將臨期命送計耳
其儀形未巨 望須曲賜敎誨
使知人道中一般分義理
千萬辛甚 餘在續候 伏
惟下會
甲寅二月旬五 同門生 邊錫玄 再拜

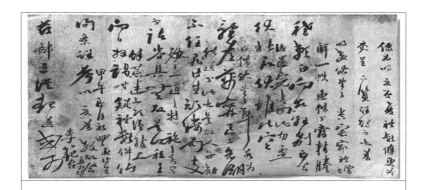

[사진26] 이범태의 간찰(1894)
1894년 11월 4일 죄시생 이범태가 보낸 서신.

稽顙白 向者拜別至今
伏悵 卽伏惟此寒
體候萬寧 區區哀溯
不任 罪侍生 頑縷苟支
而諸眷具無故 是所私辛
向日拜謁時 疑禮數件仰
問候詳考以示爲敎 故今
玆 鄙三從起送 或可
錄爲明示否 變禮數候更爲
夾呈 下覽詳燭而亦爲

明敎 伏望伏望 貴宅家禮增
解一帙惠借則當精謄
後還完矣 此回勿慮
下借伏望伏望耳 若爲
借送 則此亦是故人之子勸
勉之一道矣 特施之若何
餘荒迷不次 謹疏上
甲午至月初四日 罪侍生
李範台 再拜疏上

[사진27] 이범직의 간찰(1894)
1894년 2월 1일 시하생 이범직이 보낸 서신.

伏蒙 下覆足見不棄而特 垂眷
誨開示進修之方感悅交戡不知各
謝伏審歲新
侍餘道體燕養百福 允玉亦得安
侍勤課學徒多趨門下立雪三餘
伏用健羨慰喜區區不任下誠侍下生
到潭浹旬不承親候私門自切而
師母主以感患五六日孔劇　立軒丈
日
夜焦悶不遑圭刀伏庸甚悶今僅
少廖尙未復和　令再從氏畏堂丈
令從氏輝堂 宅俱爲泰平否 恒窩
丈大病之餘尙未復蘇聞甚悚驚
耳冬課大擬趨晉 門下侍學
緣於誠意之不足事勢之 多拘未得
遂誠近留潭上朔望參 奠之餘
溫繹大學兼看或問略知三綱八條之
名義而義理之精徵全然無入頭處

以致盡自我自才質庸純而然耶用
工不篤故耶如此
不已恐負先師平日　眷愛之至意今
日
先生警策之嘉
誨念及于此自悚自
憐耳多少蓄疑
欲質門下而手
澁語拙臨紙不成
寸說故未得如意
第待早晚趨拜
門下口稟只乞不
外三月　面叔之
敎預用慰喜奉
皐比而待矣餘
伏祝
衛道保重自愛以
副遠誠
甲午二月　朔日侍下生李範稷上覆

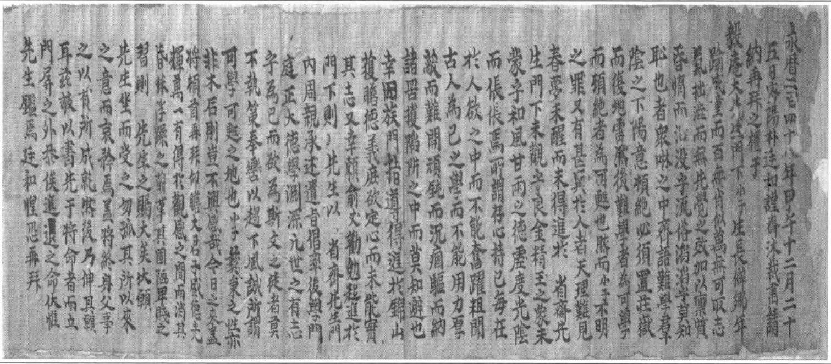

[사진28] 박정화의 간찰(1894)
1894년 12월 25일 밀양 박정화가 의암에게 보낸 서신.

永歷二百四十八年甲午十二月二十
五日密陽朴廷和謹齋沐裁書請
納再拜之禮于
毅菴大先生門下小子生長僻鄕年
踰成童而百無肖似萬無可取志
氣拙澁而無先覺之效加以稟質
昏惰而汩沒乎流俗滔滔乎莫知
恥也者衆咻之中齊語難學群
陰之 下陽意頓絕必須置莊嶽
而復地雷然後難學者爲可學
而頓絕者爲可甦也然而小子不明
之罪又有甚異於人者天理難見
春夢未醒而未得進於 省齋先
生門下未觀乎良金精玉之衆未
蒙乎和風甘雨之德虛度 光陰
而伥伥焉所謂存心持己每在
於人欲之中而不能奮躍粗聞
古人爲己之學而不能用力厚
蔽而難開頑鈍而況痼驅而納
諸罟獲陷阱之中而莫知避也

辛因族門指導得進於錦山
獲瞻德義庶欲定心而未能實
其志又辛賴俞丈勤勉趨進於
門下則 先生以 省齋先生門
內周親承述遺旨倡率後學門
庭正大德學淵深凡世之有志
乎爲己而欲爲斯文之徒者莫
不執策奉鐥以趨下風誠所謂
可學可甦之地也小子彝秉之性亦
非木晳則기不興感哉今日之來盖
將頓首再拜仰瞻大君子盛德光
輝萬一有得於觀感之間消其
昏昧浮躁之萌革其固陋卑賤之
習則 先生之賜大矣願
先生坐而受之勿孤其所以來
之意而哀矜焉盖將終身父事
之以有所成就然後乃伸其願
耳兹敢以書先于將命者而立
門屛之外恭俟進退之命伏惟
先生鑑焉廷和惶恐再拜

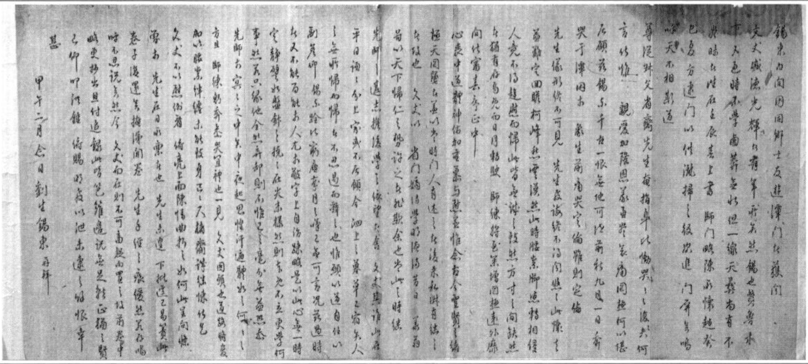

[사진29] 유석동의 간찰(1894)
1894년 2월 20일 유석동이 보낸 서신.

錫東向間因同鄉士友遊潭門者獲聞
文丈盛德光輝者有年所矣然錫也質魯才
下又過時不學鹵莽無狀但一線天彝
尙有不
盡昧者往在壬辰春上書師門略陳所
懷越癸
巳夏方逶門以供灑掃之役次進門屏
矣鳴
呼天不相斯道
尊從叔父省齋先生奄捐皐此慟哭夫
復何
言伏惟
親受加隆恩義兼盡哀痛罔極何以堪
居顧茲錫東千古一恨無地可泄前秋
九月一日奔
哭于潭因於
象生前痛哭定倫雖則定倫
先生儀形終不可見
先生敎誨終不得聞悠之此懷去

之無所歸而歸者不忍遏而辭之也
惟顧以道自任以
副簷仰錫東跧伏窮廬歲月之嘆己
無可言況茲過時
者又不能有能於人
尤於敬字上自治疎略是以此心無
一時
定靜警如盤針之撓撓在尖末樣然
則本旣不立更學何
事然若只錄他全然棄却則不惟己
之毫分無益恐忝
先師於冥冥之中矣中夜起思惶汁
遍體如之何如之何
方且 師練躬奔叅哭宜禮也一見
文丈固顧也道路脩复
加以腰崇絆纏未能致身區區尺楮
齋誠繼悚伏乞
文丈不以慰例看
俯亮上面陳情曲折之如何此呈問
條

248 의암 류인석의 애국사상

益難定回瞻柯峰愁雲漠然此時腰崇
脚憊轉相侵
人竟不得趨慰而歸此皆無誠之致然
方寸之間缺然
者猶有存焉旣而日 月轉駛
師練將支氣增罔極遠外靡
間伏審春序正中
心喪中道體神佑可重慕与慰並惟念
古今聖賢之緒
極天罔墜者盖以當時門人有述之者
後來私淑有繼之
者故也 文丈以
省門嫡得學明德備昔日 華翁
嘗以天下歸仁之勢許之者非斯余也
當此之時繼先師之遺志擔後學之依
望者舍
文丈其誰此在平日謙謙分上容或不
居顧今 泗上之墓草已宿矣人

會於先生在日所棄者也 先生未遑
下批遽已易簣此
卷子復環矣掩涕開卷
先生手經之痕優然若存鳴
呼不忍說矣然今
文丈而在則不可畜疑而置之故前
卷中
略更抄出且付追錄此皆笆籬邊說
無足就正猶之賢
已仰叩洪鍾 俯賜
明教以泄未逮之餘恨辛
甚
甲午二月念日 劉生錫東 再拜

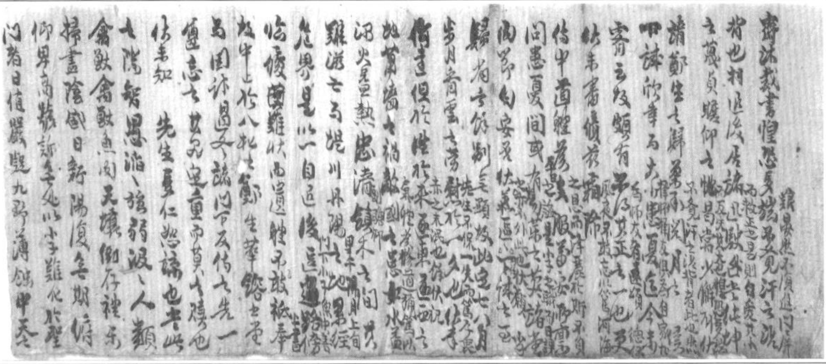

[사진30] 어중선의 간찰(1894)
1894년 10월 10일 문하소자 이중선이 보낸 서신.

齋沐裁書 惶恐多端 不覺汁之沾
背也 拜退後 居諸迅駛 當純坤
之蔑貞 瞻仰之忱 葛嘗少瀣耶 伏
請鄭生之歸 槃承閱月之候
下誠欣辛 而大小患憂 迄今未
齊云 故頗有不得其正之一也 更
伏未審履茲霜隆
侍中道體候支服萬安 所稟
問患憂間或有勿藥之慶 諸堂
內節勻安否 伏慕區區無任下誠之至
歸省之餘別無顯故 此定七八月
步月看雲之勢慰於一夕也 伏幸
何達 但於往於來逐東逐西之
地 肅墻之禍適國之患 如水益
深火益熱 忠淸鎭木之間 其
難滋甚 而提川丹陽之地 累經
危界 是以一自退後 逗遛路傍
臨履難狀 而遺體敢不祇奉
故中止於八松之鄭生華鎔書堂
而因計過冬諸門下反侍之告一
遵忘之其罪定重而莫之贖也

伏未知先生受仁怒諒也 當此
之際 智愚滔滔强弱汲汲 人類
禽獸 禽獸魚肉 天壤倒存 禮樂
掃盡 陰盛日新 陽復無期 俯
仰卑高 號訴無處 以小子難化於聖
門者 日値嚴疑 九野薄蝕 中天之
艱 晏然不服進門屛
而救正之 是則自愛 其小
而反失其大也 惶恐多端
不覺汁之沾背者 此也 然
擇師擇友 俱爲自價 非
爲師友者 遠頌德仅
夙夜不敢忘以篤河海
之恩 而澤麗於斯不負
平日之誨 是小子之職 而日課
之期 亦不外此也 伏願小子
先生不保一失而篤厚哀
亦之未泯也 餘伏祝
氣禮候修道彌篤 以
副瞻仰
甲午陽月上旬 門下 小子 魚中善
上書

[사진31] 신병옥의 간찰(1895)
1895년 3월 9일 제 신병옥이 보낸 서신.

謹詢春曷漸長
侍餘道體神休百福
萱堂諸節 別無損度 閤內均慶
伏仰漊區區 弟劣依而家豚間遭
本生喪 想必入聆矣 第
令堂叔丈 祥朞在彌 想必痛
廓如新矣 憑聞搬移于堤川云
果若其言耶 咫尺相居頻不能從

遊 況相距落落 則德音絕遠矣
聞不勝悵然耳 向者安友來訪時
省翁文集一秩相約而錢兩從後
便出送矣 諒怒如何 若或爲錢
兩晚出 易置忘域矣 勿負此托 伏企
餘續后 姑不備 小白
乙未三月九日 弟 愼炳玉 再拜

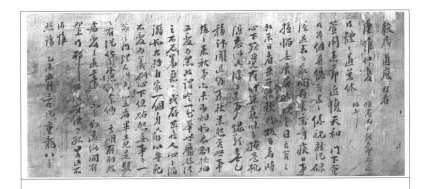

[사진32] 류중용의 간찰(1895)
1895년 류중용이 의암에게 보낸 서신.

毅菴 道座侍者
謹惟仲夏
侍體體道萬休
萱闈患節 近復天和 門下會
得幾個英俊否 區區溸祝 族從碌
碌過去 而家間有長病奇疾 日事
擾惱無展眉□□之日 良苦良苦
所業日看朱子語類數板 日看時
心下頗覺有□樣意味 而掩卷輒
隨忘 似此濟得甚事 愧歎無已
移計聞退待來秋 果然否 世事
撓撓 來秋事亦未可知也 衣制挾袖
又變爲黑 所謂令一出擧世靡然從

之 不見有羞惡□或存 甚矣 人心
之滔
溺也 大抵自家一個身 只得以守死
不變爲義 則心下便貼然無事而一
家之 內 理不明志不立者 畢竟是
駁
駁有從化之慮□奈何 高明有別般
處變之道 幸示之也 遠汝間有
那上行耶 餘只有便爲探 略此不
備惟
熙諒 乙未五月三日 從 重龍 拜手

恒窩兄之體節亦康
旺耶

[사진33] 고명익의 간찰(1895)
1895년 윤5월 24일 교하생 고명익이 보낸 서신.

命益再拜白命益之不敏嚮者猥叅
講飲盛禮
□席仰鑽禮法之從容省察繩準之
平直鼓
動人之柔懦發育人之確實夫古昔先
王衣
裳法度乃若是眞善且盡□之風與
夫衰世師友
乃若是秩秩且濟濟之位其心好之之
甚矣於是乎
毁服之不義曉然改是尊攘之大統亦
可以判分矣
一二日之間觀感愚陋之輩尙如此況
於
先省翁函席之前數十覬親煮而講
討義理文
脈高明正大之師友乎命益生長於寒
俗之門

識見茫昧故稍欲修飾而擴智然家
累有所
沮敗之也每擬從士友游而輔仁然
所麼多端
此則有志者之事亦竟不成伏嘆何
足仰達伏
不審夏日不調之際
道養氣體候萬康否伏不勝仰慕之
下誠命益
慈節多有不安之後伏悚伏悚早晩
間一晋門屛
之下欲在視寒暄之節云爾餘不備
伏惟
下鑑 上候書
乙未閏五月二十四日　敎下生　高
命益 再拜上候書

[사진34] 조홍규의 간찰(1895)
1895년 7월 18일 조홍규가 의암에게 보낸 서신.

毅菴先生門下 將命者

弘奎白不意凶變
尊體母孺人喪事驚怛之外夫復何言
伏惟
先生親愛加隆之時遠外承報摧痛仰
塞何
以堪勝且有 愼節末由奔哭其爲哀痛
沉
慟想必倍筵也伏乞深自寬仰以慰遠
誠前
者上書草率無倫方切愧悚乃於 再從
氏
之來伏奉 下覆 敎意鄭重如立脚牟
壁作性如忍火赴事如水惝三言之誨
實是小子頂針
之方然學淺智薄未能聞一而粢於二
伏願
更祥其目而下 敎則小子雖柔弱當服
膺而
從事矣千萬更望伏不審滔炎

焉盖君師父者人生至重之族也當
服勤
至死事之如一故在於君則盡其忠
在於
親則盡其孝在於師則盡其敬是爲
當
然之道理以其變處觀之則弟子之
惑滋
甚經傳多日君之有過諫而不聽則
去
去之者似惡死趨生而反謂爲義者
是何
義也若去之爲義如孔子所謂君子
見危
授命比干諫而死忠臣之道盡矣者
亦何
道理耶愚意則斷以殺身盡忠者爲
事君
之至也且親之有過三諫而不聽則
號泣而
隨之怒而撻之起敬起孝悅則後諫

持服侍體候味道安重
萱堂患節以 先生之誠孝有勿藥之效
耶且 念湖南多士之鄉如良馬之冀北
也
一自 皐比之遷應多得俊英之才高明
之資而敎育之矣豈無作成人材之樂
哉伏
爲獻賀不已者矣門生函席無恙省狀
姑
保是則私幸而所課質鈍氣暴性拙神
濁未有向上快進只是舊日伎倆而不
能奉
副父兄師友之動舂如之何則可乎不
堪愧懼
矣近與同社書童講論小學書(明倫)
至禮記
日事親有隱章及下孿共子之語竊有
疑

如
是則庶皆有可回之道若終不回聽
至
於大敎力已則如何可得全家之策
乎有
人事師服從日久有敎育之誼者一
朝而
當其師忽陷於非道則弟子之道宜
極力
諫諍而力莫致之則將奈之何若絕
之則其誼有所未安依舊師之則亦
未免爲非道之類黨豈非難事歟凡
此三者如何得而守當然之道理乎
小子
不能無疑難於此故如是煩告伏乞
詳
敎餘只祝
爲道保薔以慰遠望
乙未七月十八日門下生趙弘奎上書

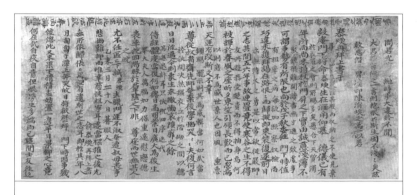

[사진35] 유태환의 간찰(1895)
1895년 유태환이 보낸 서신.

泰煥再拜上書于
毅菴門下將命泰煥生在涯角仰慕
德儀已有
年所而尙未持杖於門屛之下實由誠
意淺薄不
可謂事勢有所限也向於戊子秋委往
門下時値
巧違未獲拜謁在路恨恨而歸擬卽束
裝復遂前日
之志其間五六年事故連疊竟使寒谷
之生不得
被輝於春風之座昕夕東望引領長歎
而已忽焉
天運有改斯文不幸
尊從叔省齋先奄棄後學慟哭慟哭夫
復何言
日月流邁今則衆生永撤慟哀隕廓之
餘
侍經體度當復何如德日高明業日廣
大爲後生
表率挽回陽脈於羣陰之下非　尊座

非止一二而未敢達一字於左右亦
坐此趑趄必欲一奉　面誨請益
然後庶可達鄙懷矣追復思之自無
勇往晉謁之誠而又闕書
問若光陰(?)? 抛時事大違終不聞
大君불　有德之一言則抱恨於斯生
固不淺淺矣慈
敢忘僭冒瀆仰陳涓埃之萬一以若
尊□‥□其瑕而收納之不使見棄
於衣冠之會則所賜多矣愚合下天
質濁
駁鈍根難開讀書無寸進之效處事
有粗率之病每欲加熙察收檢而
亦無持久之勇是以常欲從嚴師
友共遊恭受儆責而不得抽身焉何
以則庶不爲盛世棄人也因風　垂惠
頻賜　寵示則其爲感輯當何如哉當
於秋間決然摳衣立於階砌之間以
聽
其進退計耳只伏祝四序迭代
奉大夫人萬福加力保重遠慰戀德

而世無其人
尤不任區區下誠泰煥去臘門運不淑
奄遭叔母喪事
悲慟難仰而唯辛慈候粗寧耳遽當樑
摧之後尤
無所依歸悵悵焉但有遺斯世之志耳
卽於其年八
月匍匐于潭上奔哭歸日將欲歷拜
門下時因事幾
悾傯此又未果下情積杳姑置一邊平
日景仰之心竟
何在哉自疚自責但恨勞生多端而已
這間士友往返

之忱

乙未三月二十八日 碁服人 俞泰煥
再拜上書

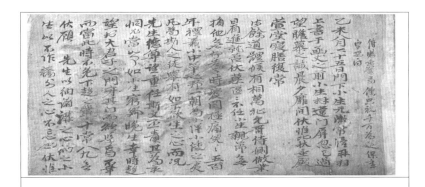

[사진36] 원철상의 간찰(1895)
1895년 8월 25일 문하생 원철상이 보낸 서신.

乙未八月二十五日門下小生元澈常
謹再拜
上書于函丈之前小生拜違門屛忽已
過
望瞻賜之誠晨夕靡間伏惟比秋垂殿
萱堂寢膳復常
侍餘道體候有相萬祉允哥侍側做業
日有進就否伏慕區區不任小生親節無
損他無仰告耳時變罔極痛哭痛哭五百
年禮義小中華之邦一朝爲小洋小倭
之夷
凡爲斯人之徒擧有如不欲生之心而況

先生德尊望重任斯文丕責其爲哀
恫尤當如何如小生窮鄕晚生幸時
趨
望於大君子之門守其門而欲學焉
不幸
而當此時不免下趨之輩十常八九
矣
伏願 先生以納諸講之心納之小
生以不作牆外人之心不忘也伏惟
俯賜垂察焉餘只祝千萬爲道保重
皇恐白

[사진37] 박정화의 간찰(1895)
1895년 2월 10일 박정화가 의암에게 보낸 서신.

毅菴先生 門下 將命者
拜退後日富月久前日 上書未知 下
鑑
否伏慕無極伏未審春殷
堂上禮度隨時康旺
道體運候百福伏慕區區不任下誠之
至小子
祖父病患沉重終無復常之望伏悶伏
悶課
事怠忽間斷十寒一曝昏昧氣質難望
成就之道切痛切痛
省翁文集開板事潭上師友用到底誠力

經營收錢而以小子任中有司之重
愚昧
所意惶悚無極就趨告之意適逢祖
父主患候沈重故難決矣侍其減勢
乃伸小誠則未知何日之至各處或有
往便則以此 下施伏望伏望
高山李鳴九 宅諸節別無他故華東宅
婚事當今日婚行姑未到耳餘伏祝
道體安康不備白
乙未二月初十日 門下生 朴廷和
上書

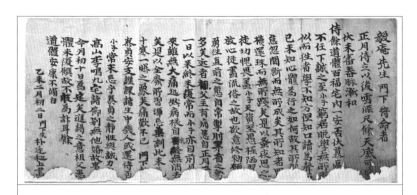

[사진38] 박정화의 간찰(1895)
1895년 2월 초2일 문화생 박정화가 의암에게 보낸 서신.

毅菴先生 門下 將命者
正月侍立以後 雪沈尺餘 天威可見
伏未審春脈漸和
侍餘道體百福宅內一安否 伏慕區區
不任下誠之至 小子窮居晩學無所□
似而往者 學不知方 但知口讀爲聲而
已 未知心體 爲行之如何 故其所
習□
怠 忽間斷而無所成矣 其所知者買
櫝還珠而無所踐矣 是以晝夜思之
徒切愧畏 蓋小子天資至愚 極陋習
放心 從盡流俗之故也 欲意修勅頓□
勇往直前之態 自常掣肘 矛盾之勢

多矣 近者父主有病患 自正月二十
一日 以來終未復常而 小子亦目
前月□
來 雖無大痛處 然病根自成 終無
消去
矣 是以全廢所習 渾忘垂訓 此未免
十寒一曝之象矣 痛歎不已門下□
泰貞安支謹課 諸生中幾人 或還
侍否
小子常未忘于泰貞之靜 性與誠力□
高山李鳴九宅諸節別無他故 婚事□
今月初十日爲定矣 進謁之意 祖
父患
體未復饌 故不敢爲計耳餘
道體安康不備白
乙未二月初二日 門下生 朴廷和
上書

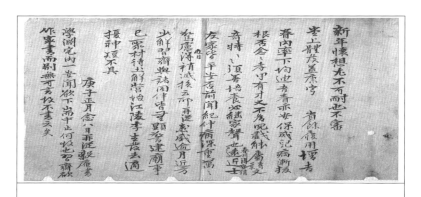

[사진39] 의암의 간찰(1900)
1900년 정월 28일 의암이 류의석에게 보낸 서신.

新年懷想 尤不可耐也不審
堂上體候 益康寧 省餘履用增吉
眷內率下均迪 吾眷亦安保 咸兒病
漸拔
根否念念 孝甲有才 又不爲兒戲
能屬詩文
奇特奇特 須善培養 必繼家聲也
春川得安信 遠近士
友家皆平安否 前聞紀仲病深重萬萬
驚慮 近日得稍減損云耶 材從愚盛
逾月近方

少解 習齋與諸同伴 皆無顯警 建
廟事
已聚材待土解營始 江陵李生發去
適
援神短 不具
庚子正月念八日再從毅菴書
學淵宅內一安 聞欲下山而中止 何
故也 習齋欲
作家書 而別無可言 故不書云矣

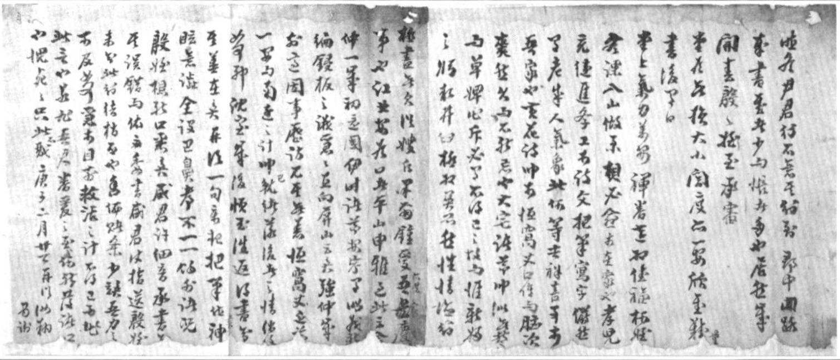

[사진40]　의암의 간찰(1900)
1900년 2월 21일 의암이 류의석에게 보낸 서신.

昨候尹君行不意至　行到郡中回路
奉書至者少而悵者多也　居然歲
開春殷殷　姪至承審
堂候無損大小間度亦一安欣　至難量
書後有白
堂上氣力萬安　褌眷運相儘福　柯姪
盡課入山做系　想必癒於在家也　孝兒
充德進學工於詩　父把筆寫字　儼然
有老年人氣象　此何等吉祥喜事於
吾家也　黃花詩聞於恒窩丈　口俸而
腦次
爽然久而不能忘也　大宅諸節聞似
無故
而單婢出斥　必有不得已之故　而惟
新婦
之順□　井臼極相矣　不然性情恤分
極盡無欠　從嫂願과□　鐘愛亦是吾
家慶
事也　江曲安爲口者　平山申雅過此
□□

仲一歲初還國伊時　諸節安寧有昭
矣　新
徧鋑板之議　急急直向　屏山云矣
强仲歲
前　適因事歷訪見其無恙　恒窩丈
近候
一安而南遠之計聞已就緖落後者
之情□　反
如何耶　沈室歲後順玉往返得書知
其善在矣　再須一句抱　把筆低神
眩意澁全設巴曼都不一一餘外諸　況
殷姪想敢口悉矣　咸君許細音承書□
其誤錯而依亦委书　咸君使指送殷姪
未分　此初結坊也　售價賭條少竢
吾力之
可及如何　急於目前　救活之計　不
得已可出
此言也　若非吾君眷愛之至　何敢
發諸口
也　愧死之　只此不恥　庚子二月二
一日再從
汝翊□□

262　의암 류인석의 애국사상

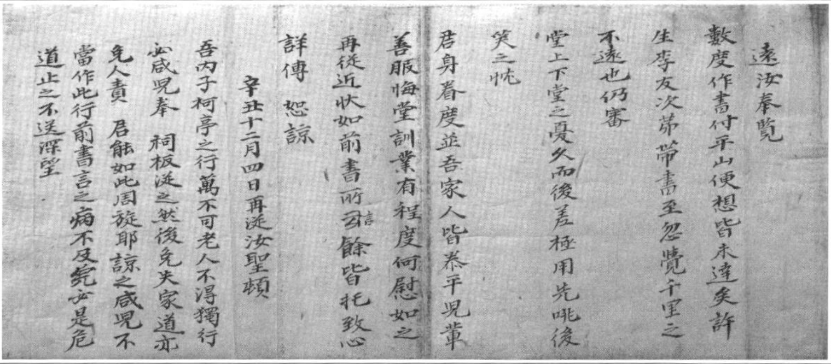

[사진41] 의암의 간찰(1901)
1901년 11월 4일 의암이 류의석에게 보낸 서신.

遠汝奉覽
數度作書付平山 便想皆未達矣 許
生李友次第帶書至 忽覽千里之
不遠也 仍審
堂上下堂之憂 久而後差 極用先眺後
笑之忱
君身眷度竝吾家人 皆泰平 兒輩
善服悔堂訓業 有程度何慰如之

再從近狀如前書所言 餘皆托致心
祥傳 恕諒
辛丑十二月四日再從汝聖頓
吾內子柯亭之行萬不可 老人不得
獨行
必咸兒奉祠板從之 然後免失家道 亦
免人責 君能如此周旋耶 諒之咸兒不
當作此行 前書言之 病不及完 必
是危
道止之 不送深望

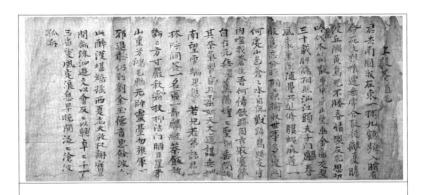

[사진42] 간찰(근대)
의암에게 보낸 서신.

上毅菴道兄
君去南國 我在東一抹 九鶴頻入眸有
命死生 雖推遷無常 合散徒離憂 瞻
彼丘隅 黃鳥兒不勝春情 噢友求思切
吟罷伐木篇散步中 □山更幽 金蘭
之契
三十載 肝膽相照 汕江頭 夫子門
屛 春
風裏熏陶 隨量共進修 驥蠅麻蓬 一
般意 忘分暗期 桑楡收 世事多變向
何處 山色蒼蒼水自流 獸蹄鳥跡友字
內噬我蒼生吾何俉 斂跡囚舌寂寞濱
自古元無陶薰 猶煌煌聖訓垂簡遍

其奈氣習昏且柔 如天大道講無地
南望雲端 思悠悠 若兄若弟 諸君子
林呼澗答 一名區 一部麟經茶飯說
斷斷方寸嚴霜秋 扶仰法門晒日星 泰
山重分鴻毛輕 元師靈臺勿旗軍□
邪退廳仍利劉 金玉德音惠餘波 人
此醉漢茣矯樣 西夏老夫妨杖謝 實是
間斷洙泗遊 文以會友友以輔 卓卓
千古
三省叟 風定浪
息早晚間 泛泛滄波□
孤舟

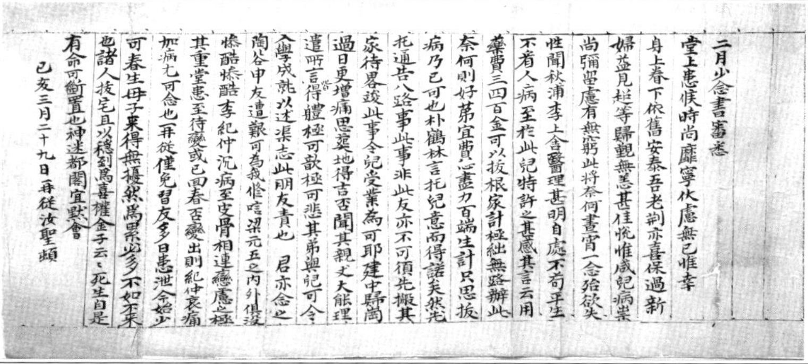

[사진43] 의암의 간찰(1875)
1875년 3월 29일 의암이 보낸 편지를 정서한 것.

二月少念 書審悉
堂上患候時尙靡寧 伏慮無已惟辛
身上眷下依舊安泰 吾老荊亦喜保
過 新
婦益見超等 歸覲無恙 甚佳悅 惟
咸兒病祟
尙彌留 慮有無窮 此將奈何 晝宵
一念殆欲失
性　　聞秋浦李上舍醫理甚明自處
不苟平生
不看人病 至於此兒特許之 甚感
其言云用
藥費三四百金可以拔根　　家計極
絀 無路辦此
奈何則好 苐宜費心盡力 百端生
計 只思拔
病 乃已可也 朴鶴林言 托兒意而
得諾矣 然先
托通告八露事 此事非此友 亦不
可須搬其

過日更增痛 思葬地得吉否 聞其親丈
大能理
遺所言 皆得體極可歆極可悲 其弟與
兒可令
入學成就以述渠志 此朋友責也 君亦
念之
陶谷申友遭艱 可爲我修 唔梁元五之
內外俱沒
慘酷慘酷 李紀仲沈病 至皮 骨相連
戀慮之極
其重堂患至待變 或已回春否 變出則
紀仲哀痛
加病尤可念也 再從僅免 習友多日患
泄 今始少
可 春生母子 來得無擾 然爲累必多
不如不來
也 諸人拔宅 且以稳到爲喜 權金子
云云 死生自是
有名 可斷置也 神迷都閣宜黙會
己亥三月二十九日 再從汝聖頓

家　待略竣此事　令兒受業爲可耶
建中歸崗

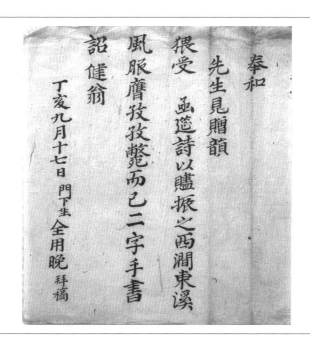

[사진44] 전용만의 간찰(1887)
1887년 9월 17일 문화생 전용만이 의암에게 올린 시문.

奉和
先生見贈韻
猥受 函筵詩以贐振之西澗東溪
風服膺孜孜斃而二二字手書
詔健翁
丁亥九月十七日　門下生　全用晚
拜稿

선생께서 주신 시에 받들어 화답함.
선생께서　시로서　전별해주심에
외람되어 받으니 서간과 동계의
풍모를 떨치게 하네.
받은 가르침 부지런히 새서 돌아
다닐 따름이니. 안부 전하는 편
지 건옹에게 전하도다.
정해년 9월 17일 문하생 전용만
이 삼가 씀.

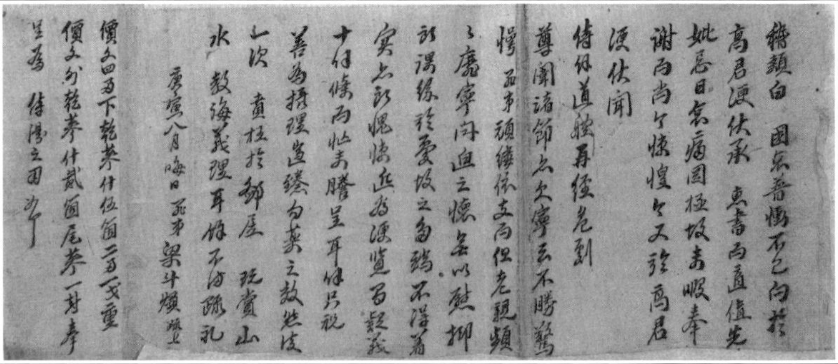

[사진45] 양두환의 간찰(1890)
1890년 8월 30일 회일죄제 양두환이 보낸 서신.

稽顙白 國哀普慟不已向於
高君便伏承惠書而適値先
妣忌日 哀痛罔極故未暇奉
謝而尙今悚惶今又於高君
便伏聞
侍餘道體再經危劇
尊閣諸節亦欠寧云不勝驚
愕罪弟頑縷依支而但老親頻
頻靡寧悶迫之懷無以慰抑
所課綠於憂故之多端不得着
實亦所愧悚近看便覽有疑義

十餘條而忙未謄呈耳餘只祝
善爲攝理遄臻勿藥之效然後
一次賁枉於鄙居玩賞山
水 敎誨義理耳餘不備疏禮
庚寅八月晦日 罪弟 梁斗煥 疏上

價文四兩下乾蔘什伍箇二兩一戔重
價文外乾蔘什貳箇尾蔘一封奉
呈爲 侍湯之用如何

[附錄 3] 毅菴 遺物 目錄[1]

번호	유물명	시대	출처	크기
1	류인석상소문	1896	독립기념관	26×256
2	류인석 의병 격문	1896	독립기념관	24×102
3	의병임명장	1896	류연익	37.8×48.8
4	주용규재적전황문	1896	제천의병전시관	30×42
5	재격백관문미부	1896	제천의병전시관	29.6×25.3
6	봉시동반제현	1897	독립기념관	24×44
7	운현맹질	1911	류연수	31×108
8	답가야	근대	류연수	23.5×76.5
9	옥산려사	근대	류연수	24×31
10	숙주전상서	근대	류연수	23×79
11	축문	1935	류연익	30×36.2
12	김구선생고유문	1947	류연창	22.5×83
13	의암류인석 친필간찰	1899	류연창	26×55
14	군자금 명단	1907	강원대 중앙박물관	18.5×99
15	주일당 중수기	1956	류연창	23×81.5
16	정화용의 간찰	1864	춘천문화원	24.8×30.3
17	김평묵의 간찰	1865	춘천문화원	24.7×102.3
18	배연백의 간찰	1888	춘천문화원	26.7×38.8

---

1) 춘천문화원·의암류인석기념관, 『의암류인석기념관 소장유물·상설전시안내 도록』, 2020 참조.

19	홍재구의 간찰	1890	춘천문화원	22.1×47.2
20	홍재구의 간찰	1891	춘천문화원	26.9×110.5
21	유진호의 간찰	1892	춘천문화원	21.7×18.3
22	서상렬의 간찰	1893	춘천문화원	24.5×76.2
23	주용규의 간찰	1893	춘천문화원	22.0×41.4
24	변석현의 간찰	1894	춘천문화원	23.5×78.7
25	이범태의 간찰	1894	춘천문화원	25.6×41.2
26	이범직의 간찰	1894	춘천문화원	20.4×33.6
27	박정화의 간찰	1894	춘천문화원	27.6×116.5
28	유석동의 간찰	1894	춘천문화원	25.8×71.5
29	어중선의 간찰	1895	춘천문화원	19.6×61.2
30	신병옥의 간찰	1895	춘천문화원	24.0×46.0
31	류중용의 간찰	1895	춘천문화원	23.4×53.0
32	고명익의 간찰	1895	춘천문화원	25.8×50.9
33	조홍규의 간찰	1895	춘천문화원	22.8×101.0
34	유태환의 간찰	1895	춘천문화원	23.6×51.0
35	원철상의 간찰	1895	춘천문화원	25.7×34.0
36	박정화의 간찰	1895	춘천문화원	21.9×35.8
37	박정화의 간찰	1895	춘천문화원	28.0×57.4
38	류인석의 간찰	1900	춘천문화원	28.7×65.7
39	류인석의 간찰	1900	춘천문화원	28.7×65.7
40	류인석의 간찰	1901	춘천문화원	22.8×42.2
41	간찰	근대	춘천문화원	27.0×53.7
42	류인석의 간찰	1875	춘천문화원	28.7×56.2

43	전용만의 간찰	1887	춘천문화원	22.7×23.8
44	양두환의 간찰	1890	춘천문화원	20.8×48.5
45	이정황의 간찰	1890	제천의병전시관	
46	류인석의 간찰	1877	제천의병전시관	
47	성묘영건소의 통고문	1900	제천의병전시관	
48	최동봉의 간찰	1899	제천의병전시관	
49	간찰	1897	제천의병전시관	
50	이풍림의 간찰	1899	제천의병전시관	
51	안승우의 의암선생어록	1895~1896	제천의병전시관	
52	박재양의 간찰	1900	제천의병전시관	
53	이근원의 간찰	1895	제천의병전시관	
54	박세화의 위장	1895	제천의병전시관	
55	황국영의 위장	1931	제천의병전시관	

[附錄 4] 毅菴 家系圖[1]

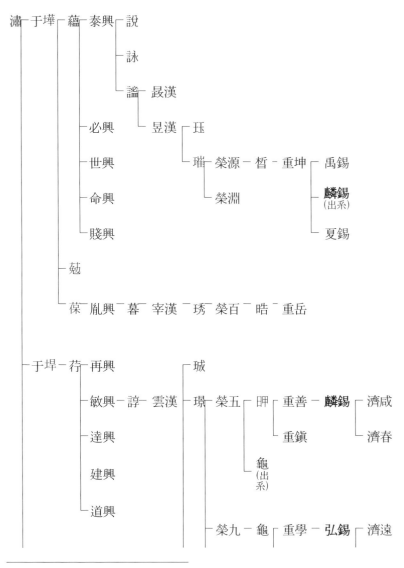

1) 춘천문화원 · 의암류인석기념관, 『의암류인석기념관 소장유물 · 상설전시안내 도록』, 2020, 245쪽.

저자 약력

정춘후

□ **약력**

강원대학교 행정학석사

강원대학교 철학박사

강원대학교 중앙도서관 사서(1983 – 2020)

㈜江原韓國學硏究院 연구교수

㈜호국평화기념사업회 강원도지회 사무총장

산림교육전문가(산림청)

의병사상연구소장

법무부 교정위원

□ **연구실적**

「율곡의 친친(親親)사상 실천 연구」(동국대학교 동서사상연구소, 2020)

「毅菴 柳麟錫의 儒學 思想과 實踐 硏究」(강원대학교 일반대학원 박사학위논문, 2021)

『의암 류인석의 교육철학』(한국학술정보, 2021)

「의암 류인석의 도(道) 사상 연구」(의암학회 의암학연구, 2021)

의암 류인석의 애국사상

초판발행	2023년 8월 9일
지은이	정춘후
펴낸이	안종만·안상준
편 집	배근하
기획/마케팅	손준호
표지디자인	BEN STORY
제 작	고철민·조영환
펴낸곳	(주)**박영사**
	서울특별시 금천구 가산디지털2로 53, 210호(가산동, 한라시그마밸리)
	등록 1959. 3. 11. 제300-1959-1호(倫)
전 화	02)733-6771
f a x	02)736-4818
e-mail	pys@pybook.co.kr
homepage	www.pybook.co.kr
ISBN	979-11-303-1826-4 93150

정 가   19,000원